本书由国家自然科学基金面上项目"会计政策选择策略系数：基于数据挖掘的计量改进和因素分析"（项目批准号：71272241）资助

会计政策选择策略系数：

基于数据挖掘的
计量改进和因素分析

颜　敏　闫明杰
贾　璐　谢　庆　　著

中国社会科学出版社

图书在版编目（CIP）数据

会计政策选择策略系数：基于数据挖掘的计量改进和因素分析/颜敏等著．—北京：中国社会科学出版社，2017.11
ISBN 978 - 7 - 5203 - 1698 - 9

Ⅰ.①会…　Ⅱ.①颜…　Ⅲ.①会计政策—研究　Ⅳ.①F230

中国版本图书馆 CIP 数据核字（2017）第 313195 号

出 版 人	赵剑英
责任编辑	李庆红
责任校对	郝阳洋
责任印制	王　超

出　　版	中国社会科学出版社
社　　址	北京鼓楼西大街甲 158 号
邮　　编	100720
网　　址	http：//www.csspw.cn
发 行 部	010 - 84083685
门 市 部	010 - 84029450
经　　销	新华书店及其他书店

印　　刷	北京明恒达印务有限公司
装　　订	廊坊市广阳区广增装订厂
版　　次	2017 年 11 月第 1 版
印　　次	2017 年 11 月第 1 次印刷

开　　本	710 × 1000　1/16
印　　张	16.75
插　　页	2
字　　数	231 千字
定　　价	69.00 元

目　录

引　言

第一节　会计政策选择信息的有用性及其实现困境

财务报告的决策有用观认为："假如我们不能提供理论上正确的财务报表，至少应该使财务报表更加有用。"（斯科特，2012）同理，对于会计政策选择信息来说，即使我们不能提供全面清晰的会计政策选择信息，也应该使提供的会计政策选择信息更加有用。

信息的决策有用观认为，信息的有用性（或信息含量）可以通过其公布后所导致的证券交易量和价格变化程度来衡量（斯科特，2012），并认为投资者会关注对预测公司未来业绩有用的所有信息。已有会计研究证实了会计政策选择信息的有用性，与无效应假说对立的机械性假说发现，股票价格会受到会计政策的系统性干扰（瓦茨、齐默尔曼，1999），投资者并不像无效应假说所假定的那样能"透过数字看出本质"，由于投资者的非理性，未产生现金流量的自愿性会计政策变更也可使股票价格发生变化，使投资者更关注会计政策选择信息。此外，Kaplan 和 Roll（1972）发现，改变投资减免税处理方法的企业相对于控制组而言存在统计意义上显著更高的累计超额回报率。Holthausen（1981）研究了加速折旧法变更为直线法后的市场反应。Cheng 和 Coulombe（1993）的经验研究发现，改变会计方法后首次宣布盈利期间的非正常报酬率与投资者在公司改变会计方法前掌握信息的程度显著负相关，杠杆比率越大，负相关性越强。以上研究均验证了证券市场价格确实会对会计政策选择信息做出反应。近几年，Hopkins（1996）、Maines 等（1997）、Hirst 和 Hopkins（1998）、Hopkins 等（2000）、Maines 和 McDaniel（2000）、Hodge 等（2004）、Hodge 等（2006）、Frederickson 等（2006）相继研究了管理者自愿性会计选择（变更）的市场反应，发现管理层的自愿性会计选择会影响投资者获取、理解和衡量信息。

Burgoon 和 Burgoon（2001）进一步提出了预期理论，发现投资者在选择企业会计政策时会进行预期，该预期影响其对企业实际会计选择的解读。Frederickson 等（2006）还研究了投资者对不同会计选择的偏好程度。Shana（2009）进一步证明，当实际和预期的会计政策选择有差异时，投资者更有可能去搜索更多的其他信息。也就是说，企业会计政策选择对投资者的影响已从年报披露之后提前了到年报披露之前，会计政策选择信息有用性的时间范围扩大了。

我国学者发现，各方投资者对会计政策选择信息也做出了相应的反应，表现为：增加当期利润的会计变更导致股价下跌，降低会计利润的变更导致股价上涨，并使得该类公司的股票超常收益显著（刘斌等，2004；梁杰等，2008；梁杰等，2010），而无关乎行业（吴静，2013；赵晨光等，2010）或具体的变更内容（黄文惠，2014）。我国投资者将降低当期利润的自愿性会计政策变更视同利润质量提高的"利好"消息，而将增加当期利润的自愿性会计政策变更视同利润质量下降的"利空"消息。但是，也有些研究结果恰好相反：市场对调低利润的会计估计变更、有明显失当嫌疑的会计估计变更、盈利披露低于预期的会计估计变更均有显著负相关的反应（颜志元，2006）。因此，在我国，与无效应假说对应的机械性假说也得到证实（王玉涛等，2007），即市场受到会计政策变化的系统影响。

既然会计政策选择信息具有信息含量，影响投资者的决策，那么它就是重要的，会计人员应在年报中更好地披露此类信息。目前，会计政策选择信息是在年报附注中按照每项会计政策选择逐一披露的，尚未有企业计算所有会计政策选择对盈利的综合影响并在表内披露。对年报信息使用者来说，其不仅关心某一项会计政策选择对当年报告期盈利产生的影响，更关心所有会计政策选择结果对当年报告期盈利产生的综合影响。Zmijiewski 和 Hagerman 早在 1981 年就发现，相对于单项会计政策的影响，管理者通常更关心整组会计政策选择对企业盈利的影响。

但是，无论是成熟的还是不成熟的投资者，若想从附注中获取财务信息都可能会遇到困难。Hodge 等（2004）发现，普通投资者从附注中获得信息的可能性不大，并且分析师们也更倾向于分析表内信息（Hirst & Hopkins，1998）。以往验证了会计政策选择信息有用性的文献均以会计变更（而非会计政策选择）为对象进行研究，主要原因恐怕就在于会计变更的信息单独披露、简单明了，而会计政策选择信息繁多复杂。一般会计变更信息仅占年度报告的一页左右，并且发生变更的会计政策每年只有少量的一项或几项，投资者很容易明确其对报告期盈利的影响并导致价格波动。但是，会计政策选择信息披露往往占到年度报告的几十页，内容冗长，不仅是投资者，即便是专业会计人员也很难快速准确地判断出不同上市公司会计政策选择对盈利的影响差异。若会计人员对报告会计政策选择信息及其风险承担更多的责任，对几十页的会计政策选择信息以一个简单明了的指标加以概括和反映，将为投资者判断会计政策选择对盈利的影响有极大的帮助。因此，更有效的研究应该关注到企业整组会计政策选择状况，计量企业整组会计政策选择对盈利的综合影响，并在表内披露。

然而，要计量企业整组会计政策选择对盈利的综合影响是有难度的。因为每项会计政策的选择对盈利的影响方向可能是不同的，例如折旧计提时选择加速折旧法会减少报告期利润（相对于直线法），存货发出计价时采用先进先出法（物价上涨时）会增加报告期利润（相对于其他方法），这两项会计政策选择综合作用之后可能增加报告期利润，也可能减少报告期利润。那么，如何让投资者了解所有会计政策选择的结果对报告期盈利的综合影响呢？

按照决策有用性计量观的逻辑，在具有合理可靠性的前提下，会计人员应负责将更多的计量结果融入财务报表，从而确认他们在帮助投资者预测公司业绩和价值时应承担的更多义务（斯科特，2012）。预测和评价公司业绩是投资者的责任，计量观意图提高会计信息系统的信息含量以帮助投资者更好地做出预测。作为会计信息系统的一部分，会计政策选择信息也不例外。对于处理会计政策选择信息但却不是如理性决策理论假设所设想的那样的投资者来说，计量并披露企业整组会计政策选择信息，将有助于实现其对投资者及其他报表使用者的有用性。如何计量企业整组会计政策选择对盈利的影响呢？本书将专注于会计政策选择策略系数的计量研究。

第二节　会计政策选择策略系数的内涵及其计量掣肘

会计政策选择策略系数是度量企业会计政策选择整体信息对盈利影响的一种量化指标，是一种策略值。从管理者财务战略视角来看，会计政策选择本身就是企业财务战略的一个组成部分，每个企业在特定会计年度的会计政策选择就是一种具体的财务策略。若每项会计政策选择均分为增加利润和减少利润两种策略，并赋予0、1两个策略值，则所有会计政策选择的结果都可以通过各项会计政策选择策略值相加后得到一个总策略值。策略值的高低表示企业会计政策选择增加或减少当期报告盈利可能性的大小。就如同刘斌等（2004）的研究所证明的"调增利润的会计变更导致股价下跌、调减利润的会计变更导致股价上涨"一样，当企业会计政策选择策值随同年报公布后，预期不同的策略值会带来不同的股价变化。由于会计准则允许企业在每个新的会计年度重新进行会计政策选择，所示，每个企业会计政策选择策略值在不同年度有所不同。

很多问题会掣肘会计政策选择策略值的计量，使其不甚准确和客观公正。首先，从企业现有的会计政策选择构成来看，各项会计政策对企业盈利的影响程度是影响策略值计量准确性的一个重要因素。例如，低值易耗品和包装物摊销政策，无论是选择一次摊销法还是选择五五摊销法，对当期盈利的影响可能都没有交易性金融资产采用公允价值计量的影响大，即各项会计政策所计量的资产价值高低、重要性程度会左右其对盈利的影响程度。在计算策略值时，是将所有会计政策对盈利的影响程度一视同仁，还是作影响程度不同的加权，抑或将影响程度小的政策予以舍弃，只选择影响程度大、代表性强的会计政策？事实上，无论如何做可能都不尽完美，会受到计量者的主观判断影响。

其次，从会计政策的新旧程度来看，需要考虑当年或近几年国家新出台的会计准则的影响程度变化。新出台的会计准则（简称新生会计政策）使会计政策可选择格局发生变化，很容易引起企业、投资者、准则制定者和学者专家的关注，并导致一定的市场反应；同时，很多新生会计政策规范的是近几年新出现的经济事项，由于经济业务量不同，在一定程度上对企业的盈利影响更大。在计算策略值时，是重点考虑新生会计政策，还是对其与原有会计政策一视同仁，抑或只考虑新生会计政策？

最后，从会计政策选择的影响因素来看，企业特征（比如管理层激励、股权集中度）、外部环境（比如产业政策、信息使用者预期、联动机制）、会计准则导向，以及会计政策选择行为主体在进行会计政策选择时的理论依据（比如机会主义理论、和谐会计论、代理理论等）等，甚至还有一些尚未探明的影响因素，均会影响到会计政策选择行为。在计量策略值时，是否要将这些影响因素区分为核心因素和非核心因素并予以不同程度的重视？对已经探明的影响因素是否也要予以同样的考虑？

对于上述问题，不同的解决方案会导致不同的策略值计算方法，不同的计算方法将形成不同系列的策略值。那么在不同系列的策略值中，哪一个才是最恰当的？这将是本书要关注和解决的。会计政策选择策略系数是指其中最能恰当度量企业会计政策选择整体信息对盈利影响的一种策略值，它能恰当反映各种影响因素对会计政策选择的影响程度差异。

第三节　会计政策选择策略系数的研究动态与发展设计

一　会计政策选择策略系数计量研究

率先对企业整组会计政策选择进行研究的学者 Zmijiewski 和 Hagerman，虽然早在 1981 年就提出并创造了"会计政策选择策略（Income Strategy of Accounting Policy Choice）系数"的计量方法，并通过这一指标检验了公司整组会计政策选择状况，但由于二人对会计政策选择策略系数的计量和代表性会计政策选择的主观随意性，加之获取各企业整组会计政策选择信息的工作量极大，故后来只有很少的学者再用此方法研究会计政策选择。Zmijiewski 和 Hagerman（1981）选择研究的代表性会计政策是存货计价、折旧计提、投资减免税和以往服务退休金成本的摊销期限四种会计政策，因为之前 Hagerman 和 Zmijewski（1979）曾分别调查了这四种政策的政治成本和契约动因的差异。

我国学者分别以部分省市上市公司、部分行业板块上市公司或沪深股市发行 A 股的上市公司为样本，对会计政策选择策略及其多样性进行了研究（梁杰等，2004；徐维兰、曹建安，2004；颜敏等，2004，2006；田昆儒、姚会娟，2008；邵翠丽，2009；梁杰、徐晋，2010），涉及的会计政策有存货发出计价、固定资产折旧、三大减值政策的选择、交易性金融资产、可供出售金融资产、投资性房地产（公允价值计量模式）、债务重组损益、商誉、非货币性资产交换等。这些研究均采用了 Zmijiewski 和 Hagerman（1981）的方法，缺陷则是会计政策选择策略系数赋值的主观性和代表性会计政策性选择的随意。

刘斌等（2006）、张永国（2010）、颜敏等（2010）曾对企业整组会计政策选择对于报告期盈利影响的计量和评价方法进行研究，认为 Zmijiewski 和 Hagerman（1981）的会计政策选择策略赋值方法具有主观随意性缺陷，且研究对象只包括四种会计政策，缺乏全面性和说服力。刘斌、胡媛（2006）以截面修正 Jones 模型进行操控性应计利润的分离，用以计量组合会计政策选择对企业利润的影响程度。但该文章并未交代对纳入模型的反映组合会计政策选择计量结果的变量的选择原因，故仍然具有主观性。

从大量数据中以非平凡的方法发现有用知识的数据挖掘技术，是本书拟从众多会计政策选择中发现代表性会计政策的最佳技术工具，其中的聚类分析、关联规则挖掘、差异检验和回归分析等能有效地筛选代表性会计政策。但现有数据挖掘技术在会计研究领域的应用主要集中在会计舞弊识别、管理会计决策、内部控制信息披露、企业绩效评价等方面，主要算法包括统计检验、回归分析、关联规则、神经网络、决策树、贝叶斯网络、堆栈变量法等（汪士果、张俊民，2011；张继东等，2005；边泌、周晓苏，2007），尚未发现运用数据挖掘技术分析会计政策选择策略的文献。

本书拟采用数据挖掘技术，对代表性会计政策的选择方法进行改进，即通过对影响各种会计政策选择策略的因素进行描述性统计分析、特征选择和关联规则挖掘，进一步掌握各影响因素的相互关系、因果联系，并进行特征估计，运用差异检验（Wilcoxon Two - Sample Test 和 Kruskal - Wallis Test），综合考虑各会计政策通过检验的因素个数和显著性水平，确定有代表性的会计政策。这一改进将增强代表性会计政策选择方法和程序的科学性，减少随意性。

在此基础上，同时对赋值方法进行改进，采用"会计政策影响程度不同"赋值法。在代表性会计政策确定之后，按照各项会计政策对盈利影响程度不同的假定，对代表性会计政策进行排序并赋予不同的策略值。各项会计政策对盈利影响程度的差异拟通过以非参数检验（Wilcoxon 双尾检验和 Kruskal – Wallis 检验）得到的不同会计政策选择下影响因素的差异显著程度来判别，即根据各项会计政策选择下差异显著的影响因素数量的多少，对代表性会计政策进行排序，并赋予策略值。

不同影响因素的选择将左右代表性会计政策的选择，以及会计政策选择对盈利影响程度的排序。为科学设计会计政策选择策略系数的计量方法和程序，须对近年来上市公司会计政策选择影响因素的变化进行辨析和挖掘，并对相关研究侧重点的变化进行梳理和总结。

二 会计政策选择影响因素研究现状述评

现有绝大多数会计政策选择影响因素研究都是基于机会主义行为观，即盈余管理视角的分析（吴东辉，2001；刘斌等，2005；颜志元，2006；宗文龙等，2009；陈放，2010；Healy，1985；Aharony，Lee 和 Wong，2000；Fields，Lys 和 Vincent，2001；Beatty 和 Weber，2003；Bryant，2003；Chen 和 Yuan，2004；Astami 和 Tower，2006）。在此视角下，研究涉及的影响因素主要是会计政策选择的主观影响因素——公司特征、盈余管理动机等。但是，Zmijiewski 和 Hagerman 的研究结果表明，会计政策选择动因中的有效契约观在大多数企业中都能发生效力，机会主义行为观则只在具有盈余管理动机的企业发生效力。他们发现，在大多数情况下，管理者会权衡各种会计政策选择动机对盈利的影响，同时不希望企业整组会计政策选择导致盈利现值处于最大化或最小化（极端组合），认为最佳的盈利额应介于这两个极端之间。管理者会通过选择不同的会计政策组合来力求获得这一最佳盈利额，但进行院外游说的企业（Watts 和 Zimmerman 的研究样本，1978）采用的极端组合策略却显著多于一般公司（Hagerman 和 Zmijewski 的研究样本，1979）。因此，缺乏有效契约观视角的分析难以全面评价会计政策选择影响因素。

颜敏等（2010）发现，2007—2009 年上市公司代表性会计政策的选择主要表现为公允价值计量政策的选择，上市公司会计政策选择策略系数总体差异也主要取决于公允价值计量政策的选择。由于公允价值计量必须具备一定的前提条件，如活跃的市场、大量可观测的生产要素的价格等（Ball，2006），所以，公允价值计量的选择与市场化进程有着天然的联系。由此引出两个问题：以前各位学者的研究所涉及的上市公司会计政策选择的主观影响因素是否已经让位于外部市场经济环境因素？是否有效契约观在中国企业开始显著发生效力，中国企业管理者在会计政策选择行为方面已开始具有成长性，即从幼稚走向成熟？

根据樊纲等（2001，2007，2010）对我国 1997—2007 年各地区市场化进程的连续报告，市场化进程主要由政府与市场关系、非国有经济的发展、产品市场的发育、要素市场的发育、市场中介组织发育和法律制度环境五个方面的发展情况构成。其中，与公允价值计量密切相关的要素市场的发育由金融业的市场化、引进外资的程度、劳动力流动性、技术成果市场化四个方面构成。樊纲（2010）发现，相对于产品市场，要素市场的发育水平较低，主要是金融市场、土地市场和资本市场（特别是投资体制方面）发育不足；同时，在资本市场（特别是股票市场）和劳动力市场方面，缺乏有效监管和对弱势参与者的必要保护（樊纲等，2010）。我们估计，这一特征是我国上市公司采用公允价值计量的总体数量很少（陈鹰，2010）的主要原因。由于资源禀赋、地理位置以及国家政策的不同，我国各地区的市场化程度存在较大的差异，东部沿海省份的市场化已经取得了决定性进展；而在另外一些省份，经济中非市场因素还占有非常重要的地位（樊纲等，2010）。市场化程度的不同，意味着不同地区要素市场的发育程度不同。不同的要素市场化程度，尤其是金融业市场化程度对企业选择公允价值计量的影响也不同。市场化进程高的地区，公允价值容易取得，交易成本低，企业更有可能选择公允价值计量，二者呈正相关关系；若某地区市场发育慢，会增加该地区企业选择公允价值计量的交易成本，因而选择公允价值计量的公司就会少。当2007年及其以后年度的上市公司会计政策选择策略系数主要取决于公允价值计量政策时，外部市场经济环境将与上市公司会计政策选择策略系数显著相关。

因此，本书拟运用数据挖掘技术，对内外部影响因素进行聚类分析、关联规则挖掘，并建立区分内外部影响因素的会计政策选择策略系数动因回归分析模型，评价内外部因素特别是市场化指数、要素市场发育程度指数、金融业的市场化指数等外部市场经济环境因素对会计政策选择策略系数影响的重要性。

三 近年来国外会计政策选择研究述评及展望

（一）会计政策选择的影响因素窥探

1. 公司特征

管理层激励。管理层激励，尤其是基于管理控制职能的激励对会计准则执行以及会计政策选择具有重要的影响。比如，在 IFRS 首次执行日，一个或者多个豁免项目的选择决策是受管理层激励的影响而决定的（Cormier 等，2009）。

股权集中度。Astami（2006）以亚太地区 2000—2001 年 442 家上市公司年报中的四个主要会计政策披露信息为样本进行研究发现，采用提高收入的会计政策的公司一般具有较低的股权集中度、较低的财务水平及较高的投资机会组合。Mäki、Somoza - Lopez 和 Antonio（2016）以投资性房地产的会计选择为例，分析了股权结构与会计选择之间的关系，发现股权越分散，公司越倾向于选择公允价值模式；股份交易与股权分散度之间呈正相关关系，验证了股权集中度越高、财务报表的重要性越低这一观点。

2. 政治成本

寻租成本、税费管制成本和社会契约成本等政治成本影响企业的会计政策选择。Cho 等（2012）对 20 世纪 70 年代末美国政府成

功解除汽车运输业行业管制后，联邦管辖的州际铁路运输产业自愿
性会计选择行为进行了研究，发现联邦政府通过行政决策，降低了
行业进入壁垒，规避了串通定价行为。研究结果表明，汽车运输公
司在解除行业管制以后的报告期内，会通过盈余管理削减利润，以
降低公众对该行业利润的过度关注，从而避免解除管制后政治成本
的失控。

3. 企业外部环境

联动机制。企业对与其处于同一联动机制下的其他企业存在跟
风现象，其他企业对某一业务的会计政策选择，会影响到该企业的
选择决策。Kang 等（2008）以股票赠与费用化为例进行研究发现，
当公司所处的联动机制中其他公司对股票赠与予以费用化或者公司
机构投资者被指控有财务欺诈时，该公司对股票赠与予以费用化的
可能性也较大。Reppenhagen（2010）以股票期权费用是采用内在价
值法还是公允价值法为例进行研究，发现会计政策选择具有"传染
性"，会受到其他企业会计政策选择的影响。这是因为其他企业的
会计政策选择改变了选择决策的净收益，且为后面企业的选择决策
提供了信息依据。

游说行为。会计信息利益相关者对规范会计信息的会计准则的
"游说行为"会影响会计准则的采用时机。Bujaki 等（2007）以加
拿大多伦多证券交易所300家上市公司为样本，以所得税会计政策
选择为例，对"游说行为"与会计准则采用时机之间的关系进行了
详细的研究。研究结果表明，拟通过改善财务报表业绩获利的公
司，一般较早地采用所得税会计准则；费用支付标准制定明确、公
司治理机制高效的公司，一般较晚地采用所得税会计准则。

信息使用者预期。Clor-Proel（2009）研究了一个公司的会计
选择与财务报表使用者的预期匹配程度怎样影响财务报表使用者的
评价和决策。研究发现，当一个公司的实际会计选择不符合使用者
的预期时，使用者的信誉判断会更加极端（可能会严重低估该公司
会计信息的信息质量）。该研究分别从股票酬劳和会计估计两个角

度对此进行了验证。此外，也在一定程度上验证了当使用者的预期与实际会计准则选择不一致时，与符合其预期的信息使用者相比，其更加可能寻找额外的会计信息。

（二）会计政策选择的理论依据窥探

1. 和谐会计论

所谓和谐会计，是指所有企业不管处于何处，若其经营环境相似，且对相似的业务采用相同的会计处理方式，则认为会计是和谐的。Jaafar 等（2007）对欧洲采用 IFRS 之前的会计和谐程度进行了研究。他们以存货、折旧、商誉为例，对各种会计政策以及采用各种会计政策的概率进行 Logistic 回归分析。研究结果表明，虽然国际化和公司规模是显著性影响因素，但国家影响比部门影响大得多，这说明会计是不和谐的。

2. 机会主义论

在既定会计政策选择条件下，管理层通过选择不在预定范围内的会计政策以增加收入的行为，即是机会主义型会计政策选择。Badertscher（2012）从机会主义的角度对会计政策选择进行了研究，以会计重述公司为样本，采用"达到或超过模型"（A Meet – or – beat Modle）判断公司的自发性会计政策选择是否属于机会主义类型，并以此将样本公司分为 OP – MB（机会主义类型）和 Non – OP – MB（非机会主义类型）两类。研究结果表明，管理层自发性会计政策选择的原因与信息论假说相一致，与保守动机的有效契约假设一致性较弱，与契约机会主义和一般公认会计原则（GAAP）的滥用或错用无关。

3. 代理理论

Lin（2006）采用一个包含隐藏信息（二进制项目类型，A Binary Project Type）和隐藏行动（即代理人的努力，The Agent's Efforts）的两时期代理模型（A Two – Period Agency Model）解释管理层的稳健性，再以一个以会计利润为绩效度量方法的分阶段线性激励项目为例，分析代理人的会计自由裁量权对折旧方法的选择。研究结果表明，当且仅当一个"坏"项目的代理人边际生产率比一个"好"项目的代理人边际生产率高时，会计自由裁量权是有价值的，但不包括极端的情况。保守的折旧方法以未来折旧补偿额的增加为代价减少了当前的折旧补偿额，对代理人而言，这是传递"公司前景确实是'好'的"这一信息的较优策略。

4. 激励理论

Beatty 等（2006）对企业进行会计选择决策时面临的几个潜在的重要经济激励因素进行了研究。研究结果表明，企业进行线上项目会计处理（Above – the – Lineaccounting Treatment）还是线下项目会计处理（Below – the – Lineaccounting Treatment）的偏好受股票市场的影响；债务契约、奖金、离职和交换所退市等因素影响企业提前还是延迟费用确认的决策。

5. 折中会计论

Broberg 等（2007）将实证会计理论（PAT）和制度理论（IT）相结合，致力于研究"折中会计理论"（Eclectic Accounting Theory, EAT）对会计政策选择的影响。以瑞典 608 家上市公司 2002—2004 年几个会计年度的数据为样本，并以减值会计政策的选择为例，通过对影响会计选择的一般因素进行模型分析，发现减值会计政策的选择受一般商业因素、制度因素及代理的影响。

综上所述，在这一时期国外对会计政策选择影响因素的研究中，研究重心从内部影响因素（反映企业自身特征的因素）转移到了外部影响因素（反映企业所处外部环境的因素），即除了传统的管理层激励、股权集中度等内部影响因素，学者们也尝试通过政治成本、联动机制、信息使用者等外部因素对会计政策选择进行研究。对会计政策选择的理论依据，则尝试采用组合理论的视角进行分析，即同时基于两种或两种以上理论支撑的视角对会计政策选择进行研究。

（三）会计政策选择研究的发展方向

根据这一时期国外文献的研究现状分析，预计未来的会计政策选择研究将围绕以下两个方面进行：

1. 会计政策选择影响因素

按照利益相关者管理理论，企业的经营管理者为综合平衡各个利益相关者的利益要求会进行一系列管理活动。会计政策选择实质上是平衡利益相关者利益要求的一项活动，会计政策选择的结果是各个利益相关者博弈的结果。利益相关者的特征差异及其利益索求差异、会计准则执行环境的动态变化、企业跨国经营的特殊约束、宏观经济政策的波动等均可能对会计政策选择造成影响，而且其中可能蕴藏着全新的影响因素。对未明影响因素的深度探究，是认知会计政策选择、指引会计准则制定、完善会计准则执行机制的必然选择。

此外，以往的实证研究更多集中在单一因素的影响方面，对于多个因素的综合影响研究则相对较少。由于多因素综合影响更符合会计政策选择的实质，在以后的研究中需将其作为重点。

2. 会计政策选择策略

现有研究中，关于会计政策选择策略的研究比较少，且集中在如何通过策略组合以达到管理层的预期目的方面，主要是出于消极动机的会计政策选择策略研究，对积极动机（比如提高会计信息质量）的策略选择研究则很少涉及。此外，关于会计政策选择总体状况（即会计政策选择策略）的测度研究尚处于起步阶段，测度方法和程序尚缺乏科学性和条理性，鲜有学者对企业会计政策选择策略总体状况及原因进行解释和评价。积极会计政策选择策略的探寻，以及会计政策选择策略的测度量化将成为研究的重点。

综上所述，目前关于会计政策选择策略系数的计量研究尚处于起步阶段，主要集中于定义、计算和初步的评价，其计算方法和程序尚缺乏科学性和条理性，更无数据挖掘技术的介入，且鲜有学者运用其解释和评价企业会计政策选择策略总体状况及原因。对会计政策选择策略的影响因素研究主要从机会主义行为观出发，对企业本身的特征如盈利能力等内部因素之于会计政策选择策略的影响进行研究。尚无人从企业外部市场经济环境方面解释会计政策选择策略，更无对会计政策选择策略系数和外部市场经济环境关系的论证。本书将运用数据挖掘技术，对上市公司会计政策选择策略系数的计量方法和程序进行改进，并运用其评价和比较不同年度不同地区上市公司会计政策选择策略，同时对其与外部市场经济环境的关系进行深入研究，从理论上分析和比较有效契约观和机会主义行为观对中国企业会计政策选择的影响力，评价中国企业管理者在会计政策选择行为方面的成长性。

第一章 基于数据挖掘的会计政策选择 策略系数计量与评价

通过对现有研究中会计政策选择策略系数的机理及计量缺陷进行更进一步的剖析，明确改进会计政策选择策略系数计量的关键问题和步骤。通过对数据挖掘在会计研究领域中的运用现状进行系统梳理，进一步明确将特征选择和关联规则与会计政策选择策略系数的计量相结合并改进会计政策选择策略系数计量的具体路径。

第一节 会计政策选择策略系数 计量分析

一 会计政策选择策略系数的创立——计量与定义的解读

各国学者对会计政策选择的研究大多是针对企业某一单项会计政策选择进行的分析，对企业整组会计政策选择的研究仅有为数不多的几篇文章，而研究企业整组会计政策选择对于报告期盈利影响的计量和评价方法则更是屈指可数。率先对企业整组会计政策选择进行大规模研究的学者 Zmijiewski 和 Hagerman 早在 1981 年就提出并创造了"会计政策选择策略（Income Strategy of Accounting Policy Choice）系数"的计量方法，并通过这一指标来检验公司整组会计政策选择状况。

Zmijiewski 和 Hagerman 提出的会计政策选择策略系数的计量包

括以下五个步骤：

1. 选择四种代表性会计政策，并按照四种会计政策对盈利的影响方向对每种会计政策的不同选择进行分类定义

Zmijiewski 和 Hagerman 选择了存货计价、折旧计提、投资减免税和以往服务退休金成本的摊销期限四种会计政策作为研究的对象；依据各项会计政策选择对盈利的客观影响进行分类，将所有会计政策分为增加当期报告盈利和减少当期报告盈利两类。如将存货计价政策选择中的后进先出法、折旧计提政策选择中的加速折旧法归为减少当期报告盈利类；而存货计价政策选择中的先进先出法、折旧计提政策选择中的直线折旧法为增加当期报告盈利类。

2. 对四种代表性会计政策进行多项排列组合

如果每项会计政策均有两种程序选择，则四种会计政策可以排列出 16 种组合，用以表示不同企业会计政策选择策略。每一种组合代表一种策略。

3. 假设各种会计政策选择对盈利的影响程度，并运用多种赋值方法为每一项会计政策组合赋予一个策略值，形成不同系列的策略值

Zmijiewski 和 Hagerman 假设了两种影响程度：

（1）各项代表性会计政策对盈利影响程度相同。若选择四项代表性会计政策，则该假设使得不同组合会计政策选择对报告盈利的影响程度由 16 种组合减少到 5 种（称为 5 个策略系列）。对 16 种组合策略按照 5 种影响程度赋以不同的数值，以表示选择增加或减少当期报告盈利的会计政策可能性的大小，可能性越小，策略值越低。例如，当增加盈利和减少盈利的两个极端组合（1 和 16）分别被设为 "1" 和 "5" 时，只有一个减少盈利政策的所有组合可用 "2" 表示，拥有两个减少盈利政策的所有组合用 "3" 表示，依次类推；反之亦然。

（2）各项代表性会计政策对盈利影响程度不相同。仍以四项代表性会计政策选择为例，若将代表性排第一位的会计政策对盈利的

影响程度设为 a，排第二、第三位的会计政策对盈利的影响程度均设为 a/2，排第四位的会计政策对盈利的影响程度设为 a/4，则该假设使得不同组合会计政策选择对报告盈利的影响程度由 16 种组合减少到 10 种（称为 10 种策略系列）；对 16 种组合策略按照 10 种影响程度赋以不同的数值，其中，四项代表性会计政策都选择的组合策略值计算如下：

$$a + a/2 + a/2 + a/4 = 2.25a$$

依次类推，可以分别计算出其他 9 种组合的策略值，见表 1 - 1。

表 1 - 1　　　　　　代表性会计政策组合的策略值表

策略值	0	0.25	0.5	0.75	1	1.25	1.5	1.75	2	2.25
策略序号	1	2	3	4	5	6	7	8	9	10

4. 选择互不关联的独立变量代替影响会计政策选择的主要因素或动机

Zmijiewski 和 Hagerman 依据分红计划假设、政治成本假设、债务契约假设等选择了报酬计划、规模、资本密集度、行业集中比率、风险系数、负债比率作为影响会计政策选择的因素。

5. 建立回归分析模型并进行分析

运用相关系数分析法，对第 3 步中两种不同赋值方法下形成的两种系列的策略值与第 4 步中选择的影响因素的相关性进行分析，比较其相关性的强弱，选取相关性最强的一组策略值作为被解释变量，第 4 步中选择的影响因素作为解释变量，建立回归分析模型（1 - 1）并进行分析。

$$策略_i = C_0 + C_1 报酬计划_i + C_2 行业集中比率_i + C_3 风险系数_i + C_4 规模_i + C_5 资本密集度_i + C_6 负债比率_i \tag{1-1}$$

式中，C_1 到 C_6 的测定符号分别为（＋）、（－）、（－）、（－）、（－）、（＋）；i 为企业个数。

根据上述计量过程所显示的科学内涵，对会计政策选择策略系数作如下定义：会计政策选择策略系数是度量企业会计政策选择总体状况的一种量化指标；研究者依据企业会计政策选择现状，选取有代表性的会计政策进行分类定义和组合；对每种组合（即不同的选择策略）采用一定的方法赋予策略值，不同的赋值方法形成不同系列的策略值；估计会计政策选择的主要内外部影响因素并选择相应变量替代；会计政策选择策略系数是指能恰当反映内外部影响因素对会计政策组合选择影响程度差异的一组系列策略值。

每个企业在特定会计年度的实际会计政策组合策略均可以用一个策略值来反映，策略值的高低表示企业选择增加或减少当期报告盈利的会计政策的可能性大小。由于会计准则允许企业在每个新的会计年度重新进行会计政策选择，所以每个企业会计政策选择策略系数在不同年度有所不同。

二　会计政策选择策略系数的计量——意义与缺陷并存

可以说，会计政策选择策略系数通过合理选择代表性会计政策和重要影响因素，对企业会计政策选择信息以恰当的形式进行综合提炼，并最终以动态指数的形式予以呈现，因此，会计政策选择策略系数是一个信息高度浓缩的指标。一方面它是对企业整体会计政策选择状况的总体反映，另一方面又是对会计政策选择信息的动态描述，是一个包含不同时间、不同企业、不同会计政策、不同影响因素的四维信息指数系统。Zmijiewski 和 Hagerman 的研究具有里程碑的意义，弥补了已有研究中对企业会计政策选择状况缺乏总体评价和计量指标的不足。

（一）有利于企业进行自我评价

根据会计政策选择策略系数的计算方法，可以构建企业会计政策选择综合评价系统，进行企业会计政策选择分析与评价，并形成企业会计政策选择综合排名；通过横向比较某一时期的综合会计政策选择策略系数，企业管理层可以了解和比较本企业的会计政策选择总体状况，明确与其他企业的不同；企业可以建立个体会计政选择策略系数，通过纵向比较确定其会计政策选择变动轨迹，及时调整不恰当的会计政策选择，达到优化会计政策选择的目的。

（二）有利于政府宏观经济政策的制定和实施

会计政策选择策略系数代表了对应时期企业整体会计政策选择状况，通过会计政策选择策略系数，政策制定者可以分析与企业会计政策选择相关的各种经济现象和问题（如我国上市公司表现出的会计政策选择中的"大清洗""再融资"现象等），并进行相应的政策调整。会计准则制定对企业整体和各行业所造成的影响，可以分别从综合和分类会计政策选择策略系数的灵敏变动中及时反映出来，为准则制定者提供及时了解准则执行情况以及评价不同企业、不同行业、不同地区会计政策选择的总体状况和差异的途径。

（三）有利于会计理论与实务问题研究

企业会计政策选择策略系数的计算也为相关会计理论和实务问题研究提供了一个有效的思路与途径。例如，可以以此为基础考察会计政策选择策略系数与股票价格指数之间的内在联系等。上市公司年度报告附注部分为我们提供了大量的会计政策选择信息，但是面对冗长的年报附注及其披露出的各种会计政策选择，如果不加以整理，信息使用者会无所适从，难以对企业会计政策选择状况进行准确的评判。从大量的企业会计政策选择信息中挖掘出重要的信息是一个复杂的过程，会计政策选择策略系数的计算可以解决这一复杂问题，将冗长的会计政策选择内容归纳总结为一个简明的会计政策选择策略系数，有助于研究者的使用。

会计政策选择总体计量指标的出现表明会计政策选择研究已经被研究者向前推进了一大步，其研究的科学性也在增强。但是，Zmijiewski 和 Hagerman 的截面组合模型（1－1）的 R^2 最高仅有0.09066，表明该模型有很多方面亟待改进。从 Zmijiewski 和 Hagerman 会计政策选择策略系数计算过程来看，在某些步骤存在较为严重的缺陷。

首先，计算过程第 1 步未对四种会计政策的选用原因做任何说明。在企业选择的众多会计政策中，只选用存货计价、折旧计提、投资减免税和以往服务退休金成本的摊销期限四种会计政策（本书称之为代表性会计政策）来计算会计政策选择策略系数，显然这一选择必须经得起严密的推敲才行，但二人并未对择原因进行说明，只是从之前二人的一篇文章中发现他们曾研究过这四种政策的政治成本和契约动因的差异。其次，计算过程第 3 步多种赋值方法的运用中，并未对各种会计政策选择对盈利影响程度的人为假设加以证实。二人首先假设四种会计政策对盈利的影响程度相同并据此赋予一组策略值，之后假定四种会计政策对盈利的影响程度分别为 1、1/2、1/2、1/4，并再赋予一组策略值。客观地说，各种会计政策选择对盈利的影响程度是一个较难测定的问题，不同行业、不同企业、不同资产构成等都会对其产生影响。再次，计算过程第 4 步影响因素的选择可能还不是太恰当，导致其与会计政策选择策略系数的关联性较弱、模型（1－1）的 R^2 较低。最后，缺乏对会计政策选择策略系数的有效性进行测试。如以会计政策选择策略系数为被解释变量，以影响因素作为解释变量，建立多元线性回归模型，进行逐步回归分析，根据模型的 F 值、Adj－R^2、自变量的方差膨胀因子 VIF值、Durbin－Watson 值、自变量回归系数的显著性，确定模型是否成功建立，是否有尚未被纳入分析视野的重要影响因素。

　　由于这些缺陷的存在，加之获取各企业整组会计政策选择信息的工作量极大，故后来很少有学者再用此方法研究会计政策选择。

　　我国学者曾分别以部分省份上市公司、部分行业板块上市公司或沪深股市发行 A 股的上市公司为样本，对会计政策选择策略及其多样性进行了研究，涉及的会计政策有存货发出计价、固定资产折旧、三大减值政策的选择、交易性金融资产、可供出售金融资产、投资性房地产（公允价值计量模式）、债务重组损益、商誉、非货币性资产交换等。这些研究均采用了 Zmjiewski 和 Hagerman 的方法，因此也都有类似的缺陷，如对代表性会计政策的选择较随意、对会计政策选择策略的赋值具有主观性、影响因素的选择都是基于机会主义行为观而选择的主观影响因素（如公司特征、盈余管理动机等）。

刘斌、胡媛（2006）也认为，Zmijiewski 和 Hagerman 对会计政策选择对盈利的影响程度进行主观赋值的方法具有主观随意性缺陷，且研究对象只包括了四种会计政策，缺乏全面性和说服力，因而以截面修正 Jones 模型进行操控性应计利润的分离，以此计量组合会计政策选择对企业利润的影响。但文章并未交代对纳入模型的反映组合会计政策选择计量结果的变量的选择原因，故仍然具有主观随意性。

因此总体来说，会计政策选择策略系数的计算方法和程序尚缺乏科学性和条理性，尤其是代表性会计政策的选择方法亟待改进。

三 代表性会计政策的选择——*基于数据挖掘的考量*

代表性会计政策应是最能代表内外部重要影响因素对会计政策组合选择影响程度的会计政策，根据代表性会计政策计算的会计政策选择策略系数能恰当地反映内外部影响因素对会计政策组合选择的影响程度。目前关于代表性会计政策的选择主要有两种方法：一是 Zmijiewski 和 Hagerman（1981）、梁杰等（2004）的主观选择；二是张永国等（2010）运用描述性统计分析和参数检验对代表性会计政策的选择。

其中，梁杰等（2004）以 2002 年 128 家东北上市公司为样本建立的多元线性回归模型分析的 F 值最高为 6.838。颜敏等（2004）曾结合我国 A 股上市公司 2001 年报数据建模并以此对会计政策选择策略系数进行分析，因当时的会计信息披露不全面，代表性会计政策选用的是大多数上市公司都披露的坏账准备计提、存货发出计价、折旧计提和所得税核算四种，重要影响因素是采用描述性统计和参数检验方法选择的外资股、经营现金净流量、每股经营现金净流量、第一大股东和第一大股东持股比例，但 R^2 仅有 0.0354（F 值为 6.44）。张永国等（2010）对我国 A 股上市公司 2007 年会计政策选择策略系数建模并进行分析，采用描述性统计和参数检验方法、相关系数和逐步回归分析选择的代表性会计政策是存货发出计价、投资性房地产后续计量模式选择、负的公允价值变动损益确认、存货跌价准备转回四项政策，重要影响因素是扭亏、高盈利、资产负债率，但调整的 R^2 仅有 0.0123，F 值为 6.62。颜敏等（2010）采用同样方法对我国 A 股上市公司 2008 年会计政策选择策略系数进行分析，代表性会计政策是投资性房地产后续计量模式选择、交易性金融资产确认、存货跌价准备转回、坏账准备转回四项政策，重要影响因素是资产规模、大亏、高盈利和实际再融资，调整的 R^2 为 0.0645，F 值为 19.82。

第二种方法虽然具有一定的科学性，但对影响因素重要性程度的计量缺乏有效的方法，因而模型的优化并不多。我国现有代表性会计政策识别方法的研究成果见表 1-2。

表 1-2　我国现有代表性会计政策识别方法的研究成果

序号	研究者及时间	样本	代表性会计政策	选择方法或原因	影响因素	回归结果
1	梁杰等（2004）	2002 年 128 家东北上市公司	存货、折旧、固定资产残值率、低值易耗品摊销	不详	报酬计划、负债率、股权集中度、持股比例	F = 6.838
2	颜敏等（2004）	2001 年 903 家 A 股上市公司	坏账准备计提、存货发出计价、折旧计提、所得税核算	年报披露的详尽程度	外资股、经营现金流量、每股经营现金净流量、第一大股东、第一大股东持股比例	F = 6.44 R^2 = 0.0354
3	张永国等（2010）	2007 年 1461 家 A 股上市公司	存货发出计价、投资性房地产后续计量模式选择、负的公允价值变动损益确认、存货跌价准备转回	描述性统计和参数检验方法、相关系数和逐步回归分析	扭亏、高盈利、资产负债率	F = 6.62 R^2 = 0.0123
4	颜敏等（2010）	2008 年 1600 家 A 股上市公司	投资性房地产后续计量模式选择、交易性金融资产确认、存货跌价准备转回、坏账准备转回	同上	资产规模、大亏、高盈利和实际再融资	F = 19.82 R^2 = 0.0645

从表 1－2 可以看出，以往研究以选择的代表性会计政策为基础建立的会计政策选择模型的 R^2 都很低。首先，就年报披露的详尽程度而言，目前我国上市公司年报中会计政策的披露已经大为改观，每个上市公司年报披露的会计政策都在 30 种左右，其中披露较为详尽、具有选择性且选择结果明确的会计政策也在 10 余种左右，但这些并不能反映上市公司会计政策选择的全貌。比较而言，10 余种会计政策中，低值易耗品摊销和包装物摊销会计政策是所有上市公司都披露得较为详尽的会计政策，但这两种会计政策就其计量的资产规模、比重和重要性而言，恐怕并不能作为重要的代表性会计政策来反映和测试当年公司高管选择会计政策的影响因素。例如，虽然大多数上市公司的低值易耗品摊销都选择一次摊销法，但并不意味着这些公司打算减少当期盈利，主要原因应是为了简化操作。其次，从统计检验方法来说，各会计政策通过参数检验的特征变量个数和显著性水平并不一定能反映特征变量的重要性程度，当然更无法证明会计政策的相互关系。因此，代表性会计政策的识别尚需采用更为科学的方法。

从大量数据中以非平凡的方法发现有用知识的数据挖掘技术，也许是从众多会计政策选择中发现代表性会计政策的最佳技术工具，因为数据挖掘中的特征选择和关联规则挖掘能有效地筛选代表性会计政策和重要影响因素。其中，特征选择是一种在预测模型建立之前的数据处理方法，目的是从所有的解释变量中选择出对被解释变量存在显著性影响的变量。特征选择算法的一般流程是：首先，根据解释变量对于被解释变量的重要程度进行排序；其次，根据选定的显著性水平 p，选出恰当的解释变量集合，一般显著性水平至少为 95%。关联规则即频繁模式挖掘，目的在于发现会计政策选择中有趣的关联和相关关系，以此识别代表性会计政策。

但现有数据挖掘技术在会计研究领域的应用主要集中在会计舞弊识别、管理会计决策、内部控制信息披露、企业绩效评价等方面，且尤以审计信息系统和虚假财务报表识别为多，主要算法包括关联规则、神经网络、决策树、贝叶斯网络、堆栈变量法等，尚未发现运用数据挖掘技术分析会计政策选择策略的文献。究其原因，大概是基于信息不对称理论，作为第三方的审计实务界期望运用当今先进的数据挖掘技术识别和分析企业内部财务信息的真实性。这也是目前数据挖掘技术在会计政策选择领域鲜有运用的原因，因为会计政策选择历来被认为是企业管理层内部的事情，他们对会计政策有自身主观的选择原因和逻辑（这些原因和逻辑不希望为外人所知），且大多数企业管理者对优化会计政策选择策略的意义并无认识，也无需求。因此，以数据挖掘软件为平台，对代表性会计政策和重要影响因素的选择方法进行改进，可能成为今后研究改进的方向。例如，通过特征选择分析对影响各种会计政策选择的内外部因素进行分析，可以掌握各影响因素的重要性程度，并选择重要的影响因素纳入回归分析模型；对各种会计政策选择结果进行关联规则挖掘，可以掌握现有会计政策选择的相互关系、因果关系，以此更好地识别代表性会计政策。

综上所述，目前关于会计政策选择策略系数的计量研究尚处于起步阶段，主要集中于定义、计算和初步的评价，其计算方法和程序尚缺乏科学性和条理性，更无数据挖掘技术的介入，且鲜有学者运用其解释和评价企业会计政策选择策略的总体状况及选择原因。因此，尝试运用数据挖掘技术对上市公司会计政策选择策略系数的计量方法和程序进行改进，并运用其评价和比较我国不同年度不同地区上市公司会计政策选择策略，从理论上分析和比较有效契约观和机会主义行为观对中国企业会计政策选择的影响力，评价中国企业管理者在会计政策选择行为方面的成长性意义非常。

第二节　基于数据挖掘的计量改进
——代表性会计政策与重要
影响因素的选择

本书将以数据挖掘软件 Clementine12.0 为平台，对代表性会计政策和重要影响因素的选择方法进行改进[①]。首先，通过特征选择分析对影响各种会计政策选择的内外部因素进行分析，掌握影响因素的重要程度，选择重要的影响因素纳入回归分析模型；其次，对各种会计政策选择结果进行关联规则挖掘，掌握现有会计政策选择的相互关系、因果关系；最后，运用回归分析模型进行回归分析，确定有代表性的会计政策。

一　数据表的建立

数据挖掘的前提是建立由多个数据表组成的关系数据库。数据表包含一组属性（列或字段），并存放大量元组（记录或行）。本书所用数据表的每个元组代表一个上市公司，被唯一的关键字标识，并以一组属性值描述；选取的上市公司样本是 2010 年及以前在我国上海和深圳证券交易所上市并具有相关期间会计信息资料的公司，共 2035 家[②]，每一个样本以属性值描述其所采用的会计政策和主要特征，说明如下：

（一）会计政策

本书分别以上市公司年报附注中披露较为详尽的折旧计提、存

---

① Clementine12.0 提供了包括神经网络、决策树、聚类分析、关联分析、因子分析、回归分析等在内的丰富的数据挖掘模型，它通过节点的连接来完成整个数据挖掘过程。作为一个广泛应用于电子商务领域的软件，Clementine12.0 已经在客户流失分析、贷款欺诈、财务困境预测等很多具体项目中得到了成功应用（李盈等，2009）。

② 本书所用数据是通过查阅 2010 年的上市公司年度报告获得。数据来源于巨潮资讯网，http://www.cninfo.com.cn；上市公司资讯网，http://www.cnlist.com；新浪股票与财经网，http://stock.finance.sina.com.cn。

货发出计价、低值易耗品摊销、包装物摊销、投资性房地产后续计量模式、交易性金融资产确认、公允价值变动损益确认、研发支出费用化、研发支出资本化、坏账准备转回和存货跌价准备转回 11 种政策为分析对象，对下述各公司特征变量的重要程度进行区分。如表 1 – 3 所示。

表 1 – 3　　　　　　　　　　会计政策及其分类

序号	会计政策	对盈利影响的方向分类	
		增加（或不减少）盈利的政策	减少（或不增加）盈利的政策
1	折旧计提	直线法	加速折旧法/工作量法
2	存货发出计价	先进先出法	加权平均法/其他
3	低值易耗品摊销	五五摊销法/其他	一次摊销法
4	包装物摊销	五五摊销法/其他	一次摊销法
5	投资性房地产后续计量模式	公允价值计量	成本法
6	交易性金融资产确认	确认	不确认
7	公允价值变动损益确认	确认	不确认
8	研发支出费用化	无	是
9	研发支出资本化	是	无
10	坏账准备转回	转回	不转回
11	存货跌价准备转回	转回	不转回

表 1 – 3 中"对盈利影响的方向分类"一栏是仅就会计政策分类的一般意义来说的。例如，假定采用直线法计提折旧会增加当期报告盈利（以通货膨胀为前提），采用加速折旧法会减少盈利；发生研发支出且费用化会减少当期报告盈利，未发生研发支出且费用化则不减少当期报告盈利；进行坏账准备转回会增加当期报告盈利，不进行坏账准备转回则不增加当期报告盈利。

投资性房地产后续计量模式、交易性金融资产确认、公允价值变动损益确认三项政策是与公允价值计量有关的政策，对于这些政策的选择是会降低利润还是提高利润，本书依据当年发生公允价值变动损益的数额来判断。由于 2010 年上市公司发生公允价值变动损益的数额累计为正，且为正数的公司多于为负数的公司，故本书将投资性房地产后续计量模式采用公允价值计量、确认了交易性金融资产和公允价值变动损益归为增加当期报告盈利的会计政策，投资性房地产后续计量模式采用成本法计量、不确认交易性金融资产和公允价值变动损益归为不增加当期报告盈利的会计政策。但毋庸置疑，上述分类定义带有某些误差。

（二）会计政策关联规则分析——数据挖掘的基本分析

从知识发现的视角来看，会计政策组合的描述需要通过数据挖掘中的关联规则进行识别，进而发现会计政策组合的内在联系。2007—2010 年上市公司会议政策组合关联分析结果如表 1 - 4 所示。

表 1 - 4　　2007—2010 年上市公司会计政策组合关联分析结果

年份	会计政策组合（两两组合）		样本数
2007	折旧计提（直线法）	交易性金融资产确认	1194
	公允价值变动损益确认	折旧计提（直线法）	1045
	折旧计提（直线法）	坏账准备转回	1035
	坏账准备转回	交易性金融资产确认	1015
	存货跌价准备转回	公允价值变动损益确认	1002
	研发支出费用化	折旧计提（直线法）	983
2008	折旧计提（直线法）	投资性房地产后续计量模式（公允价值模式）	1278
	折旧计提（直线法）	公允价值变动损益确认	1143
	存货跌价准备转回	折旧计提（直线法）	1100
	研发支出费用化	交易性金融资产确认	1065
	存货发出政策（加权平均法）	折旧计提（直线法）	989
	坏账准备转回	交易性金融资产确认	932

续表

年份	会计政策组合（两两组合）		样本数
2009	折旧计提（直线法）	存货发出政策（加权平均法）	1223
	存货跌价准备转回	折旧计提（直线法）	1137
	研发支出费用化	交易性金融资产确认	1109
	低值易耗品摊销政策（一次摊销法）	折旧计提（直线法）	988
	存货跌价准备转回	折旧计提（直线法）	956
	研发支出费用化	公允价值变动损益确认	910
2010	折旧计提（直线法）	交易性金融资产确认	1382
	存货跌价准备转回	折旧计提（直线法）	1365
	公允价值变动损益确认	折旧计提（直线法）	1203
	存货跌价准备转回	折旧计提（直线法）	1292
	研发支出费用化	交易性金融资产确认	1132
	研发支出费用化	交易性金融资产确认	1165

注：该表格是 Clementine12.0 软件生成的蛛网模型的记录结果，每年样本数据中由于部分企业未披露会计政策的详细信息，甚至出现不予披露的情况，故年度间样本数存在差异，本书只能根据已经在报表中披露的信息进行数据挖掘探测。

从表 1-4 可以初步判断出上市公司选择会计政策组合的偏好，即折旧计提、交易性金融资产确认、公允价值变动损益确认、研发支出费用化、坏账准备转回和存货跌价准备转回。

（三）公司特征变量

根据年报中可能获得的信息，本书归集了反映公司规模、偿债能力、盈利能力、再融资状况、高管报酬契约和异动信息的 8 个内部特征的变量，包括资产规模、资产负债率、总资产利润率、净资产收益率、实际再融资、计划再融资、高管变更和高管报酬计划；此外，根据我国学术界现有经济研究中已有的分省份反映对企业经营活动的影响的各类指数，选取市场化指数①、地区产权保护指数②两个经济指数作为反映公司外部环境的特征变量。各变量的含义见表1-5。

表1-5 公司特征变量的定义及其预期符号

序号	变量	定义	预期符号
1	SIZE	资产规模以总资产的对数表示	+
2	LEV	资产负债率=负债总额/资产总额	+
3	ROA	总资产利润率=净利润/资产总额	+
4	ROE	净资产收益率=净利润/净资产	+
5	RBC	实际再融资等于1，表示当年实际进行了再融资的公司；否则等于0	－
6	RAC	计划再融资等于1，表示当年有再融资计划的公司；否则等于0	
7	ΔCEO	高管变更等于1，表示当年高管（董事长或总经理）发生变更；否则等于0	
8	NX	高管报酬计划等于1，表示实施有高管报酬激励计划（年薪制或股权激励）；否则等于0	+
9	Market	市场化指数取值范围为0—12，数值越大，表示市场化程度越高	+
10	Protect	地区产权保护指数取值范围为0—1，数值越大，表示地方保护主义或"法律保护主义"的行为特征越强烈	－

---

① 选自国民经济研究所《中国市场化指数——各地区市场化相对进程2011年报告》（樊纲等，2011）中最新报告的2009年的分省份市场化指数。另外，目前我国学术界现有的分省份反映对企业经营活动影响的经济指数还有国民经济研究所《中国分省企业经营环境指数2011年报告》（王小鲁等，2012）的分省份企业经营环境指数、中国科技大学国家社科项目（09BJL009）研究成果《中国各省市技术创新指数研究》（李芹芹等，2012）中的分省份技术创新指数、西北大学《中国经济增长质量报告（2012）》（任保平等，2012）中的各地区经济增长质量指数和天津财经大学《区域企业自生能力评价指数与区域经济发展实证——基于中国各地区的研究》（高正平等，2012）中的区域企业自生能力评价指数。但因为这四个指数均与市场化指数强相关，所以本书不再将其作为公司外部环境特征变量使用。

② 选自世界银行（2007）对我国120个城市投资环境调查所得的地区产权保护指数。

　　表 1 - 5 中"预期符号"一栏表示各变量的大小与上市公司选择增加盈利会计政策可能性的关系。"＋"表示可能选择增加盈利的会计政策，即变量与增加盈利的会计政策选择呈正相关；"－"表示可能选择减少盈利的会计政策，即变量与增加盈利的会计政策选择呈负相关。其中资产规模①、资产负债率②、总资产利润率、净资产收益率、高管报酬计划③、市场化指数④6 个特征变量与增加盈利的会计政策选择呈正相关，实际再融资、计划再融资⑤、高管变更⑥和地区产权保护指数⑦4 个特征变量与增加盈利的会计政策选择呈负相关。

---

　　① 借鉴 Zmijiewski 和 Hagerman（1981）的观点，由于金融危机的影响和我国证券市场监管的作用，本书假定规模越大的公司越愿意保持经济稳定增长的良好形象，所以越愿意选择增加盈利的会计政策。

　　② 资产负债率是反映企业偿债能力的指标。一般地，资产负债率过高的企业不会选择减少盈利的会计政策。

　　③ 借鉴 Healy（1985）分红计划假设，实施高管报酬计划的企业愿意选择增加盈利的会计政策。

　　④ 市场化程度的不同，尤其是金融业的市场化程度的不同对企业选择公允价值计量政策的影响会有所不同：市场化程度高的地区，公允价值容易取得，交易成本低，企业更有可能选择公允价值计量；若某地区市场化进程缓慢，会增加该地区企业选择公允价值计量的交易成本，因而选择公允价值计量的公司就会少。由于 2010 年上市公司公允价值变动损益的数额累计为正数，所以市场化进程与增加盈利的会计政策选择应呈正相关关系。

　　⑤ 2008 年证监会【第 57 号令】《关于修改上市公司现金分红若干规定的决定》要求再融资公司"最近三年以现金方式累计分配的利润不少于最近三年实现的年均可分配利润的 30%"，预计计划要进行再融资和当年已进行了再融资的公司均会选择减少盈利的会计政策。此外，2010 年上市公司平均净资产收益率为 10.23%，因此，2006 年证监会【第 30 号令】《上市公司证券发行管理办法》第十三条要求再融资公司"最近三个会计年度加权平均净资产收益率平均不低于百分之六"基本不具有约束力。

　　⑥ 借鉴李增泉（2001）、Beatty 和 Weber（2003）的观点，当年发生高管变更的公司愿意采用减少盈利的会计政策。

　　⑦ 世界银行（2007）对中国 120 个城市投资环境的调查显示，各个城市之间的产权保护存在着相当大的差异，这种地区间产权保护程度的差异会影响到不同地区上市公司的市场化程度。但该指标显示的是"本地企业是否会在商业纠纷中比外地企业更占优势"，有地方保护主义或"法律保护主义"的行为倾向，描述地方保护主义行为特征的产权保护指数（Protect）越高，越会产生较高的交易成本，进而影响公允价值计量。因此，预期公允价值计量政策的选择会随公司所在地区产权保护指数的提高而降低，即地区产权保护指数与选择增加盈利的会计政策呈负相关。

二 数据预处理

研究所用数据常常是脏的、不完整的或不一致的，数据预处理技术可以改善数据质量，提高数据挖掘的精度和性能，因而是知识发现过程的重要步骤。数据预处理主要包括数据清理、相关分析、数据转换和数据归约。根据需要，本书采用了数据清理、相关分析和数据归约等形式对样本数据进行预处理。

数据清理旨在消除或减少数据噪声和处理缺失值，有助于减少学习时的混乱。本书通过根据需要使用最可能的值并手工填补的方法进行处理，如对于净资产收益率 ROE，存在年报中某些公司未披露或披露得较为"离奇"的现象（如吉林制药当年净利润为 -4733.91 万元，但净资产收益率为 314.13%），首先对净资产收益率进行离散化处理，其次根据该公司年报披露的净利润和资产情况以及当年的经营状况，将其离散值设定为与净资产收益率为 -1% 的公司一致的数据，以消除噪声；对于地区产权保护指数，部分上市公司所在城市不在世界银行调查的 120 个城市范围内，为了增加样本量，本书采用这些上市公司各自所在省份内的所有具有数据的城市平均值来替代不在世界银行调查范围内的其他城市。

相关分析可以用来排除数据中冗余的属性。通过识别任意两个给定的属性是否统计相关，可以将强相关的两个属性之一从进一步分析中排除。由于企业经营环境指数、经济增长质量指数、技术创新指数、自生能力评价指数与市场化指数强相关，所以本书舍弃这 4 个反映企业外部环境的指数，只采用资产规模（Size）和市场化指数（Market）等 10 个内外部特征变量进行分析。

数据归约可以将复杂的海量数据缩为很小的数据集，但仍大概保持原数据的完整性，并产生相同的数据挖掘效果。离散化技术是一个极为有效的数据归约形式，它通过将连续取值的属性——资产规模、资产负债率等的域值范围泛化为若干离散的区间，并对一个区间内的实际数据值赋予一个标签，来帮助削减这些连续取值属性的取值个数。在下文基于关联规则的分类挖掘中，削减属性取值个

数的离散化处理可以减少学习时输入/输出的操作。本书根据资产
规模等各个连续取值属性的数值分布状况，采用直观划分离散化的
方法进行处理，处理结果见表1-6。

表1-6　　　　　　　　连续取值属性的离散化处理说明

特征变量名称	标签	域值范围区间划分及标签赋予
资产对数	SIZELS	[1, 5) 为1，[5, 6) 为2，[6, ∞) 为3
资产负债率	LEVLS	[0, 40%) 为1，[40%, 70%) 为2，[70%, 100%) 为3，[100%, ∞) 为4
总资产利润率	ROALS	(-∞, 0) 为1，[0, 1%] 为2，(1%, 5%] 为3，(5%, 10%] 为4，(10%, ∞) 为5
净资产收益率	ROELS	(-∞, -1%] 为1，(-1%, 10%] 为2，(10%, 98%] 为3，(98%, ∞) 为4
市场化指数	MarketLS	[0, 6) 为1，[6, 8) 为2，[8, 10) 为3，[10, 12] 为4
地区产权保护指数	ProtectLS	[0, 0.5) 为1，[0.5, 0.7) 为2，[0.7, 1] 为3

三　建模与分析

（一）特征选择分析

数据挖掘的第一步是对公司特征变量进行特征选择分析。特征选
择是一种在预测模型建立之前处理数据的方法，目的是从所有的解释
变量中选择出对被解释变量存在显著性影响的变量。特征选择算法的
一般流程是：首先，根据解释变量对于被解释变量的重要程度进行排
序；其次，根据选定的显著性水平 p，选出恰当的解释变量集合，一
般显著性水平至少为95%。其中，度量解释变量的重要性是关键。

因为总的被解释变量——会计政策选择策略系数是以代表性会计
政策为依据确定的，且事先并不确知代表性会计政策为何，所以，在
特征选择步骤下，本书以每一项会计政策为被解释变量，以10个公
司特征变量（包括离散值）为解释变量，分别计算每项会计政策下公
司特征变量的重要性。将显著性水平设为100%，分析和描述出的每
项会计政策下重要公司特征变量特征选择分析结果如表1-7所示。

表1-7　　　　　　　重要公司特征变量特征选择分析结果

会计政策	等级	字段	类型	重要性	值
折旧计提	1	SIZE	数值	重要	1
	2	ROELS	有序集合	重要	1
公允价值变动损益确认	1	SIZE	数值	重要	1
	2	SIZELS	有序集合	重要	1
	3	LEVLS	有序集合	重要	1
	4	Market	数值	重要	1
	5	RAC	布尔	重要	1
	6	MarketLS	有序集合	重要	1
交易性金融资产确认	1	SIZE	数值	重要	1
	2	SIZELS	有序集合	重要	1
	3	LEVLS	有序集合	重要	1
	4	Market	数值	重要	1
	5	RAC	布尔	重要	1
	6	MarketLS	有序集合	重要	1
投资性房地产后续计量模式	1	ROALS	有序集合	重要	1
研发支出费用化	1	RAC	布尔	重要	1
	2	LEVLS	有序集合	重要	1
	3	RBC	布尔	重要	1
	4	ROALS	有序集合	重要	1
	5	Protect	数值	重要	1
	6	LEV	数值	重要	1
	7	ProtectLS	有序集合	重要	1
	8	ROELS	有序集合	重要	1
	9	Market	数值	重要	1
坏账准备转回	1	Protect	数值	重要	1
	2	LEVLS	有序集合	重要	1
	3	SIZE	数值	重要	1
	4	ProtectLS	有序集合	重要	1
存货跌价准备转回	1	SIZELS	有序集合	重要	1
	2	SIZE	数值	重要	1
	3	LEVLS	有序集合	重要	1

从表 1 - 7 中可以看出，10 个公司特征变量中，高管变更（ΔCEO）和高管报酬计划（NX）两个变量因显著性水平在所有会计政策中均达不到 100% 而被舍弃。出现在表 1 - 7 中的重要特征变量是资产规模、资产负债率、总资产利润率、净资产收益率、计划再融资、实际再融资、市场化指数和地区产权保护指数共 8 个，其中，连续取值的 6 个重要特征变量资产规模、资产负债率、总资产利润率、净资产收益率、市场化指数、地区产权保护指数的离散值也出现在表 1 - 7 中，且有些特征变量的离散值比其本身重要性排序还要靠前，如 $LEVLS$，说明对数据的离散化处理取得了良好的效果。

此外，通过识别对应 11 个会计政策的显著性水平为 100% 的重要特征变量，还对代表性会计政策进行了初步的判断，即与重要特征变量对应的主要会计政策分别是折旧计提、交易性金融资产确认、公允价值变动损益确认、研发支出费用化、投资性房地产后续计量模式、坏账准备转回和存货跌价准备转回 7 项，而存货发出计价、低值易耗品摊销、包装物摊销、研发支出资本化 4 项会计政策因其全部特征变量显著性水平均达不到 100% 而被舍弃。

（二）关联规则分析

关联规则即频繁模式挖掘，目的在于发现数据中有趣的关联度和相关性。

（1）对 11 个会计政策进行单维关联规则分析，确定在所有的会计政策选择中，样本公司经常选择哪些会计政策。于是有：

$$Choices\,(X,\text{“政策}A\text{”})\Rightarrow Choices(X,\text{“政策}B\text{”})\,[\,support=10\%\,,$$
$$\qquad\quad\text{（前项）}\qquad\qquad\text{（后项）}$$
$$confidence=80\%\,]$$

式中，X 代表上市公司；80% 的置信度或可信性表示：一个上市公司选择政策 A，则选择政策 B 的可能性是 80%；10% 的支持度意味着：所分析的全部样本中 10% 显示政策 A 与政策 B 一起被选择。单维关联规则是仅包含单个谓词（即 Choices）的关联规则。11

个会计政策之间的单维关联规则挖掘结果如表1-8所示。

表1-8　　　　11个会计政策之间的单维关联规则挖掘结果

序号	后项	前项	支持度（%）	置信度（%）
1	直线法	低值易耗品五五摊销	11.548	99.149
2	直线法	研发支出非费用化	49.189	99.001
3	直线法	坏账准备转回	32.187	98.626
4	直线法	坏账准备转回和研发支出非费用化	16.560	98.516
5	直线法	交易性金融资产确认和研发支出非费用化	10.909	98.198
6	直线法	公允价值变动损益确认和研发支出非费用化	13.170	98.134
7	直线法	交易性金融资产确认和公允价值变动损益确认	17.985	98.087
8	直线法	公允价值变动损益确认	24.668	98.008
9	直线法	交易性金融资产确认	21.425	97.936
10	直线法	存货跌价准备转回	16.167	97.568
11	公允价值变动损益确认	交易性金融资产确认、研发支出非费用化和直线法	10.713	87.615
12	公允价值变动损益确认	交易性金融资产确认和研发支出非费用化	10.909	87.387
13	公允价值变动损益确认	交易性金融资产确认和直线法	20.983	84.075
14	公允价值变动损益确认	交易性金融资产确认	21.425	83.945

　　符合置信度为80%、支持度为10%的单维关联规则共有14条。其中，低值易耗品五五摊销、研发支出非费用化、坏账准备转回、交易性金融资产确认、公允价值变动损益确认、存货跌价准备转回6项政策分别或两两与直线法关联。比如，选择坏账准备转回的公司很有可能选择直线法，这一类的公司占比32.187%，其置信度为

98.626%。交易性金融资产确认、研发支出非费用化、直线法3项政策分别或两两或单个与公允价值变动损益确认关联。例如，确认交易性金融资产的公司很有可能确认公允价值变动损益，这一类的公司占比21.425%，其置信度为83.945%。因此，根据单维关联规则挖掘结果可以发现，11项会计政策中，低值易耗品摊销、研发支出费用化、坏账准备转回、交易性金融资产确认、公允价值变动损益确认、存货跌价准备转回和直线法7项政策具有一定的关联。这一结果与表1-7特征选择分析结果惊人地一致，唯一的不同是投资性房地产后续计量模式被低值易耗品摊销政策所替代，表明其重要性或代表性要弱于其他6项会计政策。

（2）对11个会计政策与10个公司特征变量进行多维关联规则挖掘（即包含一个以上属性或谓词），确定具有何种特征的公司会选择某一会计政策。例如以下规则的挖掘：

$$SizeLS(X,\text{``}2\text{''})\wedge MarketLS(X,\text{``}3\text{''})\Rightarrow Choices(X,\text{``直线法''})$$
$$\qquad\qquad（前项）\qquad\qquad\qquad\qquad（后项）$$
$$[\,support=10\%\,,\ confidence=80\%\,]$$

该规则表示上市公司中，10%是资产规模，离散值为2，公司所在地区市场化指数离散值为3并且选择了直线法的公司，这个资产规模和市场化指数组的上市公司选择直线法的概率为80%。

多维关联规则挖掘结果显示，符合置信度为80%、支持度为10%的多维关联规则达269条，因篇幅限制，表1-9仅列出置信度为100%的26条规则。比如，第2条规则显示，总资产利润率离散值为2和净资产收益率离散值为2并选择直线法的公司占比12.432%，这一类公司选择直线法的概率为100%。根据多维关联规则挖掘结果可以发现，10个公司特征变量中，*ROALS*、*SIZELS*、*MarketLS*、*ProtectLS*、*RBC*、*LEVLS*、*RAC*、*ROELS* 8个变量分别出现在前项（原因）中的第一位，这一结果与表1-7的特征选择分析结果完全一致；交易性金融资产确认、坏账准备转回、研发支出费用化3项政策再次出现在前项（原因）中，表明其重要性或代表性程度确实高于其他。

表 1 - 9　　　　　　　公司特征与会计政策之间的关联规则

序号	后项	前项	支持度（%）	置信度（%）
1	直线法	$ROALS = 2$	13.956	100.0
2	直线法	$ROALS = 2$ 且 $ROELS = 2$	12.432	100.0
3	直线法	$SIZELS = 1$ 且 $LEVLS = 1$	13.808	100.0
4	直线法	$SIZELS = 1$ 且 NX	11.204	100.0
5	直线法	交易性金融资产确认且 $MarketLS = 4$	10.467	100.0
6	直线法	$MarketLS = 3$ 且 $ROALS = 3$	10.369	100.0
7	直线法	$ProtectLS = 1$ 且 $LEVLS = 2$	12.826	100.0
8	直线法	$ProtectLS = 1$ 且 NX	17.199	100.0
9	直线法	$ProtectLS = 2$ 且 RBC	10.319	100.0
10	直线法	$ProtectLS = 2$ 且 $ROELS = 2$	15.135	100.0
11	直线法	RBC 且 $MarketLS = 4$	14.840	100.0
12	直线法	坏账准备转回且 $ROELS = 2$	15.233	100.0
13	直线法	$LEVLS = 1$ 且 $MarketLS = 4$	18.722	100.0
14	直线法	$LEVLS = 1$ 且 $ROALS = 3$	13.759	100.0
15	直线法	RAC 且 $LEVLS = 1$ 且 $ROELS = 3$	10.319	100.0
16	直线法	$ProtectLS = 1$ 且 NX 且 $SIZELS = 2$	10.614	100.0
17	直线法	RBC 且 $MarketLS = 4$ 且 $SIZELS = 2$	10.221	100.0
18	直线法	RBC 且 $ROELS = 3$ 且 $SIZELS = 2$	12.776	100.0
19	直线法	$ProtectLS = 3$ 且 $LEVLS = 1$ 且 $MarketLS = 4$	10.369	100.0
20	直线法	$ProtectLS = 3$ 且 $MarketLS = 4$ 且 $ROELS = 3$	11.253	100.0
21	直线法	$LEVLS = 1$ 且 $MarketLS = 4$ 且 $ROELS = 3$	10.025	100.0
22	直线法	$LEVLS = 1$ 且 $MarketLS = 4$ 且 $SIZELS = 2$	12.187	100.0
23	直线法	$LEVLS = 1$ 且 $ROALS = 3$ 且 $ROELS = 2$	10.713	100.0
24	直线法	$ROALS = 3$ 且 $ROELS = 2$ 且研发支出非费用化	11.794	100.0
25	直线法	$LEVLS = 2$ 且 $ROELS = 2$ 且研发支出非费用化	10.811	100.0
26	直线法	$ROELS = 2$ 且研发支出非费用化且 NX	12.285	100.0

根据上述分析结果，本书以下部分将资产规模、资产负债率、总资产利润率、净资产收益率、计划再融资、实际再融资、市场化指数、地区产权保护指数 8 个公司特征变量作为重要变量，纳入逻辑回归分析模型，分析交易性金融资产确认、公允价值变动损益确认、研发支出费用化、坏账准备转回、存货跌价准备转回和折旧计提 6 项会计政策的代表性[①]。

（三）逻辑回归分析

以上述重要公司特征变量为解释变量，以折旧计提、交易性金融资产确认、公允价值变动损益确认、研发支出费用化、坏账准备转回和存货跌价准备转回 6 项会计政策为被解释变量，建立以下 Logistic 回归分析模型（1 - 2），逐个分析 6 项会计政策的代表性。

$$CHOICE = \alpha_0 + \alpha_i X_i + \varepsilon \qquad (1-2)$$

其中，$CHOICE$ 为虚拟变量，当 $CHOICE = 1$ 时，表示采用直线法或确认交易性金融资产，或确认公允价值变动损益，或研发支出非费用化，或发生坏账准备转回，或发生存货跌价准备转回，否则 $CHOICE = 0$。X_i 表示上述 8 种重要公司特征，$i = 1, 2, \cdots, 8$，表示公司特征的个数，α_0 为常数项，α_i 为各特征变量的系数估计值，ε 为随机干扰项。回归结果见表 1 - 10。

由表 1 - 10 所示的 Logistic 回归结果可知，6 项会计政策的 $Wald\ Chi - Square$ 均在 1% 水平上显著，$Likelihood\ Ratio\ Chi - Square$ 显示模型在 1% 水平上显著，极大似然值排序为公允价值变动损益确认、研发支出费用化、交易性金融资产确认、坏账准备转回、存货跌价准备转回、折旧计提。

其中，公允价值变动损益确认政策选择中，除地区产权保护指数外，通过极大似然估计法得到的 7 个变量系数值均与预期符号一致，资产规模、计划再融资和市场化进程 3 个变量均在 1% 水平上

---

① 投资性房地产后续计量模式因在关联规则分析中被淘汰，表明其重要性已受影响，故舍弃。

表 1 – 10　　　　　　　　　各会计政策选择代表性逻辑回归分析

变量	折旧计提	交易性金融资产确认	公允价值变动损益确认	研发支出费用化	坏账准备转回	存货跌价准备转回
Intercept	10. 0112	– 6. 5682	– 7. 6113	0. 4415	– 1. 0569	– 3. 21
	22. 9038 ***	117. 3935 ***	153. 5596 ***	0. 8515	4. 6721 **	28. 9754 ***
SIZE（ + ）	– 0. 9924	0. 7171	0. 9229	0. 0240	0. 2324	0. 4015
	14. 5376 ***	68. 2844 ***	106. 0760 ***	0. 0952	9. 8913 ***	21. 4194 ***
LEV（ + ）	0. 2106	0. 0806	0. 1391	0. 8971	0. 2244	0. 1141
	0. 0435	0. 7001	2. 3830	18. 9358 ***	4. 5243 **	2. 1402
ROA（ + ）	– 0. 4045	– 0. 1393	0. 3449	0. 0055	0. 1271	– 0. 1122
	0. 6409	0. 1650	1. 7297	0. 0007	0. 3664	0. 1242
RAC（ – ）	0. 0463	– 0. 4840	– 0. 5320	– 0. 5828	– 0. 1646	– 0. 0469
	0. 0044	10. 5425 ***	13. 9499 ***	24. 2892 ***	1. 7876	0. 0911
RBC（ – ）	0. 7392	– 0. 2649	– 0. 0971	– 0. 2931	– 0. 1333	– 0. 1955
	1. 2035	3. 7912 **	0. 5689	7. 1709 ***	1. 3143	1. 7317
Market（ + ）	0. 3043	0. 1426	0. 1304	– 0. 0134	– 0. 0228	– 0. 0289
	4. 0793 **	20. 9664 ***	19. 0084 ***	0. 2913	0. 7856	0. 7952
Protect（ – ）	– 3. 7005	0. 2523	0. 4112	– 1. 1110	– 1. 2741	– 0. 5756
	3. 9517 **	0. 4591	1. 2971	12. 6774 ***	15. 0328 ***	1. 9287
ROE（ + ）	– 0. 0103	0. 0010	0. 0026	0. 0016	0. 0017	0. 0004
	6. 5815 **	0. 2566	1. 4652	1. 0692	0. 0945	0. 0315
Likelihood Ratio Chi – Square	20. 41 ***	127. 28 ***	182. 78 ***	133. 65 ***	53. 51 ***	33. 76 ***
Wald Chi – Square	22. 42 ***	113. 50 ***	153. 16 ***	115. 21 ***	49. 65 ***	34. 07 ***
预测正确率	77. 8%	66. 0%	67. 8%	63. 8%	60. 0%	60. 6%

注：双尾显著性检验水平：*** 为1%，** 为5%，* 为10%。

显著；研发支出费用化政策选择中，除市场化进程外，7 个变量与预期符号一致，资产负债率、计划再融资和实际再融资 3 个变量都在 1% 水平上显著；交易性金融资产确认政策选择中，除总资产利润率和地区产权保护指数外，6 个变量与预期符号一致，资产规模、计划再融资和市场化进程 3 个变量均在 1% 水平上显著；坏账准备转回政策选择中，除市场化进程外，7 个变量与预期符号一致，资产规模和资产负债率 2 个变量在 1% 水平上显著；存货跌价准备转回政策选择中，有 6 个变量与预期符号一致，但只有资产规模 1 个变量在 1% 水平上显著；折旧计提政策选择中，只有 3 个变量与预期符号一致，且只有市场化进程 1 个变量在 1% 水平上显著。

根据 Logistic 回归模型分析结果，选择交易性金融资产确认、公允价值变动损益确认、研发支出费用化和坏账准备转回四项政策为代表性会计政策。

（四）改进检验

按照 Zmijewski 和 Hagerman（1981）的会计政策选择策略系数的计算方法（假定四种会计政策对盈利的影响程度相同并据此赋予一组策略值），计算出 2010 年上市公司会计政策选择策略系数，并以此为被解释变量，以上述重要影响因素（包括其离散值）为解释变量，建立多元线性回归分析模型，运用逐步回归分析法和 SAS 软件考察模型的改进程度，最终得到最优模型（1-3）。进入模型（1-3）的解释变量只有 $SIZE$、$LEVLS$、ROA、RBC、RAC、$MarketLS$、$Protect$ 7 个重要影响因素。

$$CLXS = \beta_0 + \beta_1 SIZE + \beta_2 LEVLS + \beta_3 ROA + \beta_4 RAC + \beta_5 RBC + \beta_6 MarketLS + \beta_7 Protect + \xi \qquad (1-3)$$

式中，$CLXS$ 为被解释变量——会计政策选择策略系数；β_0 为常数项；$\beta_i(i=1,2,\cdots,7)$ 为变量的系数估计值；ξ 为随机误差项。

被解释变量 $CLXS$ 表示影响盈利的会计政策选择策略系数（赋值方法略），解释变量的定义和取值方法见表 1-5。多元线性回归分析结果见表 1-11。

作为改进模型的对照，本书根据张永国等（2010）的方法，运用描述性统计分析、参数检验等选择代表性会计政策和重要特征变量，计算会计政策选择策略系数（过程略），并进行多元线性回归分析（见表 1 - 12）。可以看出，表 1 - 11 中的模型 F 值在 0.0001 水平上显著，表明用该模型来描述影响会计政策选择策略的因素是合适的，由此得出的结论可信；同时 $Adj - R^2$ 达到 0.1318，比对照组的 0.0703 提高了 0.0615，说明模型已经有很大改进，解释变量与被解释变量的关联性显著增强。另外，模型中解释变量的方差膨胀因子 VIF 值均小于 2，表明模型没有多重共线性问题。

表 1 - 11　　　　会计策略的多元线性回归分析结果

变量	预期符号	参数估计	标准化估计系数	t 值	P 值	方差膨胀因子
Intercept		0.67106	0.27073	2.48	0.0133	0
SIZE	+	0.24408	0.04593	5.31	<0.0001	1.12318
LEVLS	+	0.22772	0.03915	5.82	<0.0001	1.23576
ROA	+	0.06444	0.07674	0.84	0.4012	1.01730
RAC	−	−0.35403	0.06603	−5.36	<0.0001	1.40600
RBC	−	−0.15211	0.06741	−2.26	0.0242	1.34662
MarketLS	+	0.12256	0.03091	3.96	<0.0001	1.18559
Protect	−	−0.50005	0.18627	−2.68	0.0074	1.14844

F Value = 28.77，Pr > F ≤ 0.0001，$Adj - R^2 = 0.1318$

表 1 - 12　　　　会计策略的多元线性回归分析（对照组）

变量	预期符号	参数估计	标准化估计系数	t 值	P 值	方差膨胀因子
Intercept		0.08688	0.25627	0.34	0.7346	0
SIZE	+	0.38711	0.04044	9.57	<0.0001	1.06373
LEV	+	0.08486	0.02342	3.62	0.0003	1.03457
LP	−	−0.08205	0.04870	−1.68	0.0922	1.08349
RBC	−	−0.27656	0.05085	−5.44	<0.0001	1.05496
Market	+	0.04081	0.01237	3.30	0.0010	1.11164
Protect	−	−0.36452	0.15610	−2.34	0.0196	1.11349

F Value = 23.49，Pr > F ≤ 0.0001，Adj R − Sq = 0.0703

就解释变量与被解释变量的关系而言，*SIZE*、*LEVLS*、*RAC*、*MarketLS* 4 个特征变量回归系数均在 0.0001 水平上显著，*Protect* 回归系数在 0.01 水平上显著，*RBC* 回归系数在 0.05 水平上显著，均与预期符号一致。说明资产规模大、资产负债率高的企业更有可能选择增加盈利的会计政策；由于证监会【第 57 号令】的作用，计划再融资和实施再融资的公司确实更有可能选择减少盈利的会计政策；市场化程度高的地区，公允价值容易取得，交易成本低，企业更有可能选择公允价值计量；以地方保护主义或法律保护主义的行为为特征的产权保护指数越高，产生的交易成本越高，进而影响到公允价值计量。

从各解释变量对被解释变量的影响程度来讲，*Protect* 的标准化估计系数为 0.18627，*ROA* 和 *RBC* 的标准化估计系数分别为 0.07674、0.06741，说明总资产收益率和实际再融资对会计政策选择策略系数的影响较大，但不及地区产权保护指数，即外部环境因素对会计政策选择策略系数的影响已经高于公司内部因素和证券市场监管因素。

四 主要结论

结论一：本书运用数据挖掘中的特征选择分析和关联规则挖掘算法，筛选出了资产规模、资产负债率、总资产利润率、净资产收益率、计划再融资、实际再融资、市场化指数、地区产权保护指数 8 个公司特征变量作为重要变量，并结合 Logistic 回归分析，确定出交易性金融资产确认、公允价值变动损益确认、研发支出费用化和坏账准备转回四项政策为代表性会计政策，运用逐步回归分析法得到最优模型和最重要的 7 个影响因素，即资产规模、资产负债率、计划再融资、市场化进程指数、地区产权保护指数、实际再融资和总资产利润率，分别代表了公司内部特征、公司外部环境两方面因素。其中，资产负债率和市场化进程指数是以离散值的形式进入最优模型的，说明数据挖掘中的离散化处理是非常有用的。最优模型的 Adj – R^2 达到 0.1318，显著高于以往研究的结果，说明本书采用数据挖掘中的特征选择分析和关联规则挖掘算法确实取得了明显成效,改进了会计政策选择策略系数的计量。

结论二:从重要影响因素来看,首先,资产规模和资产负债率仍是影响会计政策选择的最重要因素。其次,与以往研究结果不同,由于证监会【第57号令】的作用,计划再融资和实施再融资的公司确实更有可能选择减少盈利的会计政策。再次,市场化进程高的地区,公允价值容易取得,交易成本低,企业更有可能选择公允价值计量;以地方保护主义或法律保护主义的行为为特征的产权保护指数越高,产生的交易成本越高,进而影响到公允价值计量。最后,外部环境因素对会计政策选择策略系数的影响已经高于公司内部因素和证券市场监管因素。

第二章 代表性会计政策的基本特征及其与内外部影响因素关系的理论分析

本章根据第一章各年度代表性会计政策的选取结果分析其基本特征，计算各年度上市公司选择具有基本特征会计政策的公司数量、比率及逐年变化趋势。对不同地区代表性会计政策选择差异进行分析，并对造成差异的内外部影响因素进行逻辑推演。

第一节 代表性会计政策的基本特征分析

对2007—2011年5个年度的交易性金融资产确认、公允价值变动损益确认、研发支出费用化、坏账准备转回等代表性会计政策进行综合分析，以了解这些代表性会计政策的基本特征。

一 交易性金融资产确认

我国《企业会计准则第22号——金融工具确认和计量》规定，企业应当结合自身业务特点和风险管理的要求，并在充分考虑某种金融资产是否满足某一分类特征的基础上，将取得的除长期股权投资和货币资金以外的其他金融资产在初始确认时划分为四类：①以公允价值计量且变动计入当期损益的金融资产；②持有至到期投资；③贷款和应收款项；④可供出售金融资产。其中，以公允价值计量且变动计入当期损益的金融资产又可以进一步分为交易性金融资产和直接指定为以公允价值计量且变动计入当期损益的金融资产。

四分类法强化了确认和计量的判断标准，为上市公司提供了更多的会计政策选择空间，同时也导致了盈余管理行为。特别是交易性金融资产和可供出售金融资产，二者出售的时间点很难彻底区分，并都具有活跃市场，都以公允价值进行后续计量，且公允价值能够通过活跃市场获取。交易性金融资产的公允价值变动损益计入当期损益，影响利润表；可供出售金融资产的公允价值变动损益计入所有者权益，直到该金融资产终止确认时再转入当期损益。因此，当股市行情较好时，企业往往倾向于把一项金融资产划分为交易性金融资产。这样，企业就可以将交易性金融资产公允价值变动所带来的利得计入当期损益，以达到增加利润、美化报表的目的。而股市行情不好的时候，企业可能会将一项金融资产划分为可供出售金融资产，以避免公允价值的波动影响到当期利润，使得利润不会因为公允价值的下跌而减少，以达到平滑利润的目的。

通过对连续 5 年深沪两市上市公司交易性金融资产确认的情况进行统计（见表 2 - 1），发现确认交易性金融资产的公司比重都不算太高，维持在 21%—26%，说明上市公司通过确认交易性金融资产来平滑利润的现象并不是非常普遍。

表 2 - 1 2007—2011 年确认交易性金融资产的上市公司数据统计

单位：家

年份	确认交易性金融资产的公司数	占样本总数的百分比
2007	348	348/1460 = 23.84%
2008	393	393/1599 = 24.58%
2009	430	430/1690 = 25.44%
2010	428	428/2035 = 21.03%
2011	446	446/2029 = 21.98%

资料来源：沪深两市证券交易所网站。

再将各上市公司的交易性金融资产数额与其资产总额进行比较
（见表 2-2），发现从 2007 年到 2008 年其比重呈上升状态，然后在
2009 年和 2010 年持续下降，到 2011 年又出现小幅上升。

表 2-2　　　　　2007—2011 年样本上市公司确认的交易性
　　　　　　　金融资产占资产总额百分比　　　　单位：万元

	2007 年	2008 年	2009 年	2010 年	2011 年
交易性金融资产	39801052.15	37774244.11	27863556.35	29980834.41	65392908.94
资产总额	8528726301.62	3939233305.20	4997780879.88	7662004441.16	8818384127.43
交易性金融资产占资产总额比重（%）	0.47	0.96	0.56	0.39	0.74

资料来源：沪深两市证券交易所网站。

下面将连续 5 年交易性金融资产占资产总额的比重同各年股指
变化对照起来进行分析。沪深两市的股指（见表 2-3）从 2006 年
到 2007 年呈上升趋势。到 2008 年底，由于金融危机及国内经济结
构性调整的影响，股指跌入谷底。到了 2009 年底，股指出现反弹。
2010 年及 2011 年又继续下跌。

表 2-3　　　　2007—2011 年深沪两市股指年末收盘价统计

	2006 年	2007 年	2008 年	2009 年	2010 年	2011 年
上证指数	2675.47	5261.56	1820.81	3277.14	2808.08	2199.42
深证成指	6647.14	17700.62	6485.51	13699.97	12458.55	8918.82

资料来源：沪深两市证券交易所网站。

通过比较（见图 2-1）可以看出，上市公司的交易性金融资产
占资产总额的比重与股市涨跌呈反方向变化，pearson 相关系数分别
为 0.6591（上证指数）、0.83258（深证成指）。2007 年末，随着股
市持续上涨，风险加大，上市公司选择不断抛售交易性金融资产，
其比重开始下降，到 2007 年末，样本公司的交易性金融资产占资产
总额的 0.47%；而到了 2008 年，股市持续下跌，逐渐到达最低点

位，年末稍有反弹，基于逐利的动机，一些上市公司开始选择在低点位增加确认交易性金融资产，因此，2008 年底，上市公司的交易性金融资产占资产总额比重随之增加，上升到了 0.96％；2009 年，股市持续上涨到高点位，上市公司减持交易性金融资产；2010 年，股指持续下跌，上证指数和深证成指分别较 2009 年下降了 400 多点和 1200 多点，交易性金融资产持续减持；到了 2011 年，上证指数又下降 600 多点，最低至 2134 点，深证成指下降 3500 多点，最低至 8555 点，上市公司重新开始增加确认交易性金融资产。

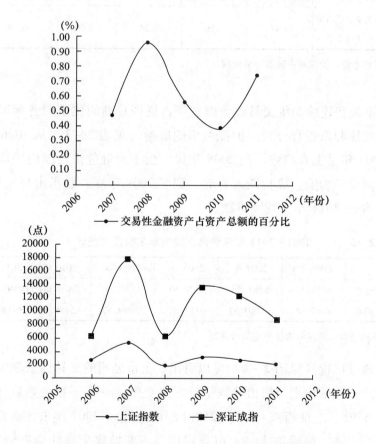

图 2-1　交易性金融资产占资产总额比重与当年末股指比较

二 公允价值变动损益确认

我国现行准则中充分引入公允价值计量模式，并将由公允价值变动引起的损益直接列入企业利润表的"公允价值变动损益"一项。公允价值变动损益为正值，会导致当期净利润的增加；反之，则导致当期净利润的减少。

通过对 2007—2011 年确认公允价值变动损益的上市公司数据进行统计（见表 2－4），发现在年报中披露了公允价值变动损益情况的上市公司占本年样本公司总数的比重在 22%—29%，没有太大波动。但从各年的公允价值变动损益总额来看，其升降还是很明显的。2007 年末，公允价值变动损益总额为 859748.2 万元，为连续 5 个年度中的最高值，2008 年开始大幅下降，年末账面公允价值变动损益总额仅为 242490.36 万元，2009 年进一步下降为 －544015.43 万元，到 2010 年出现反弹，公允价值变动损益总额上升到了 646493.4 万元，2011 年末又一次出现下降，跌至 227123.32 万元。

表 2－4 2007—2011 年确认公允价值变动损益的上市公司数据统计

年份	披露公司数/上市公司样本总数	公允价值变动损益总额(万元)	公允价值变动损益 >0		公允价值变动损益 <0	
			公司数(家)	数值(万元)	公司数(家)	数值(万元)
2007	401/1460 = 27.47%	859748.2	277	2178384.85	124	－1318636.65
2008	402/1599 = 25.14%	242490.36	153	4144325.32	249	－3901834.96
2009	474/1690 = 28.05%	－544015.43	366	609206.78	108	－1153222.21
2010	463/2035 = 22.75%	646493.40	224	1205160.67	239	－378667.27
2011	525/2029 = 25.87%	227123.32	176	1363441.37	349	－1136318.05

资料来源：沪深两市证券交易所网站。

公允价值的变动与宏观经济的走向和市场环境的变化密不可分。将样本上市公司公允价值变动损益的变化趋势和我国宏观经济的走势（见表 2 - 5）进行对比，可以发现二者的变化趋势基本是一致的。

表 2 - 5　2000—2011 年我国经济运行基本周期中主要指标变化

年份	GDP 增长率（%）	CPI 指数	CPI 增加值	PPI 指数	PPI 增加值	IPI 指数	IPI 增加值	经济周期运行阶段
1998	7.8	99.2	—	95.9	—	95.8	—	经济收缩期
1999	7.6	98.6	(1.4)	97.6	(2.4)	96.7	(3.3)	当年 12 月为经济周期谷底
2000	8.4	100.4	0.4	102.8	2.8	105.1	5.1	当年 1 月开始了新的经济复苏期
2001	8.3	100.7	0.7	98.7	(1.3)	99.8	(0.2)	经济复苏期
2002	9.1	99.2	(0.8)	97.8	(2.2)	97.7	(2.3)	经济复苏期
2003	10.0	101.2	1.2	102.3	2.3	104.8	4.8	经济复苏期
2004	10.1	103.9	3.9	106.1	6.1	111.4	11.4	经济扩张期
2005	10.2	101.8	1.8	104.9	4.9	108.3	8.3	经济扩张期
2006	10.7	101.5	1.5	103	3	106	6	经济扩张期
2007	11.4	104.8	4.8	103.1	3.1	104.4	4.4	经济扩张期
2008	9.0	105.9	5.9	106.9	6.9	110.5	10.5	当年第三季度为经济周期峰顶，随后进入经济收缩期
2009	9.2	99.3	(0.7)	94.6	(5.4)	92.1	(7.9)	经济收缩期
2010	10.4	103.3	3.3	105.5	5.5	109.6	9.6	经济小幅回升后进入收缩期
2011	9.3	105.4	5.4	106	6	109.1	9.1	经济收缩期
2012	7.8	102.6	2.6	98.3	(1.7)	98.2	(1.8)	经济收缩期
2013	7.7	102.6	2.6	98.1	(1.9)	98	(2.0)	经济收缩期

注：①CPI：居民消费价格指数；②PPI：工业生产者出厂价格指数；③IPI：工业生产者购进价格指数；④以 1998 年为基年计算 CPI，PPI 及 IPI 上涨率；⑤括号内表示减少值。

资料来源：中国统计局网站。

　　回顾 20 年来我国经济发展历程，从 20 世纪 80 年代末起连续十
多年保持高速增长，GDP 增长率最高和总量增幅最快的年份是 1992
年至 1993 年，分别超过了 10% 和 20%。从 1993 年下半年开始步入
经济收缩期，7 年内 GDP 增长率平均每年下降仅 1% 左右，波动较
为平缓，但下滑时间较长，到 1999 年 12 月到达了经济周期的谷底。
从 2000 年开始，宏观经济开始走出低谷，进入新的增长周期，但是
经济增长率仍在低位徘徊，且面临较严重的通货紧缩。2003 年开
始，中国经济进入一个新的快速增长周期，2003—2007 年 GDP 增
长率保持在 10% 以上。到了 2008 年，中国经济从前期的高速增长
开始逐渐回落，进入又一轮周期性的调整，2008 年第三季度出现明
显下行，第四季度进入经济收缩期。部分人认为 2008 年中国经济增
长放缓是由 2007 年底经济增长过热引发的宏观经济紧缩政策以及下
半年全球金融危机的影响造成的；还有部分人认为中国经济有内在
的调整要求，即使没有金融危机，中国经济也会调整。经过 2008 年
和 2009 年两个年度的调整，2009 年经济完成触底以后，重新进入
扩张期。2010 年，经济开始向上运行，当年实现了 10.4% 的经济增
长率。但进入到 2011 年，伴随着欧洲部分国家债务危机的蔓延以及
美国经济的回调，世界经济呈现复苏乏力态势，中国经济增长速度
也开始出现回落，全年的 GDP 增长率为 9.3%，与 2009 年的经济增
长率持平。

　　在宏观经济快速增长时，上市公司公允价值变动损益也呈
现上升趋势；在宏观经济增长势头减缓时，公允价值变动损益
也开始下降。公允价值变动损益占资产总额的比例与 GDP 增长率
和 CPI 增加值的 pearson 相关系数分别为 0.5932、0.80355。以上
的分析说明，今后上市公司的业绩不仅依赖于企业自身的经营状
况，在一定程度上也依赖于企业无法通过自身活动控制的市场
环境。

　　三　研发支出费用化

　　《企业会计准则第 6 号——无形资产》规定：企业的研发过程

分为研究阶段与开发阶段。研究阶段发生的支出必须全部费用化，而开发阶段的支出在符合条件的情况下可以资本化。

开发阶段支出有条件资本化的规定，有利于研发成功的无形资产成本更接近其实际价值，更能客观反映企业的财务状况，并提升企业的业绩。同时，从税收角度来看，研发支出的资本化处理相较于费用化处理而言，对企业当年和以后年度的应纳税所得额都有影响：从当年来看，由于净利润的增加会增加当年应纳税所得额，而且企业无法享受加计扣除的税收优惠，这会增加企业当年缴纳的所得税，加大企业当期的现金流出；从以后年度来看，研发支出资本化形成无形资产的摊销额可以调减以后年度的应纳税所得额，减少以后年度的现金流出。

另外，税收政策对企业研发支出费用化具有明显的激励作用。税法规定费用化的研发金额可以在当年据实扣除，并且年终申报所得税时，可按照当年实际发生额的50%加计扣除。同一个企业，研发费用采取不同的处理方式，可能会带来当期会计利润和所得税的巨大差异。

通过对连续5个年度的上市公司研发支出费用化处理的数据进行统计（见表2-6），发现进行费用化处理的上市公司数占样本公司总数的比重在逐年增高。2007年和2008年该比重均未超过5%，但从2009年开始明显升高，到了2010年甚至超过了50%。而从每年研发支出费用化的总额也可以看出，其数值在逐年增加，特别是2010年和2011年，数值翻倍地增长。另外，将每年度费用化的研发支出同调整后营业利润相比（见表2-7），明显发现研发支出费用化数值占调整后营业利润比重超过50%的公司数从2009年开始也在逐年增加。这和2008年开始实施的新《企业所得税法》对研发费用加计扣除的优惠规定不无关系。

这一变化一方面说明我国上市公司越来越注意对企业研发活动的投入，另一方面也说明有部分上市公司存在利用研发支出费用化的处理来调减当期利润，并享受税收优惠的动机。

表 2 - 6　　　　　2007—2011 年进行研发支出费用化

处理的上市公司数据统计

年份	进行研发支出费用化处理的公司数（家）	占样本总数的百分比	研发支出费用化总额（万元）
2007	45	45/1460 = 3.08%	41093.09
2008	46	46/1599 = 2.88%	1361505.99
2009	273	273/1690 = 16.15%	1387476.06
2010	1121	1121/2035 = 55.09%	3492092.74
2011	1022	1022/2029 = 50.37%	9822418.51

资料来源：沪深两市证券交易所网站。

表 2 - 7　　　　2007—2011 年样本公司研发支出费用化数额占

调整后营业利润比重分布　　　　　　单位：家

		2007 年	2008 年	2009 年	2010 年	2011 年
进行研发支出费用化处理的上市公司数		45	46	273	1211	1022
其中：研发支出费用化数值占调整后营业利润百分比的绝对值	100% 以上	4	1	50	217	42
	50%—100%	2	3	31	123	92
	20%—50%	9	2	77	231	298
	10%—20%	2	4	39	168	577
	0—10%	28	36	76	472	13

注：调整后营业利润 = │营业利润 + 研发支出费用化数额│。

四　坏账准备转回

现行会计准则中，资产减值包括适用《企业会计准则第 22 号——金融工具确认和计量》准则的金融资产减值、适用《企业会计准则第 1 号——存货》准则的存货类资产减值、适用《企业会计准则第 8 号——资产减值》准则的各种资产减值、适用《企业会计准则第 5 号——生物资产》准则的生物资产减值等。除按第 8 号准则计提的各项资产减值准备不得转回外，其他资产减值准备均可以在产生资产减值的因素消失后转回，并计入当期损益。因此，可转回的资产减值准备可以被企业用作调节利润的工具，以达到盈余管理的目的。

实务中有以下几种常见的情况：①减值前亏损的公司会以转回资产减值以达到调增利润的目的来避免亏损；②减值前亏损并且无法以转回资产减值避免亏损的公司会以计提资产减值进行"大清洗"，为下一年盈利做准备；③减值前盈利的公司会以资产减值进行利润平滑化的盈余管理；④减值前盈利的公司会以转回资产减值进行盈余管理来避免盈余下降。下面主要对代表性会计政策坏账准备转回进行分析。

我国《企业会计准则第22号——金融工具的确认和计量》规定，对于单项金额重大的应收款项，应单独进行减值测试，有客观证据表明其发生了减值的，应当根据其未来现金流量现值低于账面价值的差额，确认减值损失，计提坏账准备。坏账准备计提后，可以转回。

通过对连续5个年度上市公司的坏账准备转回情况进行统计（见表2-8），发现各年度坏账准备转回>0的公司数占样本公司总数的比重在31%—39%，坏账准备转回>0会导致当年度利润增加；此外还有个别公司的坏账准备转回<0，此种情形会导致当年度利润减少，但通过统计发现，其公司数占样本公司总数的比重在1%左右，说明大多数上市公司利用坏账准备转回的目的在于调增当期利润。下面重点分析坏账准备转回>0的公司。

表2-8　2007—2011年发生坏账准备转回的上市公司数据统计 单位：家

		2007年	2008年	2009年	2010年	2011年
发生坏账准备转回上市公司数	坏账准备转回>0	497	613	587	646	650
	占样本公司总数的百分比	497/1460 = 34.04%	613/1599 = 38.34%	587/1690 = 34.73%	646/2035 = 31.74%	650/2029 = 32.04%
	坏账准备转回<0	15	28	24	20	10
	占样本公司总数的百分比	15/1460 = 1.03%	28/1599 = 1.75%	24/1690 = 1.42%	20/2035 = 0.98%	10/2029 = 0.49%

资料来源：沪深两市证券交易所网站。

　　将各年坏账准备转回值同调整后营业利润进行比较（见表2-9），发现绝大多数上市公司坏账准备转回值占当年利润总额的比重在0—10%，但上市公司各年度的坏账准备转回值占调整后营业利润百分比超过10%的上市公司数比发生存货跌价准备转回的公司数明显多出很多。所以，无论是从坏账准备转回的公司占样本公司总数的比重来看，还是从坏账准备转回值对调整后营业利润的影响来看，更多的上市公司选择坏账准备转回作为调节利润的工具。

表2-9　　　　　　2007—2011年样本上市公司坏账准备转回

数额占调整后营业利润比重分布　　　　单位：家

		2007 年	2008 年	2009 年	2010 年	2011 年
坏账准备转回 >0 的上市公司数		497	613	587	646	650
其中：坏账准备转回值占调整后的营业利润百分比	>100%	22	17	22	20	21
	50%—100%	17	22	8	14	17
	20%—50%	31	31	21	26	14
	10%—20%	26	43	30	36	32
	0—10%	401	500	506	550	566

　　注：调整后的营业利润 = │营业利润 - 坏账准备转回│。

第二节　代表性会计政策选择与内外部
影响因素的关系分析

　　在分析不同地区代表性会计政策基本特征差异的基础上，对造成差异的内外部影响因素进行逻辑推演。

　　一　不同地区代表性会计政策的基本特征差异案例分析——以浙江省和河南省为例

　　现选择具有代表性的浙江省和河南省为例，对其上市公司代表性会计政策基本特征的差异及其影响因素进行分析。

（一）交易性金融资产确认

将两省确认交易性金融资产的上市公司数同本省样本公司总数进行比较（见表 2 – 10），发现河南省这一比例从 2007 年到 2010 年一直呈下降趋势，2011 年才有了小幅回升；而浙江省则从 2007 年到 2008 年先上升，然后到 2010 年持续下降，2011 年又小幅回升。除了 2007 年外，历年浙江省的该比例均高于河南省，表明浙江省有更多的上市公司确认了交易性金融资产，因此可以判断出浙江省有更多的上市公司存在利用确认交易性金融资产的会计政策进行利润平滑的动机。

表 2 – 10   **2007—2011 年两省确认交易性金融**
资产的上市公司数据统计   单位：家

年份	河南省上市公司数据		浙江省上市公司数据	
	确认交易性金融资产的公司数	占样本总数的百分比	确认交易性金融资产的公司数	占样本总数的百分比
2007	10	10/38 = 26.32%	24	24/121 = 19.83%
2008	6	6/40 = 15%	42	42/129 = 32.56%
2009	4	4/43 = 9.3%	41	41/143 = 28.67%
2010	3	3/54 = 5.56%	53	53/194 = 27.32%
2011	4	4/62 = 6.45%	67	67/208 = 32.21%

资料来源：沪深两市证券交易所网站。

将两省上市公司逐年确认的交易性金融资产数额占资产总额百分比进行比较（见表 2 – 11），发现两省上市公司所确认的交易性金融资产数额占资产总额的比重大多低于 1%，说明该项会计政策的选用对两省上市公司的影响并不大。

表 2 – 11　　　　　2007—2011 年两省交易性金融资产数额
　　　　　　　　占资产总额百分比　　　　　　　单位：家

交易性金融资产数额占资产总额比重	河南省上市公司数据					浙江省上市公司数据				
	2007 年	2008 年	2009 年	2010 年	2011 年	2007 年	2008 年	2009 年	2010 年	2011 年
>100%	0	0	0	1	0	0	0	1	2	0
20%—100%	0	0	0	0	0	1	1	0	1	1
10%—20%	0	0	0	0	0	0	1	0	3	1
5%—10%	2	0	1	0	0	2	0	2	0	2
1%—5%	0	1	0	0	0	2	3	5	5	8
0—1%	8	5	3	2	4	19	37	33	42	55

资料来源：沪深两市证券交易所网站。

（二）公允价值变动损益确认

如表 2 – 12 所示，2007 年，河南省上市公司的公允价值变动损益总额为 4203.56 万元，公允价值变动损益为正值的公司要多于公允价值变动损益为负值的公司。2008 年，上市公司所确认的公允价值变动损益大幅下降，公允价值变动损益为负的公司要多于公允价值变动损益为正的公司，这应该和 2008 年底的国际金融危机与国内经济结构的调整有关，随着经济的下滑，股指的下跌，上市公司持有的交易性金融资产等需要通过公允价值计量的资产发生减值，导致大量负的公允价值变动损益的产生。2009 年公允价值变动损益的总额开始小幅上升。2010 年，中国的经济形势有所好转，伴随着沪深两市股指的上升，河南省上市公司确认的公允价值总额开始由负转正。2011 年再次下降。

如表 2 – 13 所示，浙江省上市公司所确认的公允价值变动损益的情况和河南的变化规律基本一致，主要表现为从 2007 年到 2008 年的降低，尤其是 2008 年由正转负，到 2009 年的上升，再到 2010 年和 2011 年的下降。但是从波状图中可以发现（见图 2 –2），浙江省上市公司的公允价值变动幅度要远远大于河南省上市公司，说明浙江省上市公司所选择的以公允价值为计量属性的会计政策要远多于河南省上市公司。这一点从交易性金融资产确认中也可以反映出来。

表 2 - 12　　　　　　2007—2011 年确认公允价值变动损益的

河南省上市公司数据统计

年份	确认公司数/样本公司总数	公允价值变动损益总额（万元）	公允价值变动损益 >0		公允价值变动损益 <0	
2007	11/38 = 28.95%	4203.56	公司数（家）	数值（万元）	公司数（家）	数值（万元）
			8	4361.61	3	- 158.05
2008	5/40 = 12.5%	- 2098.43	公司数（家）	数值（万元）	公司数（家）	数值（万元）
			2	1929.86	3	- 4028.29
2009	7/43 = 16.28%	- 1356.68	公司数（家）	数值（万元）	公司数（家）	数值（万元）
			4	2130.66	3	- 3487.34
2010	5/54 = 9.26%	724.78	公司数（家）	数值（万元）	公司数（家）	数值（万元）
			1	2179.14	4	- 1454.36
2011	4/62 = 6.45%	475.52	公司数（家）	数值（万元）	公司数（家）	数值（万元）
			2	838.95	2	- 363.43

资料来源：沪深两市证券交易所网站。

表 2 - 13　　　　　　2007—2011 年确认公允价值变动损益的

浙江省上市公司数据统计

年份	确认公司数/样本公司总数	公允价值变动损益总额（万元）	公允价值变动损益 >0		公允价值变动损益 <0	
2007	28/121 = 23.14%	18587.83	公司数（家）	数值（万元）	公司数（家）	数值（万元）
			16	19616.72	12	- 1028.89
2008	43/129 = 33.33%	- 6816.53	公司数（家）	数值（万元）	公司数（家）	数值（万元）
			15	5941.45	28	- 12757.98
2009	54/143 = 37.76%	23059.38	公司数（家）	数值（万元）	公司数（家）	数值（万元）
			43	24101.37	11	- 1041.99
2010	62/194 = 31.96%	7702.81	公司数（家）	数值（万元）	公司数（家）	数值（万元）
			25	27436.03	37	- 19733.22
2011	69/208 = 33.17%	- 24114.73	公司数（家）	数值（万元）	公司数（家）	数值（万元）
			35	16540.34	34	- 40655.07

资料来源：沪深两市证券交易所网站。

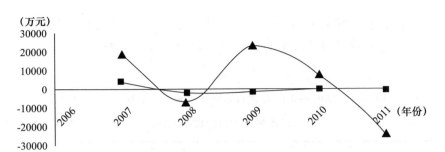

图 2 - 2　连续 5 年两省公允价值变动损益波状图

（三）研发支出费用化

通过比较河南省和浙江省 5 个年度的研发支出费用化处理的上市公司数据（见表 2 - 14 和表 2 - 15），发现无论是进行研发支出费用化处理的上市公司数，还是进行研发支出费用化处理的上市公司占样本公司总数的比重，两省的变化趋势均一致。其中 2007 年、2008 年和 2009 年三个年度，发生研发支出费用化的公司很少，这应该与 2008 年和 2009 年的国际金融危机和国内的经济结构调整有关。受大环境的影响，上市公司的利润也大幅减少，因此，不会再进行调减利润的处理。而 2010 年和 2011 年该数据开始大幅上升，因为经过 2009 年的调整，到了 2010 年和 2011 年经济形势有所好转，越来越多的上市公司开始考虑通过研发支出的费用化处理来平滑利润。

以 2011 年为例，浙江省的康强电子（002119）、普洛股份（000739）、钱江摩托（000913）、新安股份（600596）、新嘉联（002188）、江山化工（002061）、三变科技（002112）、东晶电子（002199）、天通股份（600330）、东方通信（600776）等几家上市公司研发支出费用化金额占调整后营业利润的百分比均大于 100%，甚至，江山化工（002061）超过了 1200%，三变科技（002112）接近 1000%。而通过统计也发现，这些公司当年度营业利润均为负值，很少发生或根本不发生坏账准备转回的情况，所以很明显存在利用研发支出费用化处理的手段实现利润调减的操作。

表 2 – 14　　　2007—2011 年进行研发支出费用化处理的

河南省上市公司数据统计　　　　　　　　单位：家

		2007 年	2008 年	2009 年	2010 年	2011 年
进行研发支出费用化处理的上市公司数		1	3	8	34	43
占样本公司总数的百分比		1/38 = 2.63%	3/40 = 7.5%	8/43 = 18.6%	34/54 = 62.96%	43/62 = 69.35%
其中：研发支出费用化金额占调整后营业利润百分比	>100%	0	0	0	7	0
	50%—100%	0	0	0	3	4
	10%—50%	0	2	5	6	24
	0—10%	1	1	3	18	15

注：调整后的营业利润 = │营业利润 + 研发支出费用化数值│。

表 2 – 15　　　　2007—2011 年进行研发支出费用化处理的

浙江省上市公司数据统计　　　　　　　　单位：家

		2007 年	2008 年	2009 年	2010 年	2011 年
进行研发支出费用化处理的上市公司数		2	2	33	130	154
占样本公司总数的百分比		2/119 = 1.68%	2/129 = 1.56%	26/143 = 18.18%	130/194 = 67.01%	154/208 = 74.04%
其中：研发支出费用化金额占调整后营业利润百分比	>100%	2	0	0	2	10
	50%—100%	0	0	2	13	14
	10%—50%	0	1	27	85	96
	0—10%	0	0	4	30	34

注：调整后的营业利润 = │营业利润 + 研发支出费用化数值│。

进行研发支出费用化处理除了能实现调节利润的目的外，同时也能享受更多税收方面的优惠。此外，近年来，企业越来越重视科技投入也是导致研发支出费用化数额逐年增长的重要因素。

（四）坏账准备转回

通过表 2－16 的统计数据可以发现，发生坏账准备转回的河南省上市公司数占样本上市公司总数的比重在 28%—40%，2007—2008 年呈上升趋势，而后三个年度在 30% 左右浮动，发生坏账准备转回的公司数最多的是 2010 年。豫能控股（001896）2007 年转回坏账准备值占调整后营业利润比重超过了 500%，并且通过坏账准备、存货跌价准备等资产减值准备的转回实现了当年度的扭亏为盈。银鸽实业（600069）2010 年坏账准备转回值占调整后营业利润比重超过了 150%。除此之外，大多数公司坏账准备转回值占调整后营业利润比重均＜10%。

表 2－16　2007—2011 年河南省上市公司坏账准备转回数据统计 单位：家

		2007 年	2008 年	2009 年	2010 年	2011 年
坏账准备转回＞0 的上市公司数		11	16	13	19	18
占样本公司总数的百分比		11/38 = 28.95%	16/40 = 40%	13/43 = 30.23%	19/54 = 35.19%	18/62 = 29.03%
坏账准备转回＜0 的上市公司数		0	0	1	0	0
占样本公司总数的百分比		0	0	1/43 = 2.33%	0	0
其中：坏账准备转回值占调整后营业利润百分比（仅指坏账准备转回＞0 情况下）	＞100%	1	0	0	1	0
	50%—100%	0	0	0	0	0
	10%—50%	1	3	2	1	2
	0—10%	9	13	11	16	16

注：调整后的营业利润 = │营业利润 - 坏账准备转回│。

通过表 2－17 的统计数据可以发现，坏账准备转回＞0 的浙江省上市公司数占样本上市公司总数的比重在 9%—21%，小于同时期的河南省上市公司。2009 年，维科精华（600152）坏账准备转回值占调整后营业利润比重超过了 100%，并且通过存货跌价准备、坏账准备等资产减值准备的转回实现了当年度的扭亏为盈。而剩余绝大多数样本公司各年的坏账准备转回值占调整后营业利润比重均 <10%。以上情况说明，浙江省上市公司利用坏账准备转回进行利润调增的现象没有河南省多。此外，每年还有个别公司的坏账准备转回 <0，对当年利润进行了调减。

表 2-17 2007—2011 年浙江省上市公司坏账准备转回数据统计 单位：家

		2007 年	2008 年	2009 年	2010 年	2011 年
坏账准备转回 >0 的上市公司数		16	26	14	27	36
占样本公司总数的百分比		16/121 = 13.22%	26/129 = 20.16%	13/143 = 9.09%	27/194 = 13.92%	36/208 = 17.31%
坏账准备转回 <0 的上市公司数		1	2	4	2	5
占样本公司总数的百分比		1/121 = 0.83%	2/129 = 1.55%	4/143 = 2.8%	2/194 = 1.03%	5/208 = 2.4%
其中：坏账准备转回值占调整后营业利润百分比（仅指坏账准备转回 >0 情况下）	>100%	0	0	1	0	0
	50%—100%	0	0	0	1	1
	10%—50%	3	1	1	1	5
	0—10%	13	25	12	25	30

注：调整后的营业利润 = |营业利润 - 坏账准备转回|。

综合以上情况，河南省上市公司比浙江省上市公司更多地利用了坏账准备转回政策来调节各年度利润。

二 不同年度分省份上市公司代表性会计政策的基本特征分析

通过分析不同年度我国 31 个省份代表性会计政策的基本特征，观察其总体趋势，并评价上市公司所在省份主要影响因素与选择代表性会计政策的公司数量的关系。

本书按照表 2-18 所示的区域划分法来分析各地区上市公司有关交易性金融资产确认、公允价值变动损益确认、研发支出费用化处理及坏账准备转回等代表性会计政策的基本特征。

表 2 – 18　　　　　　　　　　　　各区域划分

东部地区	北京、天津、河北、山东、江苏、浙江、上海、福建、广东、海南
中部地区	河南、湖北、湖南、安徽、山西、江西
西部地区	内蒙古、甘肃、宁夏、新疆、青海、西藏、贵州、陕西、四川、重庆、云南、广西
东北地区	辽宁、吉林、黑龙江

（一）交易性金融资产确认会计政策的基本特征分析

1. 东部地区各省市上市公司

第一，北京市。

将北京市各年度确认交易性金融资产的上市公司数同样本公司总数进行比较（见表 2 – 19），发现该比例在 2007—2009 年逐年上升，到 2010 年大幅下降，2011 年再次小幅回升。2009 年达到 5 个年度中的最高点 34.55%，总体比重不高，在 19%—35% 浮动。

表 2 – 19　　　　　2007—2011 年北京市确认交易性金融

资产的上市公司数据统计　　　　单位：家

年份	确认交易性金融资产的公司数	占样本总数的百分比
2007	27	27/98 = 27.55%
2008	31	31/99 = 31.31%
2009	38	38/110 = 34.55%
2010	33	33/166 = 19.88%
2011	40	40/178 = 22.47%

资料来源：沪深两市证券交易所网站。

通过对北京市上市公司逐年确认的交易性金融资产数额占当年度资产总额的百分比进行统计（见表 2 – 20）发现，上市公司所确认的交易性金融资产占本公司资产总额的比重绝大多数低于 1%，只有极个别公司高于 50%，说明即便选择该项会计政策，其对上市公司的影响也不大。因此，绝大多数上市公司无明显利用该政策进行利润调节的倾向。

表 2 - 20　　　　　2007—2011 年北京市上市公司交易性
金融资产占资产总额百分比　　　单位：家

交易性金融资产占资产总额比重	2007 年	2008 年	2009 年	2010 年	2011 年
>100%	0	0	0	0	0
50%—100%	1	0	0	0	0
20%—50%	1	0	0	0	0
10%—20%	1	1	0	2	0
5%—10%	1	0	3	0	1
1%—5%	3	8	7	6	8
0—1%	20	22	28	25	31

资料来源：沪深两市证券交易所网站。

第二，天津市。

将天津市各年度确认交易性金融资产的上市公司数同样本公司总数进行比较（见表 2 - 21），发现该比例在 2007—2009 年呈上升趋势，2010—2011 年持续下降，连续 5 年的比重在 13%—20% 浮动，总体比重不高。

表 2 - 21　　　　　2007—2011 年天津市确认交易性金融
资产的上市公司数据统计　　　单位：家

年份	确认交易性金融资产的公司数	占样本总数的百分比
2007	4	4/25 = 16%
2008	5	5/29 = 17.24%
2009	6	6/30 = 20%
2010	6	6/36 = 16.67%
2011	5	5/37 = 13.51%

资料来源：沪深两市证券交易所网站。

对天津市上市公司逐年确认的交易性金融资产数额占当年度资产总额的百分比进行统计（见表2-22），发现上市公司所确认的交易性金融资产占本公司资产总额的比重大多低于1%，最高不超过36%，说明该项会计政策的选择对上市公司的影响不大，上市公司无明显利用该政策进行利润调节的倾向。

表2-22 2007—2011年天津市上市公司交易性
金融资产占资产总额百分比 单位：家

交易性金融资产占资产总额比重	2007 年	2008 年	2009 年	2010 年	2011 年
>100%	0	0	0	0	0
50%—100%	0	0	0	0	0
20%—50%	1	0	0	2	1
10%—20%	0	0	0	0	0
5%—10%	0	0	0	0	0
1%—5%	0	2	2	0	2
0—1%	3	3	4	4	2

资料来源：沪深两市证券交易所网站。

第三，河北省。

将河北省各年度确认交易性金融资产的上市公司数同样本公司总数进行比较（见表2-23），发现该比例从2007年到2008年大幅下降，2009年小幅回升，2009—2011年该比例基本持平，在11%左右浮动。总体比重不高，最高的也仅为2007年的16.67%，表明绝大多数河北省上市公司未确认交易性金融资产。

对河北省上市公司逐年确认的交易性金融资产数额占当年度资产总额的百分比进行统计（见表2-24），发现上市公司所确认的交易性金融资产占本公司资产总额的比重大多低于1%，最高的未超过20%，说明该项会计政策的选择对上市公司的影响并不大，上市公司无明显利用该政策进行利润调节的倾向。

表 2 – 23 　　　　　　2007—2011 年河北省确认交易性金融
资产的上市公司数据统计 　　　　　单位：家

年份	确认交易性金融资产的公司数	占样本总数的百分比
2007	6	6/36 = 16.67%
2008	2	2/36 = 5.56%
2009	4	4/36 = 11.11%
2010	5	5/42 = 11.9%
2011	5	5/47 = 10.64%

资料来源：沪深两市证券交易所网站。

表 2 – 24 　　　　2007—2011 年河北省上市公司交易性金融
资产占资产总额百分比 　　　　　单位：家

交易性金融资产占资产总额比重	2007 年	2008 年	2009 年	2010 年	2011 年
>100%	0	0	0	0	0
50%—100%	0	0	0	0	0
20%—50%	0	0	0	0	0
10%—20%	0	0	0	1	1
5%—10%	0	0	0	0	0
1%—5%	3	0	0	1	0
0—1%	3	2	4	3	4

资料来源：沪深两市证券交易所网站。

第四，山东省。

将山东省各年度确认交易性金融资产的上市公司数同样本公司总数进行比较（见表 2 – 25），发现该比例在 2007—2008 年呈下降趋势，2009—2011 年比重在 11% 左右浮动，变化不大，2007 年比重最高，达到 26.44%。说明五年中山东省上市公司未发生较多的有关交易性金融资产的业务。

表 2 – 25　　　　　　2007—2011 年山东省确认交易性金融
资产的上市公司数据统计　　　　　单位：家

年份	确认交易性金融资产的公司数	占样本总数的百分比
2007	23	23/87 = 26.44%
2008	9	9/94 = 9.57%
2009	10	10/98 = 10.2%
2010	14	14/122 = 11.48%
2011	16	16/142 = 11.27%

资料来源：沪深两市证券交易所网站。

　　对山东省上市公司逐年确认的交易性金融资产数额占当年度资产总额的百分比进行统计（见表 2 – 26），发现上市公司所确认的交易性金融资产占本公司资产总额的比重大多低于 1%，最高不超过 31%，说明该项会计政策的选择对上市公司的影响不大，绝大多数上市公司无明显利用该政策进行利润调节的倾向。

表 2 – 26　　　　　2007—2011 年山东省上市公司交易性金融
资产占资产总额百分比　　　　　单位：家

交易性金融资产占资产总额比重	2007 年	2008 年	2009 年	2010 年	2011 年
>100%	0	0	0	0	0
50%—100%	0	0	0	0	0
20%—50%	0	1	0	0	0
10%—20%	2	0	0	0	1
5%—10%	0	1	0	2	0
1%—5%	5	0	1	0	1
0—1%	16	7	9	12	14

资料来源：沪深两市证券交易所网站。

　　第五，江苏省。

　　将江苏省各年度确认交易性金融资产的上市公司数同样本公司

总数进行比较（见表 2 - 27），发现该比例在 2007—2011 年在24%—31% 浮动，变化不大，2008 年比重最高，也只不过 30.7%，总体比重不高。

表 2 - 27 　　　　2007—2011 年江苏省确认交易性金融

资产的上市公司数据统计　　　　　　　　单位：家

年份	确认交易性金融资产的公司数	占样本总数的百分比
2007	28	28/106 = 26.42%
2008	35	35/114 = 30.7%
2009	33	33/123 = 26.89%
2010	42	42/163 = 25.77%
2011	52	52/209 = 24.88%

资料来源：沪深两市证券交易所网站。

对江苏省上市公司逐年确认的交易性金融资产数额占当年度资产总额的百分比进行统计（见表 2 - 28），发现上市公司所确认的交易性金融资产占本公司资产总额的比重大多低于 1%，最高不超过50%，说明该项会计政策的选择对上市公司的影响不大，绝大多数上市公司无明显利用该政策进行利润调节的倾向。

表 2 - 28 　　　　2007—2011 年江苏省上市公司交易性金融

资产占资产总额百分比　　　　　　　单位：家

交易性金融资产占资产总额比重	2007 年	2008 年	2009 年	2010 年	2011 年
>100%	0	0	0	0	0
50%—100%	0	0	0	0	0
20%—50%	0	0	0	0	1
10%—20%	0	0	0	1	0
5%—10%	1	1	3	1	3
1%—5%	4	6	3	4	4
0—1%	23	28	27	36	44

资料来源：沪深两市证券交易所网站。

第六，浙江省。

将浙江省各年度确认交易性金融资产的上市公司数同样本公司总数进行比较（见表 2 - 29），发现该比例在 2007—2008 年呈上升趋势，2009—2010 年比重有所下降，2011 年再次小幅上升，总体比重在 19%—33% 浮动，说明五年中浙江省上市公司未发生较多的有关交易性金融资产的业务。

表 2 - 29　　　　　　2007—2011 年浙江省确认交易性金融
资产的上市公司数据统计　　　　单位：家

年份	确认交易性金融资产的公司数	占样本总数的百分比
2007	24	24/121 = 19.83%
2008	42	42/129 = 32.56%
2009	41	41/143 = 28.67%
2010	53	53/194 = 27.32%
2011	67	67/208 = 32.21%

资料来源：沪深两市证券交易所网站。

对浙江省上市公司逐年确认的交易性金融资产数额占当年度资产总额的百分比进行统计（见表 2 - 30），发现小部分上市公司所确认的交易性金融资产占本公司资产总额的比重超过了 100%，其余绝大多数低于 1%，说明该项会计政策的选择对上市公司的影响不大。绝大多数上市公司无明显利用该政策进行利润调节的倾向。

第七，上海市。

将上海市各年度确认交易性金融资产的上市公司数同样本公司总数进行比较（见表 2 - 31），发现 2007—2011 年该比例在 23%—40% 浮动，变化幅度不大，2009 年比重最高，达到 40%，和其他省份相比较高，说明上海市上市公司发生了较多有关交易性金融资产的业务。

表 2 – 30　　　　2007—2011 年浙江省上市公司交易性金融
资产占资产总额百分比　　　　单位：家

交易性金融资产占资产总额比重	2007 年	2008 年	2009 年	2010 年	2011 年
>100%	0	0	1	2	0
50%—100%	0	0	0	1	0
20%—50%	1	1	0	1	1
10%—20%	0	1	0	3	1
5%—10%	2	0	2	0	2
1%—5%	2	3	5	5	8
0—1%	19	37	33	42	55

资料来源：沪深两市证券交易所网站。

表 2 – 31　　　　2007—2011 年上海市确认交易性金融
资产的上市公司数据统计　　　　单位：家

年份	确认交易性金融资产的公司数	占样本总数的百分比
2007	45	45/143 = 31.47%
2008	53	53/148 = 35.81%
2009	62	62/155 = 40%
2010	44	44/174 = 25.29%
2011	45	45/190 = 23.68%

资料来源：沪深两市证券交易所网站。

　　对上海市上市公司逐年确认的交易性金融资产数额占当年度资产总额的百分比进行统计（见表 2 – 32），发现上市公司所确认的交易性金融资产占本公司资产总额的比重大多低于 1%，仅有 1 家接近 100%，其余均未超过 50%，说明该项会计政策的选择对上市公司的影响不大。上市公司无明显利用该政策进行利润调节的倾向。

表 2 – 32　　　　2007—2011 年上海市上市公司交易性金融

资产占资产总额百分比　　　　单位：家

交易性金融资产占资产总额比重	2007 年	2008 年	2009 年	2010 年	2011 年
>100%	0	0	0	0	0
50%—100%	0	0	0	1	0
20%—50%	0	0	0	0	1
10%—20%	0	1	1	1	0
5%—10%	3	0	3	1	1
1%—5%	9	1	4	4	3
0—1%	33	51	54	37	40

资料来源：沪深两市证券交易所网站。

第八，福建省。

将福建省各年度确认交易性金融资产的上市公司数同样本公司总数进行比较（见表 2 – 33），发现该比例在 2007—2009 年逐年上升，2009 年达到最高值 30.36%，2010—2011 年再次下降，总体比重不高。

表 2 – 33　　　　2007—2011 年福建省确认交易性金融

资产的上市公司数据统计　　　　单位：家

年份	确认交易性金融资产的公司数	占样本总数的百分比
2007	6	6/49 = 12.24%
2008	12	12/54 = 22.22%
2009	17	17/56 = 30.36%
2010	19	19/72 = 26.39%
2011	20	20/78 = 25.64%

资料来源：沪深两市证券交易所网站。

对福建省上市公司逐年确认的交易性金融资产数额占当年度资产总额的百分比进行统计（见表 2 – 34），发现上市公司所确认的交易性金融资产占本公司资产总额的比重大多低于1%，最高不超过30%，说明该项会计政策的选择对上市公司的影响不大，上市公司无明显利用该政策进行利润调节的倾向。

表2-34　　　　2007—2011年福建省上市公司交易性金融
资产占资产总额百分比　　　　单位：家

交易性金融资产占资产总额比重	2007 年	2008 年	2009 年	2010 年	2011 年
>100%	0	0	0	0	0
50%—100%	0	0	0	0	0
20%—50%	0	0	0	0	1
10%—20%	0	0	0	1	0
5%—10%	0	0	0	0	0
1%—5%	0	0	0	0	0
0—1%	6	12	17	18	19

资料来源：沪深两市证券交易所网站。

第九，广东省。

将广东省各年度确认交易性金融资产的上市公司数同样本公司总数进行比较（见表2-35），发现该比例在2007—2011年在20%—27%浮动，变化不大，2009年比重最高，为26.25%，总体比重不高，说明这期间该省未发生较多的交易性金融资产业务。

表2-35　　　　2007—2011年广东省确认交易性金融
资产的上市公司数据统计　　　　单位：家

年份	确认交易性金融资产的公司数	占样本总数的百分比
2007	41	41/188 = 21.8%
2008	50	50/191 = 26.18%
2009	63	63/240 = 26.25%
2010	61	61/295 = 20.68%
2011	80	80/334 = 23.95%

资料来源：沪深两市证券交易所网站。

对广东省上市公司逐年确认的交易性金融资产数额占当年度资产总额的百分比进行统计（见表2-36），发现上市公司所确认的交易性金融资产占本公司资产总额的比重大多低于1%，最高不超过21%，说明该项会计政策的选择对上市公司的影响不大，上市公司无明显利用该政策进行利润调节的倾向。

表2-36　　　　2007—2011年广东省上市公司交易性金融
资产占资产总额百分比　　　　单位：家

交易性金融资产占资产总额比重	2007年	2008年	2009年	2010年	2011年
>100%	0	0	0	0	0
50%—100%	0	0	0	0	0
20%—50%	0	0	0	1	0
10%—20%	2	1	2	1	3
5%—10%	1	3	2	1	2
1%—5%	10	11	10	10	12
0—1%	28	35	49	48	62

资料来源：沪深两市证券交易所网站。

第十，海南省。

将海南省各年度确认交易性金融资产的上市公司数同样本公司总数进行比较（见表2-37），发现该比例在2007—2009年呈上升趋势，2009—2011年比重有所下降，2009年比重最高，达到42.86%，和其他东部省份相比较高，说明海南省上市公司发生了较多交易性金融资产业务。

对海南省上市公司逐年确认的交易性金融资产数额占当年度资产总额的百分比进行统计（见表2-38），发现上市公司所确认的交易性金融资产占本公司资产总额的比重大多低于1%，最高不超过16%，说明该项会计政策的选择对上市公司的影响不大，上市公司无明显利用该政策进行利润调节的倾向。

表 2 – 37　　　　　2007—2011 年海南省确认交易性金融
资产的上市公司数据统计　　　　　单位：家

年份	确认交易性金融资产的公司数	占样本总数的百分比
2007	6	6/20 = 30%
2008	7	7/20 = 35%
2009	9	9/21 = 42.86%
2010	6	6/22 = 27.27%
2011	5	5/25 = 20%

资料来源：沪深两市证券交易所网站。

表 2 – 38　　　　　2007—2011 年海南省上市公司交易性金融
资产占资产总额百分比　　　　　单位：家

交易性金融资产占资产总额比重	2007 年	2008 年	2009 年	2010 年	2011 年
>100%	0	0	0	0	0
50%—100%	0	0	0	0	0
20%—50%	0	0	0	0	0
10%—20%	0	0	0	1	1
5%—10%	0	0	0	0	0
1%—5%	1	0	2	1	2
0—1%	5	7	7	4	2

资料来源：沪深两市证券交易所网站。

2. 中部地区各省份上市公司

第一，河南省。

将河南省各年度确认交易性金融资产的上市公司数同样本公司
总数进行比较（见表 2 – 39），发现该比例在 2007—2010 年呈逐年
下降趋势，2011 年该比重小幅回升，总体比重在 5%—27% 浮动，
2007 年最高，达到 26.32%，说明河南省上市公司未发生较多交易
性金融资产业务。

表 2 − 39　　　　　2007—2011 年河南省确认交易性金融

资产的上市公司数据统计　　　　单位：家

年份	确认交易性金融资产的公司数	占样本总数的百分比
2007	10	10/38 = 26.32%
2008	6	6/40 = 15%
2009	4	4/43 = 9.3%
2010	3	3/54 = 5.56%
2011	4	4/62 = 6.45%

资料来源：沪深两市证券交易所网站。

　　对河南省上市公司逐年确认的交易性金融资产数额占当年度资产总额的百分比进行统计（见表 2 − 40），发现上市公司所确认的交易性金融资产占本公司资产总额的比重大多低于 1%，除了 2010 年有 1 家超过 100% 外，其余均未超过 10%，说明该项会计政策的选择对上市公司的影响不大，上市公司无明显利用该政策进行利润调节的倾向。

表 2 − 40　　　　　2007—2011 年河南省上市公司交易性金融

资产占资产总额百分比　　　　单位：家

交易性金融资产占资产总额比重	2007 年	2008 年	2009 年	2010 年	2011 年
>100%	0	0	0	1	0
20%—100%	0	0	0	0	0
10%—20%	0	0	0	0	0
5%—10%	2	0	1	0	0
1%—5%	0	1	0	0	0
0—1%	8	5	3	2	4

资料来源：沪深两市证券交易所网站。

　　第二，湖北省。

　　将湖北省各年度确认交易性金融资产的上市公司数同样本公司

总数进行比较（见表 2－41），发现该比例在 2007—2008 年小幅上升之后开始逐年下降，总体比重在 20%—30% 浮动，和其他中部省份相比无明显区别。

表 2－41　　　　　2007—2011 年湖北省确认交易性金融
资产的上市公司数据统计　　　　　单位：家

年份	确认交易性金融资产的公司数	占样本总数的百分比
2007	14	14/61＝22.95%
2008	18	18/61＝29.51%
2009	18	18/63＝28.57%
2010	19	19/71＝26.76%
2011	16	16/78＝20.51%

资料来源：沪深两市证券交易所网站。

对湖北省上市公司逐年确认的交易性金融资产数额占当年度资产总额的百分比进行统计（见表 2－42），发现上市公司所确认的交易性金融资产占本公司资产总额的比重大多低于 1%，最高不超过 25%，说明该项会计政策的选择对上市公司的影响并不大，上市公司无明显利用该政策进行利润调节的倾向。

表 2－42　　　　　2007—2011 年湖北省上市公司交易性金融
资产占资产总额百分比　　　　　单位：家

交易性金融资产占资产总额比重	2007 年	2008 年	2009 年	2010 年	2011 年
＞100%	0	0	0	0	0
50%—100%	0	0	0	0	0
20%—50%	0	1	1	0	0
10%—20%	1	1	0	2	1
5%—10%	0	0	1	0	2
1%—5%	0	0	1	4	2
0—1%	13	16	15	13	11

资料来源：沪深两市证券交易所网站。

第三，湖南省。

将湖南省各年度确认交易性金融资产的上市公司数同样本公司总数进行比较（见表2－43），发现该比例在2007—2008年呈上升趋势，之后开始逐年下降，总体比重在18%—35%浮动，2008年比重最高，为34.78%，在中部省份中属较高比重。

表2－43　　　　　2007—2011年湖南省确认交易性金融
资产的上市公司数据统计　　　　单位：家

年份	确认交易性金融资产的公司数	占样本总数的百分比
2007	8	8/44 = 18.18%
2008	16	16/46 = 34.78%
2009	17	17/50 = 34%
2010	12	12/55 = 21.82%
2011	13	13/68 = 19.12%

资料来源：沪深两市证券交易所网站。

对湖南省上市公司逐年确认的交易性金融资产数额占当年度资产总额的百分比进行统计（见表2－44），发现上市公司所确认的交易性金融资产占本公司资产总额的比重大多低于1%，最高不超过23%，说明该项会计政策的选择对上市公司的影响并不大，上市公司无明显利用该政策进行利润调节的倾向。

表2－44　　　　2007—2011年湖南省上市公司交易性金融
资产占资产总额百分比　　　　单位：家

交易性金融资产占资产总额比重	2007年	2008年	2009年	2010年	2011年
>100%	0	0	0	0	0
50%—100%	0	0	0	0	0
20%—50%	2	0	0	0	0
10%—20%	0	0	1	0	0
5%—10%	2	0	0	0	0
1%—5%	1	0	2	0	1
0—1%	3	16	14	12	12

资料来源：沪深两市证券交易所网站。

第四，安徽省。

将安徽省各年度确认交易性金融资产的上市公司数同样本公司总数进行比较（见表 2 - 45），发现该比例在 2007—2008 年逐年上升，2008 年比重最高，2009—2011 年逐年下降，总体比重在16%—26%，该比例在中部省份中属于一般水平。

表 2 - 45　　　　　2007—2011 年安徽省确认交易性金融
资产的上市公司数据统计　　　　单位：家

年份	确认交易性金融资产的公司数	占样本总数的百分比
2007	10	10/53 = 18.87%
2008	14	14/55 = 25.45%
2009	12	12/57 = 21.05%
2010	12	12/61 = 19.67%
2011	11	11/68 = 16.18%

资料来源：沪深两市证券交易所网站。

对安徽省上市公司逐年确认的交易性金融资产数额占当年度资产总额的百分比进行统计（见表 2 - 46），发现上市公司所确认的交易性金融资产占本公司资产总额的比重大多低于 1%，最高不超过41%，说明该项会计政策的选择对上市公司的影响不大，上市公司无明显利用该政策进行利润调节的倾向。

第五，山西省。

将山西省各年度确认交易性金融资产的上市公司数同样本公司总数进行比较（见表 2 - 47），发现 2007—2011 年该比例在 10%—21% 浮动，变化幅度不大，比重最高为 2008 年和 2009 年的20.69%，和其他中部省份相比较低，说明山西省上市公司较少发生交易性金融资产业务。

表 2 - 46　　　　　2007—2011 年安徽省上市公司交易性金融
资产占资产总额百分比　　　　　单位：家

交易性金融资产占资产总额比重	2007 年	2008 年	2009 年	2010 年	2011 年
>100%	0	0	0	0	0
50%—100%	0	0	0	0	0
20%—50%	1	0	0	0	0
10%—20%	1	1	0	1	0
5%—10%	0	0	0	0	0
1%—5%	2	3	1	3	1
0—1%	5	10	11	8	10

资料来源：沪深两市证券交易所网站。

表 2 - 47　　　　　　2007—2011 年山西省确认交易性金融
资产的上市公司数据统计　　　　　单位：家

年份	确认交易性金融资产的公司数	占样本总数的百分比
2007	3	3/29 = 10.34%
2008	6	6/29 = 20.69%
2009	6	6/29 = 20.69%
2010	4	4/31 = 12.9%
2011	4	4/34 = 11.76%

资料来源：沪深两市证券交易所网站。

对山西省上市公司逐年确认的交易性金融资产数额占当年度资产总额的百分比进行统计（见表 2 - 48），发现上市公司所确认的交易性金融资产占本公司资产总额的比重大多低于 1%，说明该项会计政策的选择对上市公司的影响不大，上市公司无明显利用该政策进行利润调节的倾向。

表 2 – 48　　　　　2007—2011 年山西省上市公司交易性金融

资产占资产总额百分比　　　　　单位：家

交易性金融资产占资产总额比重	2007 年	2008 年	2009 年	2010 年	2011 年
> 100%	0	0	0	0	0
50% —100%	0	0	0	0	0
20% —50%	0	0	0	0	0
10% —20%	0	0	0	0	0
5% —10%	0	0	0	0	0
1% —5%	1	1	1	1	0
0—1%	2	5	5	3	4

资料来源：沪深两市证券交易所网站。

第六，江西省。

将江西省各年度确认交易性金融资产的上市公司数同样本公司总数进行比较（见表 2 – 49），发现 2007—2011 年该比例在 15% —35% 浮动，比重最高为 2009 年的 34.62%，和其他中部省份相比基本持平，说明江西省未发生较多的交易性金融资产业务。

表 2 – 49　　　　　2007—2011 年江西省确认交易性金融

资产的上市公司数据统计　　　　　单位：家

年份	确认交易性金融资产的公司数	占样本总数的百分比
2007	6	6/26 = 23.08%
2008	6	6/26 = 23.08%
2009	9	9/26 = 34.62%
2010	7	7/31 = 22.58%
2011	5	5/32 = 15.63%

资料来源：沪深两市证券交易所网站。

对江西省上市公司逐年确认的交易性金融资产数额占当年度资产总额的百分比进行统计（见表 2 – 50），发现上市公司所确认的交

易性金融资产占本公司资产总额的比重均低于1%。说明该项会计
政策的选择对上市公司的影响不大，上市公司无明显利用该政策进
行利润调节的倾向。

表2-50　　　　　2007—2011年江西省上市公司交易性金融
资产占资产总额百分比　　　　单位：家

交易性金融资产占资产总额比重	2007年	2008年	2009年	2010年	2011年
>100%	0	0	0	0	0
50%—100%	0	0	0	0	0
20%—50%	0	0	0	0	0
10%—20%	0	0	0	0	0
5%—10%	0	0	0	0	0
1%—5%	0	0	0	0	0
0—1%	6	6	9	7	5

资料来源：沪深两市证券交易所网站。

3. 西部地区各省市区上市公司

第一，内蒙古自治区。

将内蒙古自治区各年度确认交易性金融资产的上市公司数同样
本公司总数进行比较（见表2-51），发现该比例在2007—2009年
持平，均未超过30%，2010年开始持续下降，总体比重和其他西部
省份相比较高。

表2-51　　　　　2007—2011年内蒙古自治区确认交易性金融
资产的上市公司数据统计　　　　单位：家

年份	确认交易性金融资产的公司数	占样本总数的百分比
2007	5	5/18 = 27.78%
2008	5	5/18 = 27.78%
2009	5	5/18 = 27.78%
2010	4	4/19 = 21.05%
2011	3	3/20 = 15%

资料来源：沪深两市证券交易所网站。

对内蒙古自治区上市公司逐年确认的交易性金融资产数额占当年度资产总额的百分比进行统计（见表2－52），发现上市公司所确认的交易性金融资产占本公司资产总额的比重均低于1%，说明该项会计政策的选择对上市公司的影响并不大，上市公司无明显利用该政策进行利润调节的倾向。

表2－52　　　2007—2011年内蒙古自治区上市公司交易性
金融资产占资产总额百分比　　　　　单位：家

交易性金融资产占资产总额比重	2007 年	2008 年	2009 年	2010 年	2011 年
>100%	0	0	0	0	0
50%—100%	0	0	0	0	0
20%—50%	0	0	0	0	0
10%—20%	0	0	0	0	0
5%—10%	0	0	0	0	0
1%—5%	1	0	0	0	0
0—1%	4	5	5	4	3

资料来源：沪深两市证券交易所网站。

第二，甘肃省。

将甘肃省各年度确认交易性金融资产的上市公司数同样本公司总数进行比较（见表2－53），发现该比例在2007—2008年呈下降趋势，2009年有所回升，2010年继续上升，2011年再次下降，总体比重不高，在12%—23%浮动，和其他西部省份的一般水平持平。

对甘肃省上市公司逐年确认的交易性金融资产数额占当年度资产总额的百分比进行统计（见表2－54），发现上市公司所确认的交易性金融资产占本公司资产总额的比重大多低于1%，最高不超过11%，说明该项会计政策的选择对上市公司的影响不大，上市公司无明显利用该政策进行利润调节的倾向。

表 2 – 53　　　　　2007—2011 年甘肃省确认交易性金融

资产的上市公司数据统计　　　　单位：家

年份	确认交易性金融资产的公司数	占样本总数的百分比
2007	4	4/19 = 21.05%
2008	3	3/20 = 15%
2009	4	4/21 = 19.05%
2010	5	5/22 = 22.73%
2011	3	3/24 = 12.5%

资料来源：沪深两市证券交易所网站。

表 2 – 54　　　　2007—2011 年甘肃省上市公司交易性金融

资产占资产总额百分比　　　　单位：家

交易性金融资产占资产总额比重	2007 年	2008 年	2009 年	2010 年	2011 年
>100%	0	0	0	0	0
50%—100%	0	0	0	0	0
20%—50%	0	0	0	0	0
10%—20%	0	0	0	0	1
5%—10%	2	0	0	1	0
1%—5%	1	0	0	0	0
0—1%	1	3	4	4	2

资料来源：沪深两市证券交易所网站。

　　第三，宁夏回族自治区。

　　将宁夏回族自治区各年度确认交易性金融资产的上市公司数同样本公司总数进行比较（见表 2 – 55），发现该比例在 2007—2010 年逐年上升，比重最高为 2010 年的 33.33%，2011 年小幅下降，总体比重不高，在 9%—34% 浮动，除了 2010 年外，和其他西部省份相比基本持平。

表 2 - 55　　　 2007—2011 年宁夏回族自治区确认交易性金融

资产的上市公司数据统计　　　　　单位：家

年份	确认交易性金融资产的公司数	占样本总数的百分比
2007	1	1/11 = 9.09%
2008	1	1/11 = 9.09%
2009	2	2/11 = 18.18%
2010	4	4/12 = 33.33%
2011	3	3/12 = 25%

资料来源：沪深两市证券交易所网站。

对宁夏回族自治区上市公司逐年确认的交易性金融资产数额占当年度资产总额的百分比进行统计（见表 2 - 56），发现上市公司所确认的交易性金融资产占本公司资产总额的比重大多低于 1%，说明该项会计政策的选择对上市公司的影响不大，上市公司无明显利用该政策进行利润调节的倾向。

表 2 - 56　　 2007—2011 年宁夏回族自治区上市公司交易性金融

资产占资产总额百分比　　　　　单位：家

交易性金融资产占资产总额比重	2007 年	2008 年	2009 年	2010 年	2011 年
>100%	0	0	0	0	0
50%—100%	0	0	0	0	0
20%—50%	0	0	0	0	0
10%—20%	0	0	0	0	0
5%—10%	1	0	0	0	0
1%—5%	0	0	0	0	0
0—1%	0	1	2	4	3

资料来源：沪深两市证券交易所网站。

第四，新疆维吾尔自治区。

将新疆维吾尔自治区各年度确认交易性金融资产的上市公司数

同样本公司总数进行比较（见表2－57），发现2007—2011年该比例在13%—24%浮动，变化幅度不大，比重最高为2007年的23.33%，和其他西部省份的一般水平基本持平，说明新疆维吾尔自治区上市公司并未发生较多交易性金融资产业务。

表2－57　　2007—2011年新疆维吾尔自治区确认交易性金融

资产的上市公司数据统计　　　　　单位：家

年份	确认交易性金融资产的公司数	占样本总数的百分比
2007	7	7/30 = 23.33%
2008	6	6/32 = 18.75%
2009	6	6/34 = 17.65%
2010	5	5/36 = 13.89%
2011	6	6/37 = 16.22%

资料来源：沪深两市证券交易所网站。

对新疆维吾尔自治区上市公司逐年确认的交易性金融资产数额占当年度资产总额的百分比进行统计（见表2－58），发现上市公司所确认的交易性金融资产占本公司资产总额的比重大多低于1%，最高也未超过17%，说明该项会计政策的选择对上市公司的影响不大，上市公司无明显利用该政策进行利润调节的倾向。

表2－58　2007—2011年新疆维吾尔自治区上市公司交易性金融

资产占资产总额百分比　　　　　单位：家

交易性金融资产占资产总额比重	2007 年	2008 年	2009 年	2010 年	2011 年
>100%	0	0	0	0	0
50%—100%	0	0	0	0	0
20%—50%	0	0	0	0	0
10%—20%	0	1	1	0	1
5%—10%	0	0	0	0	1
1%—5%	0	0	0	0	0
0—1%	7	5	5	5	4

资料来源：沪深两市证券交易所网站。

第五，青海省。

将青海省各年度确认交易性金融资产的上市公司数同样本公司总数进行比较（见表2－59），发现2007—2011年该比例在0—23%浮动，比重最高为2008—2010年的22.22%，和其他省份相比较低，说明青海省上市公司未发生较多交易性金融资产业务。

表2－59　　　　　2007—2011年青海省确认交易性金融
资产的上市公司数据统计　　　　　单位：家

年份	确认交易性金融资产的公司数	占样本总数的百分比
2007	0	0
2008	2	2/9 = 22.22%
2009	2	2/9 = 22.22%
2010	2	2/9 = 22.22%
2011	1	1/10 = 10%

资料来源：沪深两市证券交易所网站。

对青海省上市公司逐年确认的交易性金融资产数额占当年度资产总额的百分比进行统计（见表2－60），发现上市公司所确认的交易性金融资产占本公司资产总额的比重均低于1%，说明该项会计政策的选择对上市公司的影响不大，上市公司无明显利用该政策进行利润调节的倾向。

第六，西藏自治区。

将西藏自治区各年度确认交易性金融资产的上市公司数同样本公司总数进行比较（见表2－61），发现2007—2011年该比例在0—29%浮动，比重最高为2008年的28.57%，和其他西部省份基本持平，说明西藏自治区上市公司未发生较多交易性金融资产业务。

表 2 - 60　　　　2007—2011 年青海省上市公司交易性金融

资产占资产总额百分比　　　　单位：家

交易性金融资产占资产总额比重	2007 年	2008 年	2009 年	2010 年	2011 年
>100%	0	0	0	0	0
50%—100%	0	0	0	0	0
20%—50%	0	0	0	0	0
10%—20%	0	0	0	0	0
5%—10%	0	0	0	0	0
1%—5%	0	0	0	0	0
0—1%	0	2	2	2	1

资料来源：沪深两市证券交易所网站。

表 2 - 61　　　　2007—2011 年西藏自治区确认交易性金融

资产的上市公司数据统计　　　　单位：家

年份	确认交易性金融资产的公司数	占样本总数的百分比
2007	0	0
2008	2	2/7 = 28.57%
2009	1	1/8 = 12.5%
2010	2	2/9 = 22.22%
2011	0	0

资料来源：沪深两市证券交易所网站。

对西藏自治区上市公司逐年确认的交易性金融资产数额占当年度资产总额的百分比进行统计（见表 2 - 62），发现上市公司所确认的交易性金融资产占本公司资产总额的比重均低于 1%，说明该项会计政策的选择对上市公司的影响不大，上市公司无明显利用该政策进行利润调节的倾向。

第七，贵州省。

将贵州省各年度确认交易性金融资产的上市公司数同样本公司总数进行比较（见表 2 - 63），发现该比例在 2007—2011 年呈先上升后下降趋势，在5%—23%浮动，和其他西部省份基本持平，说明贵州省上市公司未发生较多交易性金融资产业务。

表2-62　　　2007—2011年西藏自治区上市公司交易性金融

资产占资产总额百分比　　　　　单位：家

交易性金融资产占资产总额比重	2007	2008	2009	2010	2011
>100%	0	0	0	0	0
50%—100%	0	0	0	0	0
20%—50%	0	0	0	0	0
10%—20%	0	0	0	0	0
5%—10%	0	0	0	0	0
1%—5%	0	0	0	0	0
0—1%	0	2	1	2	0

资料来源：沪深两市证券交易所网站。

表2-63　　　　　2007—2011年贵州省确认交易性金融

资产的上市公司数据统计　　　　　单位：家

年份	确认交易性金融资产的公司数	占样本总数的百分比
2007	2	2/18 = 11.11%
2008	4	4/18 = 22.22%
2009	1	1/18 = 5.56%
2010	1	1/20 = 5%
2011	1	1/20 = 5%

资料来源：沪深两市证券交易所网站。

对贵州省上市公司逐年确认的交易性金融资产数额占当年度资产总额的百分比进行统计（见表2-64），发现上市公司所确认的交易性金融资产占本公司资产总额的比重大多低于1%，说明该项会计政策的选择对上市公司的影响不大，上市公司无明显利用该政策进行利润调节的倾向。

表 2 – 64   2007—2011 年贵州省上市公司交易性金融

资产占资产总额百分比   单位：家

交易性金融资产占资产总额比重	2007 年	2008 年	2009 年	2010 年	2011 年
>100%	0	0	0	0	0
50%—100%	0	0	0	0	0
20%—50%	0	0	0	0	0
10%—20%	0	0	0	0	0
5%—10%	0	0	0	0	0
1%—5%	0	1	0	0	0
0—1%	2	3	1	1	1

资料来源：沪深两市证券交易所网站。

第八，陕西省。

将陕西省各年度确认交易性金融资产的上市公司数同样本公司总数进行比较（见表 2 – 65），发现该比例从 2007 年到 2010 年呈逐年下降趋势，2011 年有所回升，总体比重不高，在 11%—25% 浮动，和其他西部省份相比基本持平，说明陕西省上市公司未发生较多交易性金融资产业务。

表 2 – 65   2007—2011 年陕西省确认交易性金融

资产的上市公司数据统计   单位：家

年份	确认交易性金融资产的公司数	占样本总数的百分比
2007	6	6/24 = 25%
2008	4	4/28 = 14.29%
2009	4	4/29 = 13.79%
2010	4	4/35 = 11.43%
2011	6	6/36 = 16.67%

资料来源：沪深两市证券交易所网站。

对陕西省上市公司逐年确认的交易性金融资产数额占当年度资

产总额的百分比进行统计（见表 2 – 66），发现上市公司所确认的交易性金融资产占本公司资产总额的比重大多低于 1%，最高不超过 5%，说明该项会计政策的选择对上市公司的影响不大，上市公司无明显利用该政策进行利润调节的倾向。

表 2 – 66　　　　2007—2011 年陕西省上市公司交易性金融
资产占资产总额百分比　　　　　　　　单位：家

交易性金融资产占资产总额比重	2007 年	2008 年	2009 年	2010 年	2011 年
> 100%	0	0	0	0	0
50% —100%	0	0	0	0	0
20% —50%	0	0	0	0	0
10% —20%	0	0	0	0	0
5% —10%	0	0	0	0	0
1% —5%	1	2	2	2	1
0—1%	5	2	2	2	5

资料来源：沪深两市证券交易所网站。

第九，四川省。

将四川省各年度确认交易性金融资产的上市公司数同样本公司总数进行比较（见表 2 – 67），发现 2007—2011 年该比例在 14% —23% 浮动，变化幅度不大，比重最高为 2009 年的 22.86%，和其他西部省份相比无明显区别，说明四川省上市公司并未发生较多交易性金融资产业务。

对四川省上市公司逐年确认的交易性金融资产数额占当年度资产总额的百分比进行统计（见表 2 – 68），发现上市公司所确认的交易性金融资产占本公司资产总额的比重大多低于 1%，最高也未超过 20%，说明该项会计政策的选择对上市公司的影响不大，上市公司无明显利用该政策进行利润调节的倾向。

表 2 - 67 　　　　　2007—2011 年四川省确认交易性金融
资产的上市公司数据统计　　　　　单位：家

年份	确认交易性金融资产的公司数	占样本总数的百分比
2007	12	12/59 = 20.34%
2008	12	12/66 = 18.18%
2009	16	16/70 = 22.86%
2010	14	14/82 = 17.07%
2011	13	13/87 = 14.94%

资料来源：沪深两市证券交易所网站。

表 2 - 68 　　　　2007—2011 年四川省上市公司交易性金融
资产占资产总额百分比　　　　　单位：家

交易性金融资产占资产总额比重	2007 年	2008 年	2009 年	2010 年	2011 年
>100%	0	0	0	0	0
20%—100%	0	0	0	0	0
20%—50%	0	0	0	0	0
10%—20%	0	0	1	1	0	1
5%—10%	0	0	1	1	0
1%—5%	2	1	0	0	1
0—1%	10	10	14	13	11

资料来源：沪深两市证券交易所网站。

第十，重庆市。

将重庆市各年度确认交易性金融资产的上市公司数同样本公司总数进行比较（见表 2 - 69），发现 2007—2011 年该比例在 3%—26% 浮动，比重最高为 2010 的 25.81%，和其他西部省份相比无明显区别，说明重庆市上市公司未发生较多交易性金融资产业务。

表 2 – 69　　　　　　2007—2011 年重庆市确认交易性金融

资产的上市公司数据统计　　　　　　　单位：家

年份	确认交易性金融资产的公司数	占样本总数的百分比
2007	1	1/26 = 3.85%
2008	4	4/26 = 15.38%
2009	5	5/27 = 18.52%
2010	8	8/31 = 25.81%
2011	8	8/34 = 23.53%

资料来源：沪深两市证券交易所网站。

　　对重庆市上市公司逐年确认的交易性金融资产数额占当年度资产总额的百分比进行统计（见表 2 – 70），发现上市公司所确认的交易性金融资产占本公司资产总额的比重绝大多数低于 1%，最高不超过 28%，说明该项会计政策的选择对上市公司的影响不大，上市公司无明显利用该政策进行利润调节的倾向。

表 2 – 70　　　　　　2007—2011 年重庆市上市公司交易性金融

资产占资产总额百分比　　　　　　　单位：家

交易性金融资产占资产总额比重	2007 年	2008 年	2009 年	2010 年	2011 年
>100%	0	0	0	0	0
50%—100%	0	0	0	0	0
20%—50%	0	0	0	0	1
10%—20%	0	0	1	1	0
5%—10%	0	1	0	0	0
1%—5%	1	0	0	0	0
0—1%	0	3	6	7	7

资料来源：沪深两市证券交易所网站。

　　第十一，云南省。

　　将云南省各年度确认交易性金融资产的上市公司数同样本公司

总数进行比较（见表 2 - 71），发现 2007—2011 年该比例在 11% —
22% 浮动，变化幅度不大，比重最高为 2011 年的 21.43%，和其他
西部省份相比较低，说明云南省上市公司并未发生较多交易性金融
资产业务。

表 2 - 71　　　　　2007—2011 年云南省确认交易性金融
资产的上市公司数据统计　　　　　单位：家

年份	确认交易性金融资产的公司数	占样本总数的百分比
2007	4	4/25 = 16%
2008	3	3/26 = 11.54%
2009	4	4/26 = 15.38%
2010	4	4/28 = 14.29%
2011	6	6/28 = 21.43%

资料来源：沪深两市证券交易所网站。

对云南省上市公司逐年确认的交易性金融资产数额占当年度资
产总额的百分比进行统计（见表 2 - 72），发现上市公司所确认的交
易性金融资产占本公司资产总额的比重大多低于 1%，最高不超过
21%，说明该项会计政策的选择对上市公司的影响不大，上市公司
无明显利用该政策进行利润调节的倾向。

表 2 - 72　　　　　2007—2011 年云南省上市公司交易性金融
资产占资产总额百分比　　　　　单位：家

交易性金融资产占资产总额比重	2007 年	2008 年	2009 年	2010 年	2011 年
>100%	0	0	0	0	0
50%—100%	0	0	0	0	0
20%—50%	0	0	0	0	1
10%—20%	1	1	1	0	0
5%—10%	0	0	0	1	0
1%—5%	0	0	0	0	0
0—1%	3	2	3	3	5

资料来源：沪深两市证券交易所网站。

第十二，广西壮族自治区。

将广西壮族自治区各年度确认交易性金融资产的上市公司数同样本公司总数进行比较（见表2－73），发现该比例在2007—2011年上下波动，总体比重不高，在12%—21%，和其他西部省份相比较低，说明广西壮族自治区上市公司未发生较多交易性金融资产业务。

表2－73　　　2007—2011 年广西壮族自治区确认交易性金融
资产的上市公司数据统计　　　　　　单位：家

年份	确认交易性金融资产的公司数	占样本总数的百分比
2007	4	4/25 = 20%
2008	3	3/25 = 12%
2009	4	4/26 = 15.38%
2010	4	4/27 = 14.81%
2011	6	6/29 = 20.69%

资料来源：沪深两市证券交易所网站。

对广西壮族自治区上市公司逐年确认的交易性金融资产数额占当年度资产总额的百分比进行统计（见表2－74），发现上市公司所确认的交易性金融资产占本公司资产总额的比重大多低于1%，最高不超过31%，说明该项会计政策的选择对上市公司的影响不大，上市公司无明显利用该政策进行利润调节的倾向。

4. 东北地区各省份上市公司

第一，辽宁省。

将辽宁省各年度确认交易性金融资产的上市公司数同样本公司总数进行比较（见表2－75），发现该比例在2007 年到2011 年间基本持平，在13%—16% 浮动，且比例不高，表明绝大多数辽宁省上市公司未确认交易性金融资产。

表 2 – 74　2007—2011 年广西壮族自治区上市公司交易性金融

资产占资产总额百分比　　　　单位：家

交易性金融资产占资产总额比重	2007 年	2008 年	2009 年	2010 年	2011 年
＞100%	0	0	0	0	0
50%—100%	0	0	0	0	0
20%—50%	0	0	0	0	1
10%—20%	0	0	0	0	0
5%—10%	0	0	0	0	0
1%—5%	0	0	0	0	0
0—1%	4	3	4	4	5

资料来源：沪深两市证券交易所网站。

表 2 – 75　　　　2007—2011 年辽宁省确认交易性金融

资产的上市公司数据统计　　　　单位：家

年份	确认交易性金融资产的公司数	占样本总数的百分比
2007	6	6/43 = 13.95%
2008	7	7/45 = 15.56%
2009	7	7/50 = 14%
2010	8	8/56 = 14.29%
2011	9	9/60 = 15%

资料来源：沪深两市证券交易所网站。

　　对辽宁省上市公司逐年确认的交易性金融资产数额占当年度资产总额的百分比进行统计（见表 2 – 76），发现上市公司所确认的交易性金融资产占本公司资产总额的比重大多低于 1%，最高未超过 5%，说明该项会计政策的选择对上市公司的影响并不大，上市公司无明显利用该政策进行利润调节的倾向。

　　第二，吉林省。

　　将吉林省各年度确认交易性金融资产的上市公司数同样本公司总数进行比较（见表 2 – 77），发现该比例在 2007—2008 年大幅下降，之后上下波动，总体比重不高，在8%—22%。

表 2 – 76　　　　2007—2011 年辽宁省上市公司交易性金融
资产占资产总额百分比　　　　　单位：家

交易性金融资产占资产总额比重	2007 年	2008 年	2009 年	2010 年	2011 年
>100%	0	0	0	0	0
50%—100%	0	0	0	0	0
20%—50%	0	0	0	0	0
10%—20%	0	0	0	0	0
5%—10%	0	0	0	0	0
1%—5%	2	0	0	0	0
0—1%	4	7	7	8	9

资料来源：沪深两市证券交易所网站。

表 2 – 77　　　　　2007—2011 年吉林省确认交易性金融
资产的上市公司数据统计　　　　　单位：家

年份	确认交易性金融资产的公司数	占样本总数的百分比
2007	7	7/32 = 21.88%
2008	4	4/33 = 12.12%
2009	6	6/33 = 18.18%
2010	3	3/36 = 8.33%
2011	4	4/36 = 11.11%

资料来源：沪深两市证券交易所网站。

对吉林省上市公司逐年确认的交易性金融资产数额占当年度资产总额的百分比进行统计（见表 2 – 78），发现上市公司所确认的交易性金融资产占本公司资产总额的比重大多低于1%，最高不超过30%，说明该项会计政策的选择对上市公司的影响并不大，上市公司无明显利用该政策进行利润调节的倾向。

表 2－78　　　　　2007—2011 年吉林省上市公司交易性金融

资产占资产总额百分比　　　　单位：家

交易性金融资产占资产总额比重	2007 年	2008 年	2009 年	2010 年	2011 年
＞100%	0	0	0	0	0
50%—100%	0	0	0	0	0
20%—50%	1	0	0	0	0
10%—20%	1	0	0	0	0
5%—10%	0	0	0	1	1
1%—5%	3	1	1	0	0
0—1%	2	3	5	2	3

资料来源：沪深两市证券交易所网站。

第三，黑龙江省。

将黑龙江省各年度确认交易性金融资产的上市公司数同样本公司总数进行比较（见表 2－79），发现该比例在 2007—2011 年上下波动，但总体比重不高，在 10%—20%，和其他东北地区省份相比较低，确认交易性金融资产的上市公司数量较少。

表 2－79　　　　　2007—2011 年黑龙江省确认交易性金融

资产的上市公司数据统计　　　　单位：家

年份	确认交易性金融资产的公司数	占样本总数的百分比
2007	4	4/26 = 15.38%
2008	3	3/26 = 11.54%
2009	5	5/25 = 20%
2010	3	3/30 = 10%
2011	5	5/30 = 16.67%

资料来源：沪深两市证券交易所网站。

对黑龙江省上市公司逐年确认的交易性金融资产数额占当年度资产总额的百分比进行统计（见表 2－80），发现上市公司所确认的交易性金融资产占本公司资产总额的比重大多低于1%，说明该项会计政策的选择对上市公司的影响并不大，上市公司无明显利用该政策进行利润调节的倾向。

表 2-80　　　　　2007—2011 年黑龙江省上市公司交易性

金融资产占资产总额百分比　　　　　单位：家

交易性金融资产占资产总额比重	2007 年	2008 年	2009 年	2010 年	2011 年
>100%	0	0	0	0	0
50%—100%	0	0	0	0	0
20%—50%	0	0	0	0	0
10%—20%	0	0	0	0	0
5%—10%	0	0	0	0	0
1%—5%	1	0	0	0	0
0—1%	3	3	5	3	5

资料来源：沪深两市证券交易所网站。

5. 交易性金融资产确认会计政策数据汇总分析

将以上各省份有关交易性金融资产的数据进行汇总（见表 2-81），就各省份确认交易性金融资产的上市公司占各省份样本公司总数的比重来看，东部地区大多数上市公司的比重区间略高于中西部地区和东北地区各省份上市公司，表明东部地区有更多的上市公司确认了交易性金融资产，可能存在利用确认交易性金融资产的会计政策进行利润平滑的动机。从各省、市、自治区上市公司确认的交易性金融资产的金额占该上市公司资产总额的百分比来看，虽然有极少数上市公司个别年度的该比例较高，但绝大多数低于1%，说明就各样本公司总体而言，即便选择了该项会计政策，其对上市公司的影响也并不大，上市公司无明显利用该政策进行利润调节的倾向。

表 2 –81　　　　　2007—2011 年 31 省市自治区确认交易性
金融资产公司数占样本公司总数百分比

年份	东部地区		中部地区		西部地区		东北地区	
2007—2011	北京	19%—35%	河南	5%—27%	内蒙古	15%—28%	辽宁	13%—16%
	天津	13%—20%	湖北	20%—30%	甘肃	12%—23%	吉林	8%—22%
	河北	5%—17%	湖南	18%—35%	宁夏	9%—34%	黑龙江	10%—20%
	山东	9%—27%	安徽	16%—26%	新疆	13%—24%		
	江苏	24%—31%	山西	10%—21%	青海	0—23%		
	浙江	19%—33%	江西	15%—35%	西藏	0—29%		
	上海	23%—40%			贵州	5%—23%		
	福建	12%—31%			陕西	11%—25%		
	广东	20%—27%			四川	14%—23%		
	海南	20%—43%			重庆	3%—26%		
					云南	11%—22%		
					广西	12%—21%		

资料来源：根据 5 个年度上市公司年报数据整理所得。

（二）公允价值变动损益确认会计政策的基本特征分析

1. 东部地区各省市上市公司

第一，北京市。

对北京市上市公司各年度确认的公允价值变动损益进行统计（见表 2 – 82），发现各年度进行披露的公司数占样本公司总数的比重在 21%—40% 浮动，在东部各省市中，该比例较高，表明北京市较东部其他省市发生了较多的公允价值计量业务。此外，其所确认的公允价值变动损益值在 2007—2009 年逐年下降，2009 年达到连续 5 个年度中的最低值 – 872648.11 万元，2010 年开始回升，2011 年由负转正。

第二，天津市。

对天津市上市公司各年度确认的公允价值变动损益进行统计（见表 2 – 83），发现各年度进行披露的公司数占样本公司总数的比重在 18%—25% 浮动,与其他东部省市相比,该比例较低,表明天津市上市公司未发生较多的公允价值计量业务。此外,其所确认的公允价值变动损益总额从 2007 年到 2008 年大幅下降,2008 年处于5 个年度内的最低点,2009 年有所回升,2010 年大幅上升达到 5 年内的最高点,2011 年再次下降。

表 2 - 82 　　　　2007—2011 年确认公允价值变动损益的
北京市上市公司数据统计

年份	披露公司数/ 样本公司总数	公允价值变动损 益总额（万元）	公允价值变动损益 >0		公允价值变动损益 <0	
2007	32/98 = 32.65%	644078.91	公司数(家)	数值(万元)	公司数(家)	数值(万元)
			22	748032.1	10	-103953.2
2008	37/99 = 37.37%	-580648.35	公司数(家)	数值(万元)	公司数(家)	数值(万元)
			22	555799.16	15	-1136447.51
2009	43/110 = 39.09%	-872648.11	公司数(家)	数值(万元)	公司数(家)	数值(万元)
			33	119490.96	10	-992139.06
2010	40/166 = 24.1%	-268517.09	公司数(家)	数值(万元)	公司数(家)	数值(万元)
			18	940426.3	22	-1208943.39
2011	39/178 = 21.91%	301908.6	公司数(家)	数值(万元)	公司数(家)	数值(万元)
			13	650963.04	26	-349054.44

资料来源:沪深两市证券交易所网站。

第三,河北省。

对河北省上市公司各年度确认的公允价值变动损益进行统计(见表 2 - 84),发现各年度进行披露的公司数占样本公司总数的比重在 0—23% 浮动,该比例在东部省市中较低,表明河北省上市公司未发生较多公允价值计量业务。此外,其所确认的公允价值变动损益总额从 2007 年到 2010 年呈逐步上升趋势,到 2010 年达到最高点,2011 年开始大幅下降,并由正转负,达到 5 个年度的最低点。

表 2 - 83　　　　　　2007—2011 年确认公允价值变动损益的
天津市上市公司数据统计

年份	披露公司数/样本公司总数	公允价值变动损益总额（万元）	公允价值变动损益 >0		公允价值变动损益 <0	
2007	5/25 = 20%	65773. 74	公司数（家）	数值（万元）	公司数（家）	数值（万元）
			4	66109. 88	1	− 336. 14
2008	7/29 = 24. 14%	− 527837. 87	公司数（家）	数值（万元）	公司数（家）	数值（万元）
			2	1275. 76	5	− 526113. 62
2009	6/30 = 20%	576. 5	公司数（家）	数值（万元）	公司数（家）	数值（万元）
			4	698. 82	2	− 122. 32
2010	8/36 = 22. 22%	346020. 85	公司数（家）	数值（万元）	公司数（家）	数值（万元）
			3	346959. 49	5	− 938. 65
2011	7/37 = 18. 92%	10650. 76	公司数（家）	数值（万元）	公司数（家）	数值（万元）
			2	19148. 92	5	− 8498. 16

资料来源：沪深两市证券交易所网站。

表 2 - 84　　　　2007—2011 年确认公允价值变动损益的
河北省上市公司数据统计

年份	披露公司数/样本公司总数	公允价值变动损益总额（万元）	公允价值变动损益 >0		公允价值变动损益 <0	
2007	8/36 = 22. 22%	− 2362. 57	公司数（家）	数值（万元）	公司数（家）	数值（万元）
			4	3319. 45	4	− 5682. 02
2008	0	0	公司数（家）	数值（万元）	公司数（家）	数值（万元）
			0	0	0	0
2009	4/36 = 11. 11%	215. 92	公司数（家）	数值（万元）	公司数（家）	数值（万元）
			3	233. 67	1	− 17. 75
2010	6/42 = 14. 29%	26414. 74	公司数（家）	数值（万元）	公司数（家）	数值（万元）
			4	26435. 4	2	− 20. 66
2011	6/47 = 12. 77%	− 17591. 98	公司数（家）	数值（万元）	公司数（家）	数值（万元）
			1	313. 12	5	− 17905. 09

资料来源：沪深两市证券交易所网站。

第四，山东省。

对山东省上市公司各年度确认的公允价值变动损益进行统计（见表2-85），发现各年度进行披露的公司数占样本公司总数的比重在10%—33%浮动，表明其发生的公允价值计量业务较东部其他省市有一定程度的增多。此外，其所确认的公允价值变动损益总额在2007—2010年呈逐年上升趋势，2011年有所下降。

表2-85　　　　　2007—2011年确认公允价值变动损益的
山东省上市公司数据统计

年份	披露公司数/样本公司总数	公允价值变动损益总额（万元）	公允价值变动损益>0		公允价值变动损益<0	
			公司数（家）	数值（万元）	公司数（家）	数值（万元）
2007	28/87=32.18%	-291496.4	21	32622.6	7	-324119
2008	10/94=10.64%	-2427.61	4	2557.37	6	-4984.97
2009	19/98=19.39%	8547.98	12	14063.9	7	-5515.92
2010	21/122=17.21%	8932.58	11	18074.88	10	-9142.3
2011	19/142=13.38%	4422.27	9	8620.93	10	-4198.65

资料来源：沪深两市证券交易所网站。

第五，江苏省。

对江苏省上市公司各年度确认的公允价值变动损益进行统计（见表2-86），发现各年度进行披露的公司数占样本公司总数的比重在25%—31%浮动，各年之间变化不大，但就整体比重而言，在东部各省市中较高，表明其发生公允价值计量业务较东部其他省市多。此外，其所确认的公允价值变动损益总额在2007—2011年呈现先升后降的趋势，最高点在2009年，最低点在2007年。

表 2 - 86　　　　　2007—2011 年确认公允价值变动损益的
江苏省上市公司数据统计

年份	披露公司数/样本公司总数	公允价值变动损益总额（万元）	公允价值变动损益 >0		公允价值变动损益 <0	
2007	27/106 = 25.47%	-10406.6	公司数（家）	数值（万元）	公司数（家）	数值（万元）
			21	40200.94	6	-10590.6
2008	35/114 = 30.7%	-5062.42	公司数（家）	数值（万元）	公司数（家）	数值（万元）
			13	25058.22	22	-30120.64
2009	36/123 = 29.27%	12942.42	公司数（家）	数值（万元）	公司数（家）	数值（万元）
			32	15646.68	4	-2704.27
2010	46/163 = 28.22%	5938.46	公司数（家）	数值（万元）	公司数（家）	数值（万元）
			21	17262.48	25	-11324.03
2011	59/209 = 28.23%	-10152.59	公司数（家）	数值（万元）	公司数（家）	数值（万元）
			19	21308.89	40	-31461.48

资料来源：沪深两市证券交易所网站。

第六，浙江省。

对浙江省上市公司各年度确认的公允价值变动损益进行统计（见表 2 - 87），发现各年度进行披露的公司数占样本公司总数的比重在 23%—38% 浮动，就整体比重而言，在东部各省市中较高，表明其发生的公允价值计量业务较东部其他省市有一定程度的增多。此外，其所确认的公允价值变动损益总额在 2007—2011 年呈现上下波动趋势，最高点在 2009 年，最低点在 2011 年。

第七，上海市。

对上海市上市公司各年度确认的公允价值变动损益进行统计（见表 2 - 88），发现各年度进行披露的公司数占样本公司总数的比重在 26%—40% 浮动，就整体比重而言，在东部各省市中较高，表明其发生的公允价值计量业务较东部其他省市有一定程度的增多。此外，其所确认的公允价值变动损益总额在 2007—2008 年呈上升趋势，2009 年有所下降，到 2010 年急剧上升到 5 年里的最高值，2011 年再次下降，并由正转负。

表 2 − 87　　　　　2007—2011 年确认公允价值变动损益的

浙江省上市公司数据统计

年份	披露公司数/样本公司总数	公允价值变动损益总额（万元）	公允价值变动损益 >0		公允价值变动损益 <0	
2007	28/121 = 23.14%	18587.83	公司数（家）	数值（万元）	公司数（家）	数值（万元）
			16	19616.72	12	− 1028.89
2008	43/129 = 33.33%	− 6816.53	公司数（家）	数值（万元）	公司数（家）	数值（万元）
			15	5941.45	28	− 12757.98
2009	54/143 = 37.76%	23059.38	公司数（家）	数值（万元）	公司数（家）	数值（万元）
			43	24101.37	11	− 1041.99
2010	62/194 = 31.96%	7702.81	公司数（家）	数值（万元）	公司数（家）	数值（万元）
			25	27436.03	37	− 19733.22
2011	69/208 = 33.17%	− 24114.73	公司数（家）	数值（万元）	公司数（家）	数值（万元）
			35	16540.34	34	− 40655.07

资料来源：沪深两市证券交易所网站。

表 2 − 88　　　　　2007—2011 年确认公允价值变动损益的

上海市上市公司数据统计

年份	披露公司数/样本公司总数	公允价值变动损益总额（万元）	公允价值变动损益 >0		公允价值变动损益 <0	
2007	48/143 = 33.57%	− 325664	公司数（家）	数值（万元）	公司数（家）	数值（万元）
			36	320861.8	12	− 646526
2008	58/148 = 39.19%	413329.13	公司数（家）	数值（万元）	公司数（家）	数值（万元）
			23	1277045.39	35	− 863716.26
2009	52/155 = 33.55%	119543.54	公司数（家）	数值（万元）	公司数（家）	数值（万元）
			40	169143.97	12	− 49600.42
2010	49/174 = 28.16%	10745330.32	公司数（家）	数值（万元）	公司数（家）	数值（万元）
			30	10766590.48	19	− 21260.5
2011	50/190 = 26.32%	− 35928.67	公司数（家）	数值（万元）	公司数（家）	数值（万元）
			12	124088.7	38	− 160017.37

资料来源：沪深两市证券交易所网站。

第八，福建省。

对福建省上市公司各年度确认的公允价值变动损益进行统计
（见表2-89），发现各年度进行披露的公司数占样本公司总数的
比重在20%—33%浮动，就整体比重而言，在东部各省市中较
高，表明其发生的公允价值计量业务较东部其他省市有一定程度
的增多。此外，其所确认的公允价值变动损益总额在2007—2011
年上下波动，变动幅度较大。2010年达到最高点，2011年为最
低点。

表2-89　　　　　　　2007—2011年确认公允价值变动损益的
福建省上市公司数据统计

年份	披露公司数/样本公司总数	公允价值变动损益总额（万元）	公允价值变动损益＞0		公允价值变动损益＜0	
2007	10/49＝20.41%	-25171.1	公司数（家）	数值（万元）	公司数（家）	数值（万元）
			5	7813.57	5	-32984.7
2008	13/54＝24.07%	5605.25	公司数（家）	数值（万元）	公司数（家）	数值（万元）
			5	15995.13	8	-10389.88
2009	18/56＝32.14%	-12011.5	公司数（家）	数值（万元）	公司数（家）	数值（万元）
			13	1726.61	5	-13738.11
2010	21/72＝29.17%	25994.58	公司数（家）	数值（万元）	公司数（家）	数值（万元）
			10	31735.54	11	-5740.96
2011	25/78＝32.05%	-95134.41	公司数（家）	数值（万元）	公司数（家）	数值（万元）
			8	5396.44	17	-50265

资料来源：沪深两市证券交易所网站。

第九，广东省。

对广东省上市公司各年度确认的公允价值变动损益进行统计
（见表2-90），发现各年度进行披露的公司数占样本公司总数的比
重在25%—30%浮动，变动幅度不大，就整体比重而言，在东部各
省市中较低，表明其发生的公允价值计量业务较东部其他省市无明

显区别。此外，其所确认的公允价值变动损益总额在 2007—2008 年呈上升趋势，2008 年达到最高点，2009 年大幅下降，2010 年再次上升，2011 年又大幅下降，并由正转负。

表 2 - 90　　　　　　2007—2011 年确认公允价值变动损益的
广东省上市公司数据统计

年份	披露公司数/样本公司总数	公允价值变动损益总额（万元）	公允价值变动损益 >0		公允价值变动损益 <0	
2007	47/188 = 25%	314221.68	公司数（家）	数值（万元）	公司数（家）	数值（万元）
			35	459533.88	12	- 145312.2
2008	53/191 = 27.75%	1400432.36	公司数（家）	数值（万元）	公司数（家）	数值（万元）
			18	1837769.74	35	- 437337.38
2009	70/240 = 29.17%	73753.96	公司数（家）	数值（万元）	公司数（家）	数值（万元）
			52	106629.88	18	- 32875.92
2010	75/295 = 25.42%	115345.64	公司数（家）	数值（万元）	公司数（家）	数值（万元）
			41	162841.8	34	- 47496.16
2011	88/334 = 26.35%	- 136311.5	公司数（家）	数值（万元）	公司数（家）	数值（万元）
			29	92050.38	59	- 228361.88

资料来源：沪深两市证券交易所网站。

第十，海南省。

对海南省上市公司各年度确认的公允价值变动损益进行统计（见表 2 - 91），发现各年度进行披露的公司数占样本公司总数的比重在 25%—48% 浮动，就整体比重而言，在东部各省市中较高，表明其发生的公允价值计量业务较东部其他省市有一定程度的增多。此外，其所确认的公允价值变动损益总额在 2007—2008 年呈下降趋势，2009 年大幅上升，并由负转正，2010 年再次大幅下降，达到 5 年内的最低点，2011 年再次大幅上升，并达到最高点，5 年内波动幅度较大。

表 2 - 91　　　　2007—2011 年确认公允价值变动损益的

海南省上市公司数据统计

年份	披露公司数/样本公司总数	公允价值变动损益总额（万元）	公允价值变动损益 >0		公允价值变动损益 <0	
2007	5/20 = 25%	- 35.7	公司数（家）	数值（万元）	公司数（家）	数值（万元）
			2	124.38	3	- 160.68
2008	6/20 = 30%	- 329.53	公司数（家）	数值（万元）	公司数（家）	数值（万元）
			2	10.6	4	- 340.13
2009	10/21 = 47.62%	14322.46	公司数（家）	数值（万元）	公司数（家）	数值（万元）
			10	14322.46	0	0
2010	9/22 = 40.9%	- 408336.23	公司数（家）	数值（万元）	公司数（家）	数值（万元）
			6	9123.05	3	- 417459.28
2011	9/25 = 36%	89313.35	公司数（家）	数值（万元）	公司数（家）	数值（万元）
			4	99503.26	5	- 10189.91

资料来源：沪深两市证券交易所网站。

2. 中部地区各省上市公司

第一，河南省。

对河南省上市公司各年度确认的公允价值变动损益进行统计（见表2-92），发现各年度进行披露的公司数占样本公司总数的比重在6%—29%浮动，就整体比重而言，和中部各省的一般水平持平，表明其未发生较多的公允价值计量业务。此外，其所确认的公允价值变动损益总额在2007—2008年呈下降趋势，2008年达到5年内的最低点，2009—2010年逐步上升，2011年再次下降，5年内波动幅度不大。

第二，湖北省。

对湖北省上市公司各年度确认的公允价值变动损益进行统计（见表2-93），发现各年度进行披露的公司数占样本公司总数的比重在25%—35%浮动，就整体比重而言，在中部各省中较高，表明其发生的公允价值计量业务较中部其他省份有一定程度的增多。此外，其所确认的公允价值变动损益总额从2007年到2009年先下降后上升，2007年为5年内的最高点，2010年到2011年再次下降，并由正转负。

表 2 - 92 　　　　2007—2011 年确认公允价值变动损益的
河南省上市公司数据统计

年份	披露公司数/样本公司总数	公允价值变动损益总额（万元）	公允价值变动损益 >0		公允价值变动损益 <0	
2007	11/38 = 28.95%	4203.55	公司数（家）	数值（万元）	公司数（家）	数值（万元）
			8	4361.61	3	-158.05
2008	5/40 = 12.5%	-2098.43	公司数（家）	数值（万元）	公司数（家）	数值（万元）
			2	1929.86	3	-4028.29
2009	7/43 = 16.28%	-1356.68	公司数（家）	数值（万元）	公司数（家）	数值（万元）
			4	2130.66	3	-3487.34
2010	5/54 = 9.26%	724.78	公司数（家）	数值（万元）	公司数（家）	数值（万元）
			1	2179.14	4	-1454.36
2011	4/62 = 6.45%	475.52	公司数（家）	数值（万元）	公司数（家）	数值（万元）
			2	838.95	2	-363.43

资料来源：沪深两市证券交易所网站。

表 2 - 93 　　　　2007—2011 年确认公允价值变动损益的
湖北省上市公司数据统计

年份	披露公司数/样本公司总数	公允价值变动损益总额（万元）	公允价值变动损益 >0		公允价值变动损益 <0	
2007	16/61 = 26.23%	38450.47	公司数（家）	数值（万元）	公司数（家）	数值（万元）
			9	43678.34	7	-5227.87
2008	18/61 = 29.51%	13496.74	公司数（家）	数值（万元）	公司数（家）	数值（万元）
			6	19673.44	12	-6176.7
2009	22/63 = 34.92%	23733.58	公司数（家）	数值（万元）	公司数（家）	数值（万元）
			16	23949.24	6	-215.65
2010	18/71 = 25.35%	-21198.16	公司数（家）	数值（万元）	公司数（家）	数值（万元）
			8	4861.43	10	-26059.59
2011	20/78 = 25.64%	-28011.49	公司数（家）	数值（万元）	公司数（家）	数值（万元）
			5	1090.7	15	-29102.19

资料来源：沪深两市证券交易所网站。

第三，湖南省。

对湖南省上市公司各年度确认的公允价值变动损益进行统计
（见表2－94），发现各年度进行披露的公司数占样本公司总数的比
重在25%—40%浮动，就整体比重而言，在中部各省中较高，表明
其发生的公允价值计量业务较中部其他省市有一定程度的增多。此
外，其所确认的公允价值变动损益总额从2007年到2008年大幅下
降，2009年到2010年逐年上升，2011年再次下降，并由正转负。

表2－94 　　　　　2007—2011年确认公允价值变动损益的
湖南省上市公司数据统计

年份	披露公司数/样本公司总数	公允价值变动损益总额（万元）	公允价值变动损益 >0		公允价值变动损益 <0	
			公司数（家）	数值（万元）	公司数（家）	数值（万元）
2007	11/44 = 25%	5160.59	8	7104.27	3	-1943.68
2008	14/46 = 30.43%	-16640.24	6	4786.26	8	-21426.51
2009	20/50 = 40%	8068.53	16	9222.13	4	-1153.61
2010	16/55 = 29.09%	23227.64	7	25503.52	9	-2275.88
2011	18/68 = 26.47%	-43023.69	4	2301.92	14	-45325.61

资料来源：沪深两市证券交易所网站。

第四，安徽省。

对安徽省上市公司各年度确认的公允价值变动损益进行统计
（见表2－95），发现各年度进行披露的公司数占样本公司总数的比
重在18%—25%浮动，就整体比重而言，和中部各省的一般水平持
平，表明其未发生较多的公允价值计量业务。此外，其所确认的公
允价值变动损益总额从2007年到2011年上下波动，总体上逐渐由
正变负，变动幅度较大。

表 2 – 95　　　　　　2007—2011 年确认公允价值变动损益的
安徽省上市公司数据统计

年份	披露公司数/样本公司总数	公允价值变动损益总额（万元）	公允价值变动损益 > 0		公允价值变动损益 < 0	
2007	10/53 = 18. 87%	162417. 99	公司数（家）	数值(万元)	公司数（家）	数值(万元)
			5	17038. 79	5	-7962. 80
2008	12/55 = 21. 82%	5605. 25	公司数（家）	数值(万元)	公司数（家）	数值(万元)
			5	75663. 16	7	-6946. 72
2009	12/57 = 21. 05%	5787. 14	公司数（家）	数值(万元)	公司数（家）	数值(万元)
			10	6385. 81	2	-598. 67
2010	15/61 = 24. 59%	-4068. 25	公司数（家）	数值(万元)	公司数（家）	数值(万元)
			7	3253. 59	8	-7321. 84
2011	16/68 = 23. 53%	-3095. 36	公司数（家）	数值(万元)	公司数（家）	数值(万元)
			6	5612. 97	10	-8708. 33

资料来源：沪深两市证券交易所网站。

第五，山西省。

对山西省上市公司各年度确认的公允价值变动损益进行统计（见表 2 – 96），发现各年度进行披露的公司数占样本公司总数的比重在 10% —21% 浮动，就整体比重而言，和中部各省的一般水平持平，表明其未发生较多的公允价值计量业务。此外，其所确认的公允价值变动损益总额在 2007—2009 年呈上升趋势，2010 年开始下降，并于 2011 年由正转负。

第六，江西省。

对江西省上市公司各年度确认的公允价值变动损益进行统计（见表 2 – 97），发现各年度进行披露的公司数占样本公司总数的比重在 21% —35% 浮动，就整体比重而言，在中部各省中较高，表明其发生的公允价值计量业务较中部其他省份有所增多。此外，其所确认的公允价值变动损益总额在 2007—2009 年呈上升趋势，2010 年急剧下降，并由正转负，降至 5 年内的最低点，2011 年又再次回升。

表 2 – 96　　　　　　2007—2011 年确认公允价值变动损益的
山西省上市公司数据统计

年份	披露公司数/样本公司总数	公允价值变动损益总额（万元）	公允价值变动损益 > 0		公允价值变动损益 < 0	
2007	3/29 = 10.34%	2048.91	公司数（家）	数值（万元）	公司数（家）	数值（万元）
			3	2048.91	0	0
2008	3/29 = 10.34%	9845.93	公司数（家）	数值（万元）	公司数（家）	数值（万元）
			2	9854.23	1	− 8.3
2009	6/29 = 20.69%	11586.08	公司数（家）	数值（万元）	公司数（家）	数值（万元）
			5	11587.67	1	− 1.59
2010	4/31 = 12.9%	2591.85	公司数（家）	数值（万元）	公司数（家）	数值（万元）
			2	3574.06	2	− 982.21
2011	4/34 = 11.76%	− 7547.91	公司数（家）	数值（万元）	公司数（家）	数值（万元）
			1	490.23	3	− 8038.14

资料来源：沪深两市证券交易所网站。

表 2 – 97　　　　　　2007—2011 年确认公允价值变动损益的
江西省上市公司数据统计

年份	披露公司数/样本公司总数	公允价值变动损益总额（万元）	公允价值变动损益 > 0		公允价值变动损益 < 0	
2007	6/26 = 23.08%	341.68	公司数（家）	数值（万元）	公司数（家）	数值（万元）
			5	344.97	1	− 3.29
2008	9/26 = 34.62%	1523.18	公司数（家）	数值（万元）	公司数（家）	数值（万元）
			3	3263.85	6	− 1740.67
2009	8/26 = 30.77%	6621.05	公司数（家）	数值（万元）	公司数（家）	数值（万元）
			7	6645.45	1	− 24.4
2010	7/31 = 22.58%	− 19358.52	公司数（家）	数值（万元）	公司数（家）	数值（万元）
			4	39.32	3	− 19397.84
2011	7/32 = 21.88%	28679.94	公司数（家）	数值（万元）	公司数（家）	数值（万元）
			1	29754.46	6	− 1074.52

资料来源：沪深两市证券交易所网站。

3. 西部地区各省市区上市公司

第一，内蒙古自治区。

对内蒙古自治区上市公司各年度确认的公允价值变动损益进行统计（见表 2 - 98），发现各年度进行披露的公司数占样本公司总数的比重在 21%—34% 浮动，就整体比重而言，在西部各省市区中较高，表明其发生了较多公允价值计量业务。此外，其所确认的公允价值变动损益总额在 2007—2009 年呈逐年上升的趋势，2010 年有所下降，并开始由正转负，2011 年又小幅上升。

表 2 -98　　　　　2007—2011 年确认公允价值变动损益的
内蒙古自治区上市公司数据统计

年份	披露公司数/样本公司总数	公允价值变动损益总额（万元）	公允价值变动损益 >0		公允价值变动损益 <0	
2007	6/18 = 33.33%	-7812.92	公司数(家)	数值(万元)	公司数(家)	数值(万元)
			4	2226.38	2	-100039.3
2008	4/18 = 22.22%	-4464.21	公司数(家)	数值(万元)	公司数(家)	数值(万元)
			0	0	4	-4464.21
2009	5/18 = 27.78%	1891.17	公司数(家)	数值(万元)	公司数(家)	数值(万元)
			5	1891.17	0	0
2010	4/19 = 21.05%	-1746.37	公司数(家)	数值(万元)	公司数(家)	数值(万元)
			1	3.66	3	-1750.02
2011	4/18 = 22.22%	-557.11	公司数(家)	数值(万元)	公司数(家)	数值(万元)
			0	0	4	-557.11

资料来源：沪深两市证券交易所网站。

第二，甘肃省。

对甘肃省上市公司各年度确认的公允价值变动损益进行统计（见表 2 -99），发现各年度进行披露的公司数占样本公司总数的比重在 10%—22% 浮动，就整体比重而言，和西部其他省市区中的一

般水平持平，表明其未发生较多公允价值计量业务。此外，其所确
认的公允价值变动损益总额从 2007 年到 2008 年大幅下降，2009 年
小幅回升，2010 年到 2011 年再次下降，并由正转负，2011 年为 5
个年度的最低点。

表 2 - 99   2007—2011 年确认公允价值变动损益的
甘肃省上市公司数据统计

年份	披露公司数/样本公司总数	公允价值变动损益总额（万元）	公允价值变动损益 >0		公允价值变动损益 <0	
2007	4/19 = 21.05%	5052.50	公司数(家)	数值(万元)	公司数(家)	数值(万元)
			2	6280.34	2	-1227.84
2008	2/20 = 10%	-93.07	公司数(家)	数值(万元)	公司数(家)	数值(万元)
			1	2.42	1	-95.49
2009	4/29 = 13.79%	388.12	公司数(家)	数值(万元)	公司数(家)	数值(万元)
			3	388.24	1	-0.12
2010	5/35 = 14.29%	-1030.03	公司数(家)	数值(万元)	公司数(家)	数值(万元)
			1	7.54	4	-1037.58
2011	4/36 = 11.11%	-5170.97	公司数(家)	数值(万元)	公司数(家)	数值(万元)
			1	24.69	3	-5195.66

资料来源：沪深两市证券交易所网站。

第三，宁夏回族自治区。

对宁夏回族自治区上市公司各年度确认的公允价值变动损益进
行统计（见表 2 - 100），发现各年度进行披露的公司数占样本公司
总数的比重在 0—25% 浮动，就整体比重而言，和西部其他省市区
中的一般水平持平，表明其未发生较多公允价值计量业务。此外，
其所确认的公允价值变动损益总额从 2007 年到 2010 年逐年下降，
并由正转负，2010 年为 5 年中的最低点，变动幅度较大，2011 年出
现小幅回升。

表 2－100　　　　　　2007—2011 年确认公允价值变动损益的
宁夏回族自治区上市公司数据统计

年份	披露公司数/样本公司总数	公允价值变动损益总额（万元）	公允价值变动损益 >0		公允价值变动损益 <0	
2007	1/11 = 9.09%	1048.46	公司数(家)	数值(万元)	公司数(家)	数值(万元)
			1	1048.46	0	0
2008	0	0	公司数(家)	数值(万元)	公司数(家)	数值(万元)
			0	0	0	0
2009	2/11 = 18.18%	−29.3	公司数(家)	数值(万元)	公司数(家)	数值(万元)
			1	19.64	1	−48.94
2010	3/12 = 25%	−88.46	公司数(家)	数值(万元)	公司数(家)	数值(万元)
			0	0	3	−88.46
2011	3/12 = 25%	−45.08	公司数(家)	数值(万元)	公司数(家)	数值(万元)
			1	2.63	2	−47.70

资料来源：沪深两市证券交易所网站。

第四，新疆维吾尔自治区。

对新疆维吾尔自治区上市公司各年度确认的公允价值变动损益进行统计（见表 2－101），发现各年度进行披露的公司数占样本公司总数的比重在 18%—37% 浮动，就整体比重而言，在西部各省市区中较高，表明其发生了较多公允价值计量业务。此外，其所确认的公允价值变动损益总额在 2007—2011 年呈逐年正负交替变化，2007 年达到最高值，2008 年为最低值。

第五，青海省。

对青海省上市公司各年度确认的公允价值变动损益进行统计（见表 2－102），发现各年度进行披露的公司数占样本公司总数的比重在 0—23% 浮动，就整体比重而言，和西部其他省市区中的一般水平持平，表明其未发生较多公允价值计量业务。此外，其所确认的公允价值变动损益总额在 2007—2011 年呈先上升后下降趋势，2010 年开始由正转负。

表 2 - 101　　　　2007—2011 年确认公允价值变动损益的
新疆维吾尔自治区上市公司数据统计

年份	披露公司数/样本公司总数	公允价值变动损益总额（万元）	公允价值变动损益 >0		公允价值变动损益 <0	
2007	11/30 = 36.67%	37100.64	公司数（家）	数值（万元）	公司数（家）	数值（万元）
			6	39542.67	5	-2442.02
2008	6/32 = 18.75%	-44876.31	公司数（家）	数值（万元）	公司数（家）	数值（万元）
			1	24	5	-44900.31
2009	10/34 = 29.41%	18151.91	公司数（家）	数值（万元）	公司数（家）	数值（万元）
			6	19470.17	4	-1318.26
2010	12/36 = 33.33%	-2397.27	公司数（家）	数值（万元）	公司数（家）	数值（万元）
			6	1961.88	6	-4359.14
2011	10/37 = 27.02%	1405.44	公司数（家）	数值（万元）	公司数（家）	数值（万元）
			4	4273.29	6	-2867.85

资料来源：沪深两市证券交易所网站。

表 2 - 102　　　　2007—2011 年确认公允价值变动损益的
青海省上市公司数据统计

年份	披露公司数/样本公司总数	公允价值变动损益总额（万元）	公允价值变动损益 >0		公允价值变动损益 <0	
2007	2/9 = 22.22%	-2459.05	公司数（家）	数值（万元）	公司数（家）	数值（万元）
			1	466.25	1	-2925.3
2008	1/9 = 11.11%	1397.69	公司数（家）	数值（万元）	公司数（家）	数值（万元）
			1	1397.69	0	0
2009	1/9 = 11.11%	0.3	公司数（家）	数值（万元）	公司数（家）	数值（万元）
			1	0.3	0	0
2010	1/9 = 11.11%	-1394.82	公司数（家）	数值（万元）	公司数（家）	数值（万元）
			0	0	1	-1394.82
2011	2/10 = 0.2%	-2975.79	公司数（家）	数值（万元）	公司数（家）	数值（万元）
			1	9.03	1	-2894.82

资料来源：沪深两市证券交易所网站。

第六，西藏自治区。

对西藏自治区上市公司各年度确认的公允价值变动损益进行统计（见表2-103），发现各年度进行披露的公司数占样本公司总数的比重在0—43%浮动，就整体比重而言，在西部各省市区中较高，表明其发生的公允价值计量业务有一定增多。此外，其所确认的公允价值变动损益总额在2007—2008年呈下降趋势，2009年有所回升，2010—2011年下降，并由正转负，就金额来讲，总量不大。

表2-103　　　　　2007—2011年确认公允价值变动损益的
西藏自治区上市公司数据统计

年份	披露公司数/样本公司总数	公允价值变动损益总额（万元）	公允价值变动损益 >0		公允价值变动损益 <0	
2007	0	0	公司数（家）	数值（万元）	公司数（家）	数值（万元）
			0	0	0	0
2008	3/7 = 42.86%	-171.24	公司数（家）	数值（万元）	公司数（家）	数值（万元）
			1	425.48	2	-254.24
2009	2/8 = 25%	207.93	公司数（家）	数值（万元）	公司数（家）	数值（万元）
			2	207.93	0	0
2010	1/9 = 11.11%	71.12	公司数（家）	数值（万元）	公司数（家）	数值（万元）
			1	71.12	0	0
2011	1/9 = 11.11%	-233.91	公司数（家）	数值（万元）	公司数（家）	数值（万元）
			0	0	1	-233.91

资料来源：沪深两市证券交易所网站。

第七，贵州省。

对贵州省上市公司各年度确认的公允价值变动损益进行统计（见表2-104），发现各年度进行披露的公司数占样本公司总数的比重在5%—17%浮动，在西部各省市区中较低，表明其未发生较多公允价值计量业务。此外，其所确认的公允价值变动损益总额在2007—2008年呈下降趋势，2009年有所回升，由负转正，2010年再次下降，2011年又小幅回升，总金额和西部其他省市区相比较低。

表 2－104　　　　　2007—2011 年确认公允价值变动损益的
贵州省上市公司数据统计

年份	披露公司数/ 样本公司总数	公允价值变动损 益总额（万元）	公允价值变动损益 >0		公允价值变动损益 <0	
2007	3/18 = 16.67%	250.98	公司数（家）	数值（万元）	公司数（家）	数值（万元）
			2	253.95	1	-2.97
2008	2/18 = 11.11%	-428.52	公司数（家）	数值（万元）	公司数（家）	数值（万元）
			1	7.25	1	-435.77
2009	2/18 = 11.11%	62.98	公司数（家）	数值（万元）	公司数（家）	数值（万元）
			1	63.15	1	-0.16
2010	1/20 = 5%	-44.98	公司数（家）	数值（万元）	公司数（家）	数值（万元）
			0	0	1	-44.98
2011	1/20 = 5%	-25.6	公司数（家）	数值（万元）	公司数（家）	数值（万元）
			0	0	1	-25.6

资料来源：沪深两市证券交易所网站。

第八，陕西省。

对陕西省上市公司各年度确认的公允价值变动损益进行统计
（见表 2－105），发现各年度进行披露的公司数占样本公司总数的比
重在 8%—30% 浮动，就整体比重而言，和西部其他省市区中的一
般水平持平，表明其未发生较多公允价值计量业务。此外，其所确
认的公允价值变动损益总额 2007—2009 年大幅下降，2010 年有所
上升，2011 年再次下降，并由正转负。

第九，四川省。

对四川省上市公司各年度确认的公允价值变动损益进行统计
（见表 2－106），发现各年度进行披露的公司数占样本公司总数的比
重在 17%—23% 浮动，就整体比重而言，和西部其他省市区中的一
般水平持平，表明其未发生较多公允价值计量业务。此外，其所确
认的公允价值变动损益总额在 2007—2011 年呈逐年正负交替变化，
2011 年达到最高值，2010 年为最低值。

表 2 – 105　　　　　2007—2011 年确认公允价值变动损益的
陕西省上市公司数据统计

年份	披露公司数/样本公司总数	公允价值变动损益总额（万元）	公允价值变动损益 >0		公允价值变动损益 <0	
2007	7/24 = 29.17%	1418.93	公司数(家)	数值(万元)	公司数(家)	数值(万元)
			5	1503.90	2	− 84.97
2008	5/28 = 17.86%	119.96	公司数(家)	数值(万元)	公司数(家)	数值(万元)
			4	160.7	1	− 40.74
2009	3/29 = 10.34%	− 39.05	公司数(家)	数值(万元)	公司数(家)	数值(万元)
			2	50.31	1	− 89.37
2010	3/35 = 8.57%	1551.03	公司数(家)	数值(万元)	公司数(家)	数值(万元)
			1	1996.31	2	− 445.28
2011	5/36 = 13.89%	− 1818.61	公司数(家)	数值(万元)	公司数(家)	数值(万元)
			1	70.63	4	− 1889.24

资料来源：沪深两市证券交易所网站。

表 2 – 106　　　　2007—2011 年确认公允价值变动损益的
四川省上市公司数据统计

年份	披露公司数/样本公司总数	公允价值变动损益总额（万元）	公允价值变动损益 >0		公允价值变动损益 <0	
2007	13/59 = 22.03%	1439.31	公司数(家)	数值(万元)	公司数(家)	数值(万元)
			10	1508.26	3	− 68.95
2008	12/66 = 18.18%	− 16663.81	公司数(家)	数值(万元)	公司数(家)	数值(万元)
			3	35.56	9	− 16699.37
2009	15/70 = 21.43%	7756.58	公司数(家)	数值(万元)	公司数(家)	数值(万元)
			12	9547.19	3	− 1790.61
2010	14/82 = 17.07%	− 859686.68	公司数(家)	数值(万元)	公司数(家)	数值(万元)
			4	2811.22	10	− 862497.9
2011	16/87 = 18.39%	11811.59	公司数(家)	数值(万元)	公司数(家)	数值(万元)
			4	20001.25	12	− 8189.67

资料来源：沪深两市证券交易所网站。

第十，重庆市。

对重庆市上市公司各年度确认的公允价值变动损益进行统计
（见表 2 - 107），发现各年度进行披露的公司数占样本公司总数的比
重在 11% —27% 浮动，就整体比重而言，和西部其他省市区中的一
般水平持平，表明其未发生较多公允价值计量业务。此外，其所确
认的公允价值变动损益总额在 2007—2008 年呈下降趋势，2009 年
大幅上升，2010 年开始再次下降，并由正转负。2009 年为 5 个年度
的最高点，2011 年为最低点，就总金额来看，较其他西部省市
区低。

表 2 - 107　　　　　　2007—2011 年确认公允价值变动损益的
重庆市上市公司数据统计

年份	披露公司数/样本公司总数	公允价值变动损益总额（万元）	公允价值变动损益 >0		公允价值变动损益 <0	
			公司数（家）	数值（万元）	公司数（家）	数值（万元）
2007	4/26 = 15.38%	- 335.47	1	4.02	3	- 339.49
2008	3/26 = 11.54%	- 440.09	0	0	3	- 440.09
2009	4/27 = 14.81%	5152.97	4	5152.97	0	0
2010	7/31 = 22.58%	- 18667.4	4	483.96	3	- 19151.37
2011	9/34 = 26.47%	- 40618.57	6	9443.54	3	- 50062.11

资料来源：沪深两市证券交易所网站。

第十一，云南省。

对云南省上市公司各年度确认的公允价值变动损益进行统计
（见表 2 - 108），发现各年度进行披露的公司数占样本公司总数的比
重在 11% —29% 浮动，就整体比重而言，和西部其他省市区中的一

般水平持平，表明其未发生较多公允价值计量业务。此外，其所确认的公允价值变动损益总额在2007—2008年呈下降趋势，2008年为5年内的最低值，从2009年开始增长，到2010年达到5年里的最高值，2011年再次下降。

表2-108　　　　　　2007—2011年确认公允价值变动损益的
云南省上市公司数据统计

年份	披露公司数/样本公司总数	公允价值变动损益总额（万元）	公允价值变动损益 >0		公允价值变动损益 <0	
2007	3/25 = 12%	13747.52	公司数（家）	数值（万元）	公司数（家）	数值（万元）
			3	13747.52	0	0
2008	6/26 = 23.08%	-35789.4	公司数（家）	数值（万元）	公司数（家）	数值（万元）
			1	3198	5	-38987.4
2009	3/26 = 11.54%	2741.66	公司数（家）	数值（万元）	公司数（家）	数值（万元）
			3	2741.66	0	0
2010	5/28 = 17.86%	35782.68	公司数（家）	数值（万元）	公司数（家）	数值（万元）
			3	35940.52	2	-157.84
2011	8/28 = 28.57%	4775.44	公司数（家）	数值（万元）	公司数（家）	数值（万元）
			4	4804.75	4	-29.31

资料来源：沪深两市证券交易所网站。

第十二，广西壮族自治区。

对广西壮族自治区上市公司各年度确认的公允价值变动损益进行统计（见表2-109），发现各年度进行披露的公司数占样本公司总数的比重在18%—21%浮动，就整体比重而言，和西部其他省市区中的一般水平持平，表明其未发生较多公允价值计量业务。此外，其所确认的公允价值变动损益总额在2007—2008年大幅下降，2009年又大幅回升，2010年再次下降并由正转负，2011年达到5年内的最低点。

表 2 - 109　　　　2007—2011 年确认公允价值变动损益的
广西壮族自治区上市公司数据统计

年份	披露公司数/样本公司总数	公允价值变动损益总额（万元）	公允价值变动损益 >0		公允价值变动损益 <0	
2007	4/25 = 20%	1230.34	公司数（家）	数值（万元）	公司数（家）	数值（万元）
			4	1230.34	0	0
2008	4/25 = 20%	– 13677.63	公司数（家）	数值（万元）	公司数（家）	数值（万元）
			2	2.18	2	– 13679.81
2009	5/26 = 19.23%	216.07	公司数（家）	数值（万元）	公司数（家）	数值（万元）
			4	719.97	1	– 503.9
2010	5/27 = 18.52%	– 278.78	公司数（家）	数值（万元）	公司数（家）	数值（万元）
			1	1.97	4	– 280.75
2011	6/29 = 20.69%	– 14132.35	公司数（家）	数值（万元）	公司数（家）	数值（万元）
			0	0	6	– 14132.35

资料来源：沪深两市证券交易所网站。

4. 东北地区各省上市公司

第一，辽宁省。

对辽宁省上市公司各年度确认的公允价值变动损益进行统计（见表 2 - 110），发现各年度进行披露的公司数占样本公司总数的比重在 17%—20% 浮动，表明其未发生较多公允价值计量业务。此外，2007—2011 年，其所确认的公允价值变动损益总额呈正负交替变化的趋势，2008 年为 5 个年度中的最低点。

第二，吉林省。

对吉林省上市公司各年度确认的公允价值变动损益进行统计（见表 2 - 111），发现各年度进行披露的公司数占样本公司总数的比重在 11%—29% 浮动，就整体比重而言，表明其未发生较多的公允价值计量业务。此外，其所确认的公允价值变动损益总额从 2007 年到 2011 年呈先降后升又持续下降趋势，2011 年为 5 年内的最低点。

表 2 – 110　　　　　2007—2011 年确认公允价值变动损益的
辽宁省上市公司数据统计

年份	披露公司数/样本公司总数	公允价值变动损益总额（万元）	公允价值变动损益 >0		公允价值变动损益 <0	
2007	8/43 = 18.6%	2009.8	公司数（家）	数值（万元）	公司数（家）	数值（万元）
			6	2026.58	2	– 16.78
2008	8/45 = 17.78%	– 1522.86	公司数（家）	数值（万元）	公司数（家）	数值（万元）
			2	16.66	6	– 1539.52
2009	10/50 = 20%	778.75	公司数（家）	数值（万元）	公司数（家）	数值（万元）
			6	1091.64	4	– 312.89
2010	10/56 = 17.86%	– 278.95	公司数（家）	数值（万元）	公司数（家）	数值（万元）
			3	97.67	7	– 376.63
2011	11/60 = 18.33%	145.13	公司数（家）	数值（万元）	公司数（家）	数值（万元）
			8	271.44	3	– 126.31

资料来源：沪深两市证券交易所网站。

表 2 – 111　　　　　2007—2011 年确认公允价值变动损益的
吉林省上市公司数据统计

年份	披露公司数/样本公司总数	公允价值变动损益总额（万元）	公允价值变动损益 >0		公允价值变动损益 <0	
2007	9/32 = 28.13%	15298.91	公司数（家）	数值（万元）	公司数（家）	数值（万元）
			6	15311.35	3	– 12.44
2008	5/33 = 15.15%	3305.68	公司数（家）	数值（万元）	公司数（家）	数值（万元）
			2	6535.48	3	– 3229.8
2009	6/33 = 18.18%	16991.1	公司数（家）	数值（万元）	公司数（家）	数值（万元）
			6	16991.1	0	0
2010	4/36 = 11.11%	– 6479.01	公司数（家）	数值（万元）	公司数（家）	数值（万元）
			1	136.28	3	– 6615.29
2011	4/36 = 11.11%	– 9859.2	公司数（家）	数值（万元）	公司数（家）	数值（万元）
			0	0	4	– 9859.2

资料来源：沪深两市证券交易所网站。

第三，黑龙江省。

对黑龙江省上市公司各年度确认的公允价值变动损益进行统计
（见表2-112），发现各年度进行披露的公司数占样本公司总数的比
重在10%—27%浮动，就整体比重而言，表明其未发生较多的公允
价值计量业务。此外，其所确认的公允价值变动损益总额从2007年
到2008年大幅下降，2009年有所回升，2010年到2011年再次下
降，2008年为5个年度内的最低点。

表2-112　　　　　2007—2011年确认公允价值变动损益的
黑龙江省上市公司数据统计

年份	披露公司数/样本公司总数	公允价值变动损益总额（万元）	公允价值变动损益>0		公允价值变动损益<0	
2007	7/26 = 26.92%	1805.23	公司数（家）	数值（万元）	公司数（家）	数值（万元）
			4	1859.80	3	-54.57
2008	3/26 = 11.54%	-2565.19	公司数（家）	数值（万元）	公司数（家）	数值（万元）
			1	5.92	2	-2571.12
2009	4/25 = 16%	1750.45	公司数（家）	数值（万元）	公司数（家）	数值（万元）
			2	1836.13	2	-85.68
2010	3/30 = 10%	29.65	公司数（家）	数值（万元）	公司数（家）	数值（万元）
			2	37.38	1	-7.73
2011	4/36 = 11.11%	-112.64	公司数（家）	数值（万元）	公司数（家）	数值（万元）
			2	466.35	3	-578.99

资料来源：沪深两市证券交易所网站。

5. 公允价值变动损益确认会计政策数据汇总分析

将以上各省份有关公允价值变动损益的数据进行汇总（见
表2-113和表2-114），发现东部10省市确认公允价值变动损益
的上市公司占各省样本公司总数的比重区间相较于中西部省市区略
高；就发生的金额来讲，东部省市上市公司的公允价值变动损益金
额的绝对值明显高于中部地区、西部地区和东北地区省市区。这说
明，不仅东部地区有更多的上市公司发生了公允价值计量业务，而且
东部上市公司的公允价值发生额和变动幅度也要高于中西部和东北
部，因此，东部上市公司更可能存在利用确认公允价值变动损益进行

利润平滑的动机。

表 2 – 113　　2007—2011 年 31 省市自治区确认公允价值
变动损益公司数占样本公司总数百分比

年份	东部地区		中部地区		西部地区		东北地区	
2007—2011	北京	21%—40%	河南	6%—29%	内蒙古	21%—34%	辽宁	17%—20%
	天津	18%—25%	湖北	25%—35%	甘肃	10%—22%	吉林	11%—29%
	河北	0—23%	湖南	25%—40%	宁夏	0—25%	黑龙江	10%—27%
	山东	10%—33%	安徽	18%—25%	新疆	18%—37%		
	江苏	25%—31%	山西	10%—21%	青海	0—23%		
	浙江	23%—38%	江西	21%—35%	西藏	0—43%		
	上海	26%—40%			贵州	5%—17%		
	福建	20%—33%			陕西	8%—30%		
	广东	25%—30%			四川	17%—23%		
	海南	25%—48%			重庆	11%—27%		
					云南	11%—29%		
					广西	18%—21%		

资料来源：根据 5 个年度上市公司年报数据整理所得。

表 2 – 114　　2007—2011 年 31 省市自治区确认公允价值
变动损益额的高低点比较　　　　　　　单位：万元

年份	东部地区		中部地区		西部地区		东北地区	
2007—2011	北京	644078.91（2007 年） -872648.11（2009 年）	河南	4203.55（2007 年） -2098.43（2008 年）	内蒙古	1891.17（2009 年） -7812.92（2007 年）	辽宁	2009.8（2007 年） -1522.86（2008 年）
	天津	346020.85（2010 年） -527837.87（2008 年）	湖北	38450.47（2007 年） -28011.49（2011 年）	甘肃	5052.50（2007 年） -5170.97（2011 年）	吉林	16991.1（2009 年） -5170.97（2011 年）
	河北	26414.74（2010 年） -17591.98（2011 年）	湖南	23227.64（2010 年） -43023.69（2011 年）	宁夏	1048.46（2007 年） -88.46（2010 年）	黑龙江	1805.23（2007 年） -2565.19（2008 年）

续表

年份	东部地区		中部地区		西部地区		东北地区
2007—2011	山东	8932.58 (2010 年) -291496.4 (2007 年)	安徽	162417.99 (2007 年) -4068.25 (2010 年)	新疆	37100.64 (2007 年) -44876.31 (2008 年)	
	江苏	12942.42 (2009 年) -10406.6 (2007 年)	山西	11586.08 (2009 年) -7547.91 (2011 年)	青海	1397.69 (2008 年) -2975.79 (2011 年)	
	浙江	23059.38 (2009 年) -24114.73 (2011 年)	江西	28679.94 (2011 年) -19358.52 (2010 年)	西藏	207.93 (2009 年) -233.91 (2011 年)	
	上海	10745330.32 (2010 年) -325664 (2007 年)			贵州	250.98 (2007 年) -428.52 (2008 年)	
	福建	25994.58 (2010 年) -95134.41 (2011 年)			陕西	1551.03 (2010 年) -1818.61 (2011 年)	
	广东	1400432.36 (2008 年) -136311.5 (2011 年)			四川	11811.59 (2011 年) -859686.68 (2010 年)	
	海南	89313.35 (2011 年) -408336.23 (2010 年)			重庆	5152.97 (2009 年) -40618.57 (2011 年)	
					云南	35782.68 (2010 年) -35789.4 (2008 年)	
					广西	1230.34 (2007 年) 14132.35 (2011 年)	

资料来源：根据 5 个年度上市公司年报数据整理所得。

（三）"研发支出费用化"会计政策的基本特征分析

1. 东部地区各省市上市公司

第一，北京市。

对北京市上市公司 5 个年度内研发支出费用化处理的数据进行统计（见表 2 – 115），可以发现 2007 年、2008 年和 2009 年三个年度，进行研发支出费用化处理的公司很少，而 2010 年和 2011 年进行研发支出费用化处理的公司占样本上市公司总数的比重开始大幅上升，在 49%—57%，在东部省市中处于较高水平，表明北京市有较多的上市公司将研发支出费用化作为主要的利润调节手段。此外，从各年度研发支出费用化金额占当年度调整后营业利润百分比来看，有个别公司的比重超过了 100%。以 2011 年为例，大恒新纪（600288）、久其软件（002279）、启明星辰（002439）、联信永益（002373）、中国服装（000702）等几家上市公司当年度研发支出费用化金额占调整后营业利润百分比均大于 100%，还有相当数量的上市公司研发支出费用化金额占当年度调整后营业利润百分比在 10%—50%，表明其调整额对当期利润的影响重大。

表 2 – 115　　　　　2007—2011 年进行研发支出费用化处理的
北京市上市公司数据统计　　　　　单位：家

		2007 年	2008 年	2009 年	2010 年	2011 年
进行研发支出费用化处理的上市公司数		6	2	13	93	88
占样本公司总数的百分比		6/98 = 6.12%	2/99 = 2.02%	13/110 = 11.82%	93/166 = 56.02%	88/178 = 49.43%
其中：研发支出费用化金额占调整后营业利润百分比	>100%	0	1	0	2	5
	50%—100%	0	0	1	14	8
	10%—50%	2	0	8	39	41
	0—10%	4	1	4	38	34

注：调整后的营业利润 = │营业利润 + 研发支出费用化数值│。

第二，天津市。

对天津市上市公司 5 个年度内研发支出费用化处理的数据进行统计（见表 2 - 116），可以发现 2007 年、2008 年和 2009 年三个年度，进行研发支出费用化处理的公司很少，而 2010 年和 2011 年进行研发支出费用化处理的公司占样本上市公司总数的比重开始大幅上升，在 43% —56%，在东部省市中处于较高水平，表明天津市有较多的上市公司将研发支出费用化作为主要的利润调节手段。此外，从各年度研发支出费用化金额占当年度调整后营业利润百分比来看，2010 年，有个别公司的比重大于 100%，还有一定数量的上市公司的研发支出费用化金额占当年度调整后营业利润百分比在50% 以上，表明其调整额对这些公司当期利润的影响重大。

表 2 - 116　　　2007—2011 年进行研发支出费用化处理的
天津市上市公司数据统计　　　　　单位：家

		2007 年	2008 年	2009 年	2010 年	2011 年
进行研发支出费用化处理的上市公司数		0	0	5	20	16
占样本公司总数的百分比		0	0	5/30 = 16.67%	20/36 = 55.56%	16/37 = 43.24%
其中：研发支出费用化金额占调整后营业利润百分比	>100%	0	0	0	1	0
	50%—100%	0	0	1	3	2
	10%—50%	0	0	3	11	11
	0—10%	0	0	0	5	3

注：调整后的营业利润 = │营业利润 + 研发支出费用化数值│。

第三，河北省。

对河北省上市公司 5 个年度内研发支出费用化处理的数据进行统计（见表 2 - 117），可以发现 2007 年、2008 年和 2009 年三个年度，进行研发支出费用化处理的公司很少，而 2010 年和 2011 年进行研发支出费用化处理的公司占样本上市公司总数的比重开始大幅上升，在52%—54%，在东部省市中处于较高水平，表明河北省有较多的上市公司通过研发支出费用化处理实现了利润的调节。此外，从各年度研发支出费用化金额占当年度调整后营业利润百分比来看，有个别公司的比重超过了100%，但一半上市公司的比重都在50%以下，表明其调整额对当期利润的影响并不大。

表2-117　　　2007—2011年进行研发支出费用化处理的
河北省上市公司数据统计　　　　单位：家

		2007年	2008年	2009年	2010年	2011年
进行研发支出费用化处理的上市公司数		0	1	3	22	25
占样本公司总数的百分比		0	1/36 = 2.78%	3/36 = 8.33%	22/42 = 52.38%	25/47 = 53.19%
其中：研发支出费用化金额占调整后营业利润百分比	>100%	0	0	0	2	1
	50%—100%	0	0	0	2	3
	10%—50%	0	0	2	4	10
	0—10%	0	1	1	14	11

注：调整后的营业利润 = │营业利润 + 研发支出费用化数值│。

第四，山东省。

对山东省上市公司5个年度内研发支出费用化处理的数据进行统计（见表2-118），可以发现2007年、2008年和2009年三个年度，进行研发支出费用化处理的公司很少，而2010年和2011年进行研发支出费用化处理的公司占样本上市公司总数的比重开始大幅上升，在52%—57%，在东部省市中处于较高水平，表明山东省有较多的上市公司通过研发支出费用化实现了利润的调节。此外，从上市公司各年度研发支出费用化金额占当年度调整后营业利润百分比来看，除了个别年度少数上市公司的比重超过了100%外，较多的上市公司却在50%以下，表明其调整额对当期利润的影响不大。

表 2 - 118　　　　　2007—2011 年进行研发支出费用化处理的

山东省上市公司数据统计　　　　　单位：家

	2007 年	2008 年	2009 年	2010 年	2011 年
进行研发支出费用化处理的上市公司数	1	3	15	64	80
占样本公司总数的百分比	1/87 = 1.15%	3/94 = 3.19%	15/98 = 15.31%	64/122 = 52.46%	80/142 = 56.34%
其中：研发支出费用化金额占调整后营业利润百分比 >100%	0	0	0	1	3
50%—100%	0	1	1	5	1
10%—50%	1	1	10	27	3
0—10%	0	1	4	31	73

注：调整后的营业利润 = │营业利润 + 研发支出费用化数值│。

第五，江苏省。

对江苏省上市公司 5 个年度内研发支出费用化处理的数据进行统计（见表 2 - 119），可以发现 2007 年、2008 年和 2009 年三个年度，进行研发支出费用化处理的公司很少，而 2010 年和 2011 年进行研发支出费用化处理的公司占样本上市公司总数的比重开始大幅上升，在 61%—63%，在东部省市中处于较高水平，表明江苏省有较多的上市公司通过研发支出费用化处理实现了利润的调节。此外，从上市公司各年度研发支出费用化的金额占当年度调整后营业利润的百分比来看，除了个别年度少数上市公司的比重超过了 100% 外，较多的上市公司都在 50% 以下，多处在 10%—50%，略高于其他省市，表明调整额对当期利润的影响较大。

第六，浙江省。

对浙江省上市公司 5 个年度内研发支出费用化处理的数据进行统计（见表 2 - 120），可以发现 2007 年、2008 年和 2009 年三个年度，进行研发支出费用化处理的公司很少，而 2010 年和 2011 年进行研发支出费用化处理的公司占样本上市公司总数的比重开始大幅上升，比重在 67%—75%。此外，从上市公司各年度研发支出费用化金额占当年度调整后营业利润百分比来看，个别公司的比重超过了100%。以 2011 年为例，康强电子（002119）、普洛股份（000739）、钱江摩托（000913）、新安股份（600596）、新嘉联（002188）、江山化工（002061）、三变科技（002112）、东晶电子（002199）、天通控股（600330）、东方通信（600776）等几家上市公司当年度研发支出费用化金额占调整后营业利润百分比均大于100%，江山化工（002061）的比值甚至超过了1200%，三变科技（002112）的比值也接近1000%，而通过统计也发现，这些公司当年度营业利润均为负值，很少发生或根本不发生资产减值准备转回的情况，所以很明显存在利用研发支出费用化处理的手段实现利润调节的操作，其他较多的上市公司研发支出费用化金额占当年度调整后营业利润百分比均在50%以下，多处在10%—50%，略高于其他省市，表明相对于其他省市来说，浙江省上市公司较多地将研发支出费用化处理作为实现利润调节的主要手段，但调整额对当期利润的影响并不大。

表 2 - 119　　　　2007—2011 年进行研发支出费用化处理的
江苏省上市公司数据统计　　　　单位：家

		2007 年	2008 年	2009 年	2010 年	2011 年
进行研发支出费用化处理的上市公司数		5	2	17	100	130
占样本公司总数的百分比		5/106 = 4.72%	2/114 = 1.75%	17/123 = 13.82%	100/163 = 61.35%	130/209 = 62.2%
其中：研发支出费用化金额占调整后营业利润百分比	>100%	0	0	1	1	2
	50%—100%	0	0	2	13	11
	10%—50%	1	1	8	49	80
	0—10%	4	1	6	37	37

注：调整后的营业利润 = │营业利润 + 研发支出费用化数值│。

表 2-120　　　　2007—2011 年度进行研发支出费用化处理的

浙江省上市公司数据统计　　　　　单位：家

		2007 年	2008 年	2009 年	2010 年	2011 年
进行研发支出费用化处理的上市公司数		2	2	33	130	154
占样本公司总数的百分比		2/119 = 1.68%	2/129 = 1.56%	26/143 = 18.18%	130/194 = 67.01%	154/208 = 74.04%
其中：研发支出费用化金额占调整后营业利润百分比	>100%	2	0	0	2	10
	50%—100%	0	0	2	13	14
	10%—50%	0	1	27	85	96
	0—10%	0	1	4	30	34

注：调整后的营业利润 = │营业利润 + 研发支出费用化数值│。

第七，上海市。

对上海市上市公司 5 个年度内研发支出费用化处理的数据进行统计（见表 2-121），可以发现 2007 年、2008 年和 2009 年三个年度，进行研发支出费用化处理的公司很少，而 2010 年和 2011 年进行研发支出费用化处理的公司占样本上市公司总数的比重开始大幅上升，在 39%—41%，在东部各省市中处于较低水平，表明相对于其他省市来说，将研发支出费用化处理作为实现利润调节的主要手段的上海市上市公司并不多。此外，从上市公司各年度发生的研发支出费用化金额占当年度调整后营业利润百分比来看，个别公司的比重超过了 100%，较多的上市公司都在 50% 以下，表明选择了该项会计政策的上市公司该项会计政策的运用对当期利润的影响较大。

第八，福建省。

对福建省上市公司 5 个年度内研发支出费用化处理的数据进行统计（见表 2-122），可以发现 2007 年、2008 年和 2009 年三个年度，进行研发支出费用化处理的公司很少，而 2010 年和 2011 年进行研发支出费用化处理的公司占样本上市公司总数的比重开始大幅上升，在 56%—58%，在东部各省市中处于较高水平，表明福建省有较多的上市公司通过研发支出费用化处理实现了调节。此外，从上市公司各年度发生的研发支出费用化金额占当年度调整后营业利润百分比来看，个别公司的比重超过了 100%，另外，将近一半的福建省上市公司在 10%—50%，表明其调整额对当期利润的影响较大。

表 2 – 121   2007—2011 年进行研发支出费用化处理的
上海市上市公司数据统计   单位：家

		2007 年	2008 年	2009 年	2010 年	2011 年
进行研发支出费用化处理的上市公司数		2	3	16	69	77
占样本公司总数的百分比		2/143 = 1.4%	3/148 = 2%	16/155 = 10.32%	69/174 = 39.66%	77/190 = 40.53%
其中：研发支出费用化金额占调整后营业利润百分比	>100%	0	0	0	3	7
	50%—100%	0	0	2	16	5
	10%—50%	0	1	8	30	40
	0—10%	2	2	6	20	25

注：调整后的营业利润 = │营业利润 + 研发支出费用化数值│。

表 2 – 122   2007—2011 年进行研发支出费用化处理的
福建省上市公司数据统计   单位：家

		2007 年	2008 年	2009 年	2010 年	2011 年
进行研发支出费用化处理的上市公司数		0	2	8	41	45
占样本公司总数的百分比		0	2/54 = 3.7%	8/56 = 14.29%	41/72 = 56.94%	45/78 = 57.69%
其中：研发支出费用化金额占调整后营业利润百分比	>100%	0	0	0	1	1
	50%—100%	0	0	1	4	2
	10%—50%	0	2	3	18	22
	0—10%	0	0	4	18	21

注：调整后的营业利润 = │营业利润 + 研发支出费用化数值│。

第九，广东省。

对广东省上市公司 5 个年度内研发支出费用化处理的数据进行
统计（见表 2－123），可以发现 2007 年、2008 年和 2009 年三个年
度，进行研发支出费用化处理的公司很少，而 2010 年和 2011 年进
行研发支出费用化处理的公司占样本上市公司总数的比重开始大幅
上升，在 51%—56%，在东部各省市中处于较高水平，表明广东省
有较多的上市公司通过研发支出费用化处理实现了利润的调节。此
外，从上市公司各年度发生的研发支出费用化金额占当年度调整后
营业利润百分比来看，个别公司的比重超过了 100%，较多的上市
公司都在 50% 以下，多处在 10%—50%，表明调整额对当期利润的
影响较大。

表 2－123　　2007—2011 年进行研发支出费用化处理的
广东省上市公司数据统计　　　　单位：家

		2007 年	2008 年	2009 年	2010 年	2011 年
进行研发支出费用化处理的上市公司数		11	7	54	152	186
占样本公司总数的百分比		11/188 = 5.85%	7/191 = 3.66%	54/240 = 22.5%	152/295 = 51.53%	186/334 = 55.69%
其中：研发支出费用化金额占调整后营业利润百分比	>100%	0	1	1	3	2
	50%—100%	2	1	1	10	24
	10%—50%	6	0	37	91	112
	0—10%	3	5	15	48	48

注：调整后的营业利润 = │营业利润 + 研发支出费用化数值│。

第十，海南省。

对海南省上市公司 5 个年度内研发支出费用化处理的数据进行
统计（见表 2－124），可以发现 2007 年、2008 年和 2009 年三个年
度，进行研发支出费用化处理的公司很少，而 2010 年和 2011 年进
行研发支出费用化处理的公司占样本上市公司总数的比重开始大幅

上升，在24%—32%，在东部各省市中处于较低水平，表明通过研发支出费用化处理实现利润调节的海南省上市公司并不多。此外，从上市公司各年度发生的研发支出费用化金额占当年度调整后营业利润百分比来看，只有1家公司的比重超过了100%，较多的上市公司都在10%以下，表明调整额对当期利润的影响较小。

表2–124　　2007—2011年进行研发支出费用化处理的
海南省上市公司数据统计　　单位：家

		2007年	2008年	2009年	2010年	2011年
进行研发支出费用化处理的上市公司数		0	1	2	7	6
占样本公司总数的百分比		0	1/20 = 5%	2/21 = 9.52%	7/22 = 31.82%	6/25 = 24%
其中：研发支出费用化金额占调整后营业利润百分比	>100%	0	0	0	0	1
	50%—100%	0	0	0	0	1
	10%—50%	0	0	0	2	2
	0—10%	0	1	2	5	2

注：调整后的营业利润 = │营业利润 + 研发支出费用化数值│。

2. 中部地区各省上市公司

第一，河南省。

对河南省上市公司5个年度内研发支出费用化处理的数据进行统计（见表2–125），可以发现2007年、2008年和2009年三个年度，进行研发支出费用化处理的公司很少，而2010年和2011年进行研发支出费用化处理的公司占样本上市公司总数的比重开始大幅上升，在62%—70%，在中部各省中处于较高水平，表明河南省有较多的上市公司将研发支出费用化作为主要的利润调节手段。此外，从上市公司各年度发生的研发支出费用化金额占当年度调整后营业利润百分比来看，除了个别公司的比重超过了100%外，较多的上市公司都在50%以下，表明其调整额对当期利润的影响并不大。

表 2 - 125　　　　2007—2011 年进行研发支出费用化处理的

河南省上市公司数据统计　　　　单位：家

		2007 年	2008 年	2009 年	2010 年	2011 年
进行研发支出费用化处理的上市公司数		1	3	8	34	43
占样本公司总数的百分比		1/38 = 2.63%	3/40 = 7.5%	8/43 = 18.6%	34/54 = 62.96%	43/62 = 69.35%
其中：研发支出费用化金额占调整后营业利润百分比	>100%	0	0	0	7	0
	50%—100%	0	0	0	3	4
	10%—50%	0	2	5	6	24
	0—10%	1	1	3	7	15

注：调整后的营业利润 = │营业利润 + 研发支出费用化数值│。

第二，湖北省。

对湖北省上市公司 5 个年度内研发支出费用化处理的数据进行统计（见表 2 - 126），可以发现 2007 年、2008 年和 2009 年三个年度，进行研发支出费用化处理的公司很少，而 2010 年和 2011 年进行研发支出费用化处理的公司占样本上市公司总数的比重开始大幅上升，在 43%—48%，在中部各省中处于较低水平，表明湖北省多数上市公司未将研发支出费用化作为主要的利润调节手段。此外，从上市公司各年度发生的研发支出费用化金额占当年度调整后营业利润百分比来看，虽然个别公司的比重大于 50%，但大多数湖北省上市公司都在 50% 以下，表明其调整额对当期利润的影响并不大。

第三，湖南省。

对湖南省上市公司 5 个年度内研发支出费用化处理的数据进行统计（见表 2 - 127），可以发现 2007 年、2008 年和 2009 年三个年度，进行研发支出费用化处理的公司很少，而 2010 年和 2011 年进行研发支出费用化处理的公司占样本上市公司总数的比重开始大幅上升，在 52%—57%，在中部各省中处于较高水平，表明湖南省有较多的上市公司通过研发支出费用化实现了调节。此外，从上市公司各年度发生的研发支出费用化金额占当年调整后营业利润百分比来看，除个别公司的比重大于100%，多数湖南省上市公司都在10%—50%，表明多数公司将研发支出费用化处理作为实现利润调节的主要手段，且对当年度利润影响较大。

表2－126　　2007—2011年进行研发支出费用化处理的
湖北省上市公司数据统计　　　　　单位：家

		2007年	2008年	2009年	2010年	2011年
进行研发支出费用化处理的上市公司数		0	3	6	34	34
占样本公司总数的百分比		0	3/61 = 4.92%	6/63 = 9.52%	34/71 = 47.89%	34/78 = 43.59%
其中：研发支出费用化金额占调整后营业利润百分比	>100%	0	0	0	1	1
	50%—100%	0	1	0	7	4
	10%—50%	0	0	3	4	19
	0—10%	0	2	3	22	10

注：调整后的营业利润 =│营业利润＋研发支出费用化数值│。

表2－127　　2007—2011年进行研发支出费用化处理的
湖南省上市公司数据统计　　　　　单位：家

		2007年	2008年	2009年	2010年	2011年
进行研发支出费用化处理的上市公司数		0	3	7	31	36
占样本公司总数的百分比		0	3/46 = 6.52%	7/50 = 14%	31/55 = 56.36%	36/68 = 52.94%
其中：研发支出费用化金额占调整后营业利润百分比	>100%	0	1	0	0	1
	50%—100%	0	0	0	5	1
	10%—50%	0	0	6	17	18
	0—10%	0	2	1	9	16

注：调整后的营业利润 =│营业利润＋研发支出费用化数值│。

第四，安徽省。

对安徽省上市公司 5 个年度内研发支出费用化处理的数据进行
统计（见表 2 - 128），可以发现 2007 年、2008 年和 2009 年三个年
度，进行研发支出费用化处理的公司很少，而 2010 年和 2011 年进
行研发支出费用化处理的公司占样本上市公司总数的比重开始大幅
上升，在 51%—55%，在中部各省中处于一般水平，表明有一定数
量的上市公司通过研发支出费用化实现了利润的调节。此外，从上
市公司各年度发生的研发支出费用化金额占当年度调整后营业利润
百分比来看，除个别公司的该比重大于 100% 外［如 2011 年发生的
研发支出费用化金额最多的是美菱电器（000521），占当年度调整后
营业利润百分比达到了 5300%］，各年度较多的上市公司在 10%—
50%，与其他中部省份相比较高，表明其调整额对利润的影响较大。

表 2 - 128　　2007—2011 年进行研发支出费用化处理的
安徽省上市公司数据统计　　　　　单位：家

		2007 年	2008 年	2009 年	2010 年	2011 年
进行研发支出费用化处理的上市公司数		2	1	9	33	35
占样本公司总数的百分比		2/53 = 3.77%	1/55 = 1.82%	9/57 = 15.79%	33/61 = 54.1%	35/68 = 51.47%
其中：研发支出费用化金额占调整后营业利润百分比	>100%	0	0	0	0	1
	50%—100%	0	1	0	2	4
	10%—50%	1	0	6	20	22
	0—10%	1	0	3	11	8

注：调整后的营业利润 = │营业利润 + 研发支出费用化数值│。

第五，山西省。

对山西省上市公司 5 个年度内研发支出费用化处理的数据进行
统计（见表 2 - 129），可以发现 2007 年、2008 年和 2009 年三个年
度，进行研发支出费用化处理的公司很少，而 2010 年和 2011 年进
行研发支出费用化处理的公司占样本上市公司总数的比重开始大幅

上升，在 52% —59%，在中部各省中处于较高水平，表明较多江西省上市公司将研发支出费用化处理作为实现利润调节的主要手段。此外，从上市公司各年度发生的研发支出费用化金额占当年度调整后营业利润百分比来看，除了个别年度少数上市公司该比重超过了100%外，较多的上市公司都在 10% 以下，表明其调整额对当年度利润的影响并不大。

表 2 – 129　　2007—2011 年进行研发支出费用化处理的
山西省上市公司数据统计　　　　　　单位：家

		2007 年	2008 年	2009 年	2010 年	2011 年
进行研发支出费用化处理的上市公司数		1	1	1	18	18
占样本公司总数的百分比		1/29 = 3.45%	1/29 = 3.45%	1/29 = 3.45%	18/31 = 58.06%	18/34 = 52.94%
其中：研发支出费用化金额占调整后营业利润百分比	>100%	0	0	0	1	1
	50%—100%	0	0	0	3	1
	10%—50%	1	0	0	3	5
	0—10%	0	1	1	11	11

注：调整后的营业利润 = │营业利润 + 研发支出费用化数值│。

第六，江西省。

对江西省上市公司 5 个年度内研发支出费用化处理的数据进行统计（见表 2 – 130），可以发现 2007 年、2008 年和 2009 年三个年度，进行研发支出费用化处理的公司很少，而 2010 年和 2011 年进行研发支出费用化处理的公司占样本上市公司总数的比重开始大幅上升，在 50% —68%，在中部各省中处于较高水平，表明相对于其他省份来说，江西省有较多的上市公司将研发支出费用化处理作为实现利润调节的主要手段。此外，从上市公司各年度发生的研发支出费用化金额占当年度调整后营业利润百分比来看，除了个别年度少数上市公司的比重超过了 50% 外，较多的上市公司都在 50% 以下，表明其调整额对当年度利润的影响不大。

表 2 – 130　　　　2007—2011 年进行研发支出费用化处理的
江西省上市公司数据统计　　　　　单位：家

		2007 年	2008 年	2009 年	2010 年	2011 年
进行研发支出费用化处理的上市公司数		1	3	5	21	16
占样本公司总数的百分比		1/26 = 3.85%	3/26 = 11.54%	5/26 = 19.23%	21/31 = 67.74%	16/32 = 50%
其中：研发支出费用化金额占调整后营业利润百分比	>100%	0	0	0	0	0
	50%—100%	0	0	1	1	2
	10%—50%	1	2	2	13	6
	0—10%	0	1	2	7	8

注：调整后的营业利润 = │营业利润 + 研发支出费用化数值│。

3. 西部地区各省市区上市公司

第一，内蒙古自治区。

对内蒙古自治区上市公司 5 个年度内研发支出费用化处理的数据进行统计（见表 2 – 131），可以发现 2007 年、2008 年和 2009 年三个年度，进行研发支出费用化处理的公司很少，而 2010 年和 2011 年进行研发支出费用化处理的公司占样本上市公司总数的比重开始大幅上升，在 40%—43%，在西部各省市区中处于较高水平，表明内蒙古自治区有较多上市公司通过研发支出费用化处理实现利润的调节。此外，从上市公司各年度发生的研发支出费用化金额占当年度调整后营业利润百分比来看，多数内蒙古自治区上市公司各年度该百分比在 10% 以下，表明其调整额对当期利润的影响很小。

第二，甘肃省。

对甘肃省上市公司 5 个年度内研发支出费用化处理的数据进行统计（见表 2 – 132），可以发现 2007 年、2008 年和 2009 年三个年度，进行研发支出费用化处理的公司很少，而 2010 年和 2011 年进行研发支出费用化处理的公司占样本上市公司总数的比重开始大幅上升，在 33%—37%，在西部各省市区中处于较低水平，表明通过研发支出费用化处理实现利润调节的甘肃省上市公司并不多。此外，从上市公司各年度发生的研发支出费用化金额占当年度调整后营业利润百分比来看，虽然有个别公司的比重大于100%，但甘肃省多数上市公司的百分比在10%—50%，表明其调整额对当期利润的影响较大。

表2-131　　　　　2007—2011年进行研发支出费用化处理的
内蒙古自治区上市公司数据统计　　　　单位：家

		2007年	2008年	2009年	2010年	2011年
进行研发支出费用化处理的上市公司数		1	0	1	8	8
占样本公司总数的百分比		1/18 = 5.56%	0	1/18 = 5.56%	8/19 = 42.11%	8/20 = 40%
其中：研发支出费用化金额占调整后营业利润百分比	>100%	0	0	0	0	0
	50%—100%	0	0	0	3	0
	10%—50%	0	0	0	0	2
	0—10%	1	0	1	5	6

注：调整后的营业利润 = │营业利润 + 研发支出费用化数值│。

表2-132　　　　　2007—2011年进行研发支出费用化处理的
甘肃省上市公司数据统计　　　　单位：家

		2007年	2008年	2009年	2010年	2011年
进行研发支出费用化处理的上市公司数		0	0	2	8	8
占样本公司总数的百分比		0	0	2/21 = 9.52%	8/22 = 36.36%	8/24 = 33.33%
其中：研发支出费用化金额占调整后营业利润百分比	>100%	0	0	0	1	0
	50%—100%	0	0	0	1	0
	10%—50%	0	0	1	5	4
	0—10%	0	0	1	2	3

注：调整后的营业利润 = │营业利润 + 研发支出费用化数值│。

第三，宁夏回族自治区。

对宁夏回族自治区上市公司 5 个年度内研发支出费用化处理的
数据进行统计（见表 2 – 133），可以发现 2007 年、2008 年和 2009
年三个年度，进行研发支出费用化处理的公司几乎没有，而 2010 年
和 2011 年进行研发支出费用化处理的公司占样本上市公司总数的比
重开始大幅上升，在 33%—42%，在西部各省市区中处于较低水
平，表明通过研发支出费用化处理实现利润调节的宁夏回族自治区
上市公司并不多。此外，从上市公司各年度发生的研发支出费用化
金额占当年度调整后营业利润百分比来看，除了 2011 年新日恒力
（600165）的比重超过了 163% 外，宁夏回族自治区省有较多的上市
公司的百分比在 50% 以下，多处在 0—10%，未高于其他省市区，
表明其调整额对当年度利润的影响并不大。

表 2 – 133　　2007—2011 年进行研发支出费用化处理的宁夏

回族自治区上市公司数据统计　　　　　单位：家

		2007 年	2008 年	2009 年	2010 年	2011 年
进行研发支出费用化处理的上市公司数		0	0	0	4	5
占样本公司总数的百分比		0	0	0	4/12 = 33.33%	5/12 = 41.67%
其中：研发支出费用化金额占调整后营业利润百分比	>100%	0	0	0	0	1
	50%—100%	0	0	0	0	0
	10%—50%	0	0	0	1	1
	0—10%	0	0	0	3	3

注：调整后的营业利润 = │营业利润 + 研发支出费用化数值│。

第四，新疆维吾尔自治区。

对新疆维吾尔自治区上市公司 5 个年度内研发支出费用化处理
的数据进行统计（见表 2 – 134），可以发现 2007 年、2008 年和
2009 年三个年度，进行研发支出费用化处理的公司很少，而 2010
年和 2011 年进行研发支出费用化处理的公司占样本上市公司总数的

比重开始大幅上升，在35%—48%，在西部各省市区中处于较高水平，表明新疆维吾尔自治区有较多上市公司通过研发支出费用化处理实现利润的调节。此外，从上市公司各年度发生的研发支出费用化金额占当年度调整后营业利润百分比来看，除了个别年度少数上市公司该比重超过了50%外，较多的上市公司都在10%以下，表明其调整额对当期利润的影响很小。

表 2 – 134　　2007—2011 年进行研发支出费用化处理的新疆
维吾尔自治区上市公司数据统计　　　　单位：家

		2007 年	2008 年	2009 年	2010 年	2011 年
进行研发支出费用化处理的上市公司数		1	0	5	17	13
占样本公司总数的百分比		1/30 = 3.33%	0	5/34 = 14.71%	17/36 = 47.22%	13/37 = 35.14%
其中：研发支出费用化金额占调整后营业利润百分比	>100%	0	0	0	0	0
	50%—100%	0	0	0	3	0
	10%—50%	0	0	3	4	4
	0—10%	1	0	2	10	9

注：调整后的营业利润 = │营业利润 + 研发支出费用化数值│。

　　第五，青海省。

　　对青海省上市公司 5 个年度内研发支出费用化处理的数据进行统计（见表 2 – 135），可以发现 2007 年、2008 年和 2009 年三个年度，进行研发支出费用化处理的公司几乎没有，而 2010 年和 2011 年进行研发支出费用化处理的公司占样本上市公司总数的比重开始大幅上升，在55%—60%，在西部各省市区中处于较高水平，表明青海省有较多的上市公司通过研发支出费用化处理实现利润调节。此外，从上市公司各年度发生的研发支出费用化金额占当年度调整后营业利润百分比来看，除了个别年度少数上市公司该比重超过了50%外，较多的上市公司都在50%以下，表明其调整额对当年度利润的影响并不大。

表 2 – 135　　　　2007—2011 年进行研发支出费用化处理的

青海省上市公司数据统计　　　　单位：家

		2007 年	2008 年	2009 年	2010 年	2011 年
进行研发支出费用化处理的上市公司数		0	0	0	5	6
占样本公司总数的百分比		0	0	0	5/9 = 55.56%	6/10 = 60%
其中：研发支出费用化金额占调整后营业利润百分比	>100%	0	0	0	0	0
	50%—100%	0	0	0	1	1
	10%—50%	0	0	0	2	2
	0—10%	0	0	0	2	3

注：调整后的营业利润 = │营业利润 + 研发支出费用化数值│。

第六，西藏自治区。

对西藏自治区上市公司 5 个年度内研发支出费用化处理的数据
进行统计（见表 2 – 136），可以发现 2007 年、2008 年和 2009 年三
个年度，进行研发支出费用化处理的公司很少，而 2010 年和 2011
年进行研发支出费用化处理的公司占样本上市公司总数的比重开始
大幅上升，均为 22.22%，在西部各省市区中处于较低水平，表明
通过研发支出费用化处理实现利润调节的西藏自治区上市公司并不
多。此外，从上市公司各年度发生的研发支出费用化金额占当年度
调整后营业利润百分比来看，绝大多数比重在 10%—50%，表明其
调整额对当期利润有一定的影响。

第七，贵州省。

对贵州省上市公司 5 个年度内研发支出费用化处理的数据进行
统计（见表 2 – 137），可以发现 2008 年进行研发支出费用化处理的
公司几乎没有，而 2010 年和 2011 年进行研发支出费用化处理的公
司占样本上市公司总数的比重均较高，在 55%，在西部各省市区中

处于较高水平，表明贵州省有较多的上市公司通过研发支出费用化处理实现利润调节。此外，从上市公司各年度发生的研发支出费用化金额占当年度调整后营业利润百分比来看，除了个别年度少数上市公司该比重超过了50%外，较多的上市公司均在10%以下，表明其调整额对当期利润的影响不大。

表 2 - 136　　　　2007—2011 年进行研发支出费用化处理的
西藏自治区上市公司数据统计　　　　单位：家

		2007 年	2008 年	2009 年	2010 年	2011 年
进行研发支出费用化处理的上市公司数（家）		1	0	1	2	2
占样本公司总数的百分比		1/7 = 14.29%	0	1/8 = 12.5%	2/9 = 22.22%	2/9 = 22.22%
其中：研发支出费用化金额占调整后营业利润百分比	>100%	0	0	0	0	0
	50%—100%	0	0	0	0	0
	10%—50%	0	0	1	2	1
	0—10%	1	0	0	0	1

注：调整后的营业利润 = │营业利润 + 研发支出费用化数值│。

表 2 - 137　　　　2007—2011 年进行研发支出费用化处理的
贵州省上市公司数据统计　　　　单位：家

		2007 年	2008 年	2009 年	2010 年	2011 年
进行研发支出费用化处理的上市公司数		1	0	1	11	11
占样本公司总数的百分比		1/18 = 5.56%	0	1/18 = 5.56%	11/20 = 55%	11/20 = 55%
其中：研发支出费用化金额占调整后营业利润百分比	>100%	0	0	0	0	0
	50%—100%	0	0	0	2	1
	10%—50%	0	0	0	3	2
	0—10%	0	0	1	6	8

注：调整后的营业利润 = │营业利润 + 研发支出费用化数值│。

第八，陕西省。

对陕西省上市公司5个年度内研发支出费用化处理的数据进行统计（见表2－138），可以发现2007年、2008年和2009年三个年度，进行研发支出费用化处理的公司很少，而2010年和2011年进行研发支出费用化处理的公司占样本上市公司总数的比重开始大幅上升，在48%—50%，在西部各省市区中处于较高水平，表明陕西省有较多的上市公司通过研发支出费用化处理实现利润的调节。此外，从上市公司各年度发生的研发支出费用化金额占当年度调整后营业利润百分比来看，虽然有个别公司的该比重大于100%，但陕西省大多数上市公司都在50%以下，表明其调整额对当期利润影响较大。

表2－138　　　　2007—2011年进行研发支出费用化处理的
陕西省上市公司数据统计　　　　　单位：家

		2007年	2008年	2009年	2010年	2011年
进行研发支出费用化处理的上市公司数		0	2	6	17	18
占样本公司总数的百分比		0	2/28 = 7.14%	6/29 = 20.69%	17/35 = 48.57%	18/36 = 50%
其中：研发支出费用化金额占调整后营业利润百分比	>100%	0	0	0	2	1
	50%—100%	0	0	0	1	1
	10%—50%	0	2	3	6	7
	0—10%	0	0	3	8	9

注：调整后的营业利润 = │营业利润 + 研发支出费用化数值│。

第九，四川省。

对四川省上市公司5个年度内研发支出费用化处理的数据进行统计（见表2－139），可以发现2007年、2008年和2009年三个年度，进行研发支出费用化处理的公司很少，而2010年和2011年进行研发支出费用化处理的公司占样本上市公司总数的比重开始大幅上升，在51%—55%，在西部各省市区中处于较高水平，表明四川省有较多的上市公司通过研发支出费用化处理实现利润调节。此外，从上市公司各年度发生的研发支出费用化金额占当年调整后营业利润百分比来看，除了个别年度少数上市公司的比重超过了100%外，较多的上市公司均在10%—50%，表明其调整额对当期利润有一定程度的影响。

表2-139 2007—2011年进行研发支出费用化处理的
四川省上市公司数据统计　　　　单位：家

		2007年	2008年	2009年	2010年	2011年
进行研发支出费用化处理的上市公司数		0	2	13	42	47
占样本公司总数的百分比		0	2/66 =3.03%	13/70 =18.57%	42/82 =51.22%	47/87 = 54.02%
其中：研发支出费用化金额占调整后营业利润百分比	>100%	0	0	0	0	2
	50%—100%	0	0	2	6	2
	10%—50%	0	1	6	17	26
	0—10%	0	1	5	19	17

注：调整后的营业利润 = │营业利润＋研发支出费用化数值│。

第十，重庆市。

对重庆市上市公司5个年度内研发支出费用化处理的数据进行统计（见表2-140），可以发现2007年、2008年和2009年三个年度，进行研发支出费用化处理的公司很少，而2010年和2011年进行研发支出费用化处理的公司占样本上市公司总数的比重开始大幅上升，在44%—46%，在西部各省市区中处于较高水平，表明重庆市有较多的上市公司通过研发支出费用化处理实现利润调节。此外，从上市公司各年度发生的研发支出费用化金额占当年度调整后营业利润百分比来看，除了个别年度少数上市公司的该比重超过了100%外，较多的上市公司均在50%以下，表明其调整额对当期利润有一定程度的影响。

表 2 - 140　　　　　 2007—2011 年进行研发支出费用化处理的
重庆市上市公司数据统计　　　　单位：家

		2007 年	2008 年	2009 年	2010 年	2011 年
进行研发支出费用化处理的上市公司数		2	0	3	14	15
占样本公司总数的百分比		2/26 = 7.69%	0	3/27 = 11.11%	14/31 = 45.16%	15/34 = 44.12%
其中：研发支出费用化金额占调整后营业利润百分比	>100%	0	0	0	0	1
	50%—100%	0	0	0	1	1
	10%—50%	0	0	0	7	7
	0—10%	2	0	3	6	6

注：调整后的营业利润 = │营业利润 + 研发支出费用化数值│。

第十一，云南省。

对云南省上市公司 5 个年度内研发支出费用化处理的数据进行统计（见表 2 - 141），可以发现 2007 年、2008 年和 2009 年三个年度，进行研发支出费用化处理的公司很少，而 2010 年和 2011 年进行研发支出费用化处理的公司占样本上市公司总数的比重开始大幅上升，在 46%—48%，在西部各省市区中处于较高水平，表明有较多的公司通过研发支出费用化处理实现利润调节。此外，从上市公司各年度发生的研发支出费用化金额占当年度调整后营业利润百分比来看，除了个别年度少数上市公司的比重超过了 100% 外，较多的上市公司均在 50% 以下，表明其调整额对当期利润的影响很小。

第十二，广西壮族自治区。

对广西壮族自治区上市公司 5 个年度内研发支出费用化处理的数据进行统计（见表 2 - 142），可以发现 2007 年、2008 年和 2009 年三个年度，进行研发支出费用化处理的公司很少，而 2010 年和 2011 年进行研发支出费用化处理的公司占样本上市公司总数的比重开始大幅上升，在 31%—34%，在西部各省市区中处于较低水平，表明通过研发支出费用化处理实现利润调节的广西壮族自治区上市公司并不多。此外，从上市公司各年度发生的费用化的研发支出占当年度调整后营业利润百分比来看，虽然有个别公司的比重大于100%，但多数广西壮族自治区上市公司都在10%以下，表明其调整额对当期利润的影响很小。

表 2 - 141　　　　**2007—2011 年进行研发支出费用化处理的**
云南省上市公司数据统计　　　　单位：家

		2007 年	2008 年	2009 年	2010 年	2011 年
进行研发支出费用化处理的上市公司数		1	2	2	11	13
占样本公司总数的百分比		1/25 = 4%	2/26 = 7.69%	2/26 = 7.69%	11/28 = 47.22%	13/28 = 46.43%
其中：研发支出费用化金额占调整后营业利润百分比	>100%	0	0	0	2	1
	50%—100%	0	0	1	0	0
	10%—50%	1	0	0	4	6
	0—10%	0	2	1	5	6

注：调整后的营业利润 = │营业利润 + 研发支出费用化数值│。

表 2 - 142　　　　**2007—2011 年进行研发支出费用化处理的**
广西壮族自治区上市公司数据统计　　　　单位：家

		2007 年	2008 年	2009 年	2010 年	2011 年
进行研发支出费用化处理的上市公司数		0	1	3	9	9
占样本公司总数的百分比		0	1/25 = 4%	3/26 = 11.54%	9/27 = 33.33%	9/29 = 31.03%
其中：研发支出费用化金额占调整后营业利润百分比	>100%	0	0	0	0	1
	50%—100%	0	0	0	0	0
	10%—50%	0	1	1	3	2
	0—10%	0	0	2	6	6

注：调整后的营业利润 = │营业利润 + 研发支出费用化数值│。

4. 东北地区各省上市公司

第一，辽宁省。

对辽宁省上市公司 5 个年度内研发支出费用化处理的数据进行统计（见表 2 - 143），可以发现 2007 年、2008 年和 2009 年三个年度，进行研发支出费用化处理的公司很少，而 2010 年和 2011 年进行研发支出费用化处理的公司占样本上市公司总数的比重开始大幅上升，在 35%—40%，表明辽宁省并未有较多的上市公司通过研发支出费用化实现利润的调节。此外，从上市公司各年度发生的研发支出费用化金额占当年度调整后营业利润百分比来看，绝大多数都在 30% 以下，表明其调整额对当期利润影响较小。

表 2 - 143　　　　2007—2011 年进行研发支出费用化处理的
辽宁省上市公司数据统计　　　　单位：家

		2007 年	2008 年	2009 年	2010 年	2011 年
进行研发支出费用化处理的上市公司数		0	0	5	22	21
占样本公司总数的百分比		0	0	5/50 = 10%	22/56 = 39.29%	21/60 = 35%
其中：研发支出费用化金额占调整后营业利润百分比	>100%	0	0	0	0	0
	50%—100%	0	0	1	1	1
	10%—50%	0	0	2	9	13
	0—10%	0	0	2	12	7

注：调整后的营业利润 = │营业利润 + 研发支出费用化数值│。

第二，吉林省。

对吉林省上市公司 5 个年度内研发支出费用化处理的数据进行统计（见表 2 - 144），可以发现 2007 年、2008 年和 2009 年三个年度，进行研发支出费用化处理的公司很少，而 2010 年和 2011 年进行研发支出费用化处理的公司占样本上市公司总数的比重开始大幅上升，在 27%—31%，表明吉林省多数上市公司未将研发支出费用化处理作为实现利润调节的主要手段。此外，从上市公司各年度发生的研发支出费用化金额占当年度调整后营业利润百分比来看，吉林省多数上市公司的百分比都在 10%—50%，表明其调整额对当年度利润的影响较大。

表 2 - 144　　2007—2011 年进行研发支出费用化处理的
吉林省上市公司数据统计　　　　单位：家

		2007 年	2008 年	2009 年	2010 年	2011 年
进行研发支出费用化处理的上市公司数		1	1	2	10	11
占样本公司总数的百分比		1/32 = 3.125%	1/33 = 3.03%	2/33 = 6.06%	10/36 = 27.78%	11/36 = 30.56%
其中：研发支出费用化金额占调整后营业利润百分比	>100%	0	0	0	0	0
	50%—100%	0	0	0	0	1
	10%—50%	1	1	1	4	5
	0—10%	0	0	1	6	5

注：调整后的营业利润 = │营业利润 + 研发支出费用化数值│。

第三，黑龙江省。

对黑龙江省上市公司 5 个年度内研发支出费用化处理的数据进行统计（见表 2 - 145），可以发现 2007 年、2008 年和 2009 年三个年度，进行研发支出费用化处理的公司很少，而 2010 年和 2011 年进行研发支出费用化处理的公司占样本上市公司总数的比重开始大幅上升，在 46%—54%，表明黑龙江省有一定数量的上市公司将研发支出费用化处理作为实现利润调节的主要手段。此外，从上市公司各年度发生的研发支出费用化金额占当年度调整后营业利润百分比来看，黑龙江省多数上市公司的百分比在 10% 以下，表明其调整额对当年度利润的影响不大。

表 2 - 145　　　　2007—2011 年进行研发支出费用化处理的
黑龙江省上市公司数据统计　　　　单位：家

		2007 年	2008 年	2009 年	2010 年	2011 年
进行研发支出费用化处理的上市公司数		1	1	1	14	16
占样本公司总数的百分比		1/26 = 3.85%	1/26 = 3.85%	1/25 = 4%	14/30 = 46.67%	16/30 = 53.33%
其中：研发支出费用化金额占调整后营业利润百分比	>100%	0	0	0	0	0
	50%—100%	0	0	0	0	0
	10%—50%	0	0	1	6	8
	0—10%	1	1	0	8	8

注：调整后的营业利润 = │营业利润 + 研发支出费用化数值│。

5. 研发支出费用化处理会计政策数据汇总分析

将以上各省、市、区有关研发支出费用化处理的数据进行汇总发现，2007 年、2008 年和 2009 年三个年度，进行研发支出费用化处理的公司很少，这应该与 2008 年和 2009 年的国际金融危机和国内的经济结构调整有关。受大环境的影响，上市公司的利润也大幅减少，因此不会再进行调减利润的处理。而 2010 年和 2011 年该数据开始大幅上升（见表 2 - 146），因为经过 2009 年的调整，经济形势有所恢复，越来越多的上市公司开始考虑通过研发支出费用化处理来平滑利润。将四个地区进行比较之后发现，西部 12 省、市、自治区发生研发支出费用化处理的上市公司占各省、市、自治区样本公司总数的比重明显低于中部和东部，说明东部和中部省、市、自治区的上市公司更多利用了研发支出费用化处理进行利润调节。但从调整额来看，各年度除少数上市公司的研发支出费用化金额占调整后营业利润百分比超过 100%，绝大多数公司的比重都在 50% 以下，说明调整额对当期利润虽有一定程度的影响，但影响并不大。

表 2 - 146　2010—2011 年 31 省市自治区进行研发支出费用化
公司数占样本公司总数百分比

年份	东部地区		中部地区		西部地区		东北地区	
	北京	49%—57%	河南	62%—70%	内蒙古	40%—43%	辽宁	35%—40%
	天津	43%—56%	湖北	43%—48%	甘肃	33%—37%	吉林	27%—31%
	河北	52%—54%	湖南	52%—57%	宁夏	33%—42%		
	山东	52%—57%	安徽	51%—55%	新疆	35%—48%		
	江苏	61%—63%	山西	52%—59%	青海	55%—60%		
2010—	浙江	67%—75%			西藏	22.22%		
2011	上海	39%—41%			贵州	55%	黑龙江	46%—54%
	福建	56%—58%			陕西	48%—50%		
	广东	51%—56%	江西	50%—68%	四川	51%—55%		
					重庆	44%—46%		
	海南	24%—32%			云南	46%—48%		
					广西	31%—34%		

资料来源：根据 5 个年度上市公司年报数据整理所得。

（四）坏账准备转回会计政策的基本特征分析

1. 东部地区各省市上市公司

第一，北京市。

对北京市上市公司 5 个年度内发生坏账准备转回的数据进行统计（见表 2 - 147），可以发现 5 个年度发生坏账准备转回的北京市上市公司数占样本上市公司总数的比重在 31%—43%，在东部各省市中处于一般水平。有 5 家公司 2010 年的坏账准备转回值占调整后营业利润比重超过 100%，其中，中恳农业（600313）、中电广通（600764）、北京京西（000802）分别通过坏账准备、存货跌价准备等资产减值准备的转回实现了当年的扭亏为盈，除此之外，大多数公司当年的坏账准备转回值占调整后营业利润比重均 <10%。

表 2 - 147　　　　　2007—2011 年北京市上市公司坏账
准备转回数据统计　　　　　　单位：家

		2007 年	2008 年	2009 年	2010 年	2011 年
坏账准备转回 >0 的上市公司数		38	42	41	61	56
占样本公司总数的百分比		38/98 = 38.78%	42/99 = 42.42%	41/110 = 37.27%	61/166 = 36.75%	56/178 = 31.46%
坏账准备转回 <0 的上市公司数		2	1	3	2	0
占样本公司总数的百分比		2/98 = 2.04%	1/99 = 1%	3/110 = 2.73%	2/166 = 1.2%	0
其中：坏账准备转回值 占调整后营业利润百分 比（仅指坏账准备转 回 >0 的情况下）	>100%	0	0	2	5	1
	50%—100%	1	3	1	1	0
	10%—50%	2	4	5	5	5
	0—10%	35	35	33	50	50

注：调整后的营业利润 = │营业利润 - 坏账准备转回│。

第二，天津市。

对天津市上市公司 5 个年度内发生坏账准备转回的数据进行统计（见表 2 - 148），可以发现 5 个年度发生坏账准备转回的天津市上市公司数占样本上市公司总数的比重在 24%—56%，此比例远高于其他东部省市，说明天津市上市公司将坏账准备转回作为主要的利润调节工具的现象要多于其他省市。个别公司通过坏账准备转回实现扭亏为盈，部分公司当年的坏账准备转回值占调整后营业利润比重在 10% 以上，但大多数公司的比重均 <10%，此外，还有个别公司的坏账准备转回 <0，对当年利润进行了调减。

第三，河北省。

对河北省上市公司 5 个年度内发生坏账准备转回的数据进行统计（见表 2 - 149），可以发现 5 个年度发生坏账准备转回的河北省上市公司数占样本上市公司总数的比重在 27%—45%，在东部各省市中处于较低水平，表明河北省上市公司并未将坏账准备转回作为主要的利润调节工具。虽然个别公司通过坏账准备转回实现了扭亏为盈，但大多数公司当年的坏账准备转回值占调整后营业利润比重

均 < 10%，此外，还有个别公司的坏账准备转回 < 0，对当年利润进行了调减。

表 2 - 148 　　　　2007—2011 年天津市上市公司坏账

准备转回数据统计 　　　　　　单位：家

		2007 年	2008 年	2009 年	2010 年	2011 年
坏账准备转回 > 0 的上市公司数		9	16	9	10	9
占样本公司总数的百分比		9/25 = 36%	16/29 = 55.17%	9/30 = 30%	10/36 = 27.78%	9/37 = 24.32%
坏账准备转回 < 0 的上市公司数		0	1	0	1	1
占样本公司总数的百分比		0	1/29 = 3.45%	0	1/29 = 3.45%	1/29 = 3.45%
其中：坏账准备转回值占调整后营业利润百分比（仅指坏账准备转回 > 0 的情况下）	>100%	0	1	1	0	1
	50%—100%	0	2	0	1	0
	10%—50%	3	2	1	0	1
	0—10%	6	11	7	9	7

注：调整后的营业利润 = │营业利润 - 坏账准备转回│。

第四，山东省。

对山东省上市公司 5 个年度内发生坏账准备转回的数据进行统计（见表 2 - 150），可以发现 5 个年度发生坏账准备转回的山东省上市公司数占样本上市公司总数的比重在 18%—37%，在东部省市中处于较低水平，可见山东省大多数上市公司并未将坏账准备转回作为主要的利润调节的工具。虽然个别公司通过坏账准备转回实现了扭亏为盈，但大多数公司当年的坏账准备转回值占调整后营业利润比重均 < 10%，此外，还有个别公司的坏账准备转回 < 0，对当年利润进行了调减。

表 2-149   2007—2011 年河北省上市公司坏账
准备转回数据统计   单位：家

		2007 年	2008 年	2009 年	2010 年	2011 年
坏账准备转回 >0 的上市公司数		16	10	16	15	20
占样本公司总数的百分比		16/36 = 44.44%	10/36 = 27.78%	16/36 = 44.44%	15/42 = 35.71%	20/47 = 42.55%
坏账准备转回 <0 的上市公司数		2	3	0	0	1
占样本公司总数的百分比		2/36 = 5.56%	3/36 = 8.33%	0	0	1/47 = 2.13%
其中：坏账准备转回值占调整后营业利润百分比（仅指坏账准备转回 >0 情况下）	>100%	2	1	0	1	1
	50%—100%	0	0	0	0	0
	10%—50%	3	3	0	2	0
	0—10%	11	6	16	12	19

注：调整后的营业利润 = │营业利润 - 坏账准备转回│。

表 2-150   2007—2011 年山东省上市公司坏账
准备转回数据统计   单位：家

		2007 年	2008 年	2009 年	2010 年	2011 年
坏账准备转回 >0 的上市公司数		29	34	33	23	35
占样本公司总数的百分比		29/87 = 33.33%	34/94 = 36.17%	33/98 = 33.67%	23/122 = 18.85%	35/142 = 24.65%
坏账准备转回 <0 的上市公司数		1	1	1	0	2
占样本公司总数的百分比		1/87 = 1.15	1/94 = 1.06%	1/98 = 1.02%	0	2/142 = 1.41%
其中：坏账准备转回值占调整后营业利润百分比（仅指坏账准备转回 >0 情况下）	>100%	0	0	0	0	1
	50%—100%	1	2	1	0	2
	10%—50%	4	4	3	2	2
	0—10%	24	28	29	21	30

注：调整后的营业利润 = │营业利润 - 坏账准备转回│。

第五，江苏省。

对江苏省上市公司5个年度内发生坏账准备转回的数据进行统计（见表2－151），可以发现5个年度发生坏账准备转回的江苏省上市公司数占样本上市公司总数的比重在22%—35%，在东部省市中处于较低水平，说明江苏省大多数上市公司并未将坏账准备转回作为主要的利润调节的工具。虽然个别公司通过坏账准备转回实现了扭亏为盈，但大多数公司当年的坏账准备转回值占调整后营业利润比重均＜10%，此外，还有个别公司的坏账准备转回＜0，对当年利润进行了调减。

表2－151　　　　2007—2011年江苏省上市公司坏账
准备转回数据统计　　　　单位：家

		2007 年	2008 年	2009 年	2010 年	2011 年
坏账准备转回＞0 的上市公司数		32	39	32	42	48
占样本公司总数的百分比		32/106 = 30.19%	39/114 = 34.2%	32/123 = 26.02%	42/163 = 25.77%	48/209 = 22.97%
坏账准备转回＜0 的上市公司数		0	1	0	1	1
占样本公司总数的百分比		0	1/114 = 0.88%	0	1/163 = 0.61%	1/209 = 0.48%
其中：坏账准备转回值占调整后营业利润百分比（仅指坏账准备转回＞0 情况下）	＞100%	2	1	2	1	0
	50%—100%	0	1	1	2	0
	10%—50%	5	6	1	1	4
	0—10%	25	31	28	38	44

注：调整后的营业利润 = │营业利润－坏账准备转回│。

第六，浙江省。

对浙江省上市公司5个年度内发生坏账准备转回的数据进行统计（见表2－152），可以发现5个年度发生坏账准备转回的浙江省上市公司数占样本公司总数的比重在9%—21%，小于同时期的其他东部省市，说明浙江省大多数上市公司未将坏账准备转回作为主要的利润调节手段。2009年，维科精华（600152）坏账准备转回值占调整后营业利润比重超过了100%，并且通过存货跌价准备、坏账准备等资产减值准备的转回实现了当年度的扭亏为盈，剩余绝大多数样本公司各年的坏账准备转回值占调整后营业利润比重均 <10%，表明浙江省上市公司利用坏账准备转回进行利润调增的现象并不多，此外，每年还有个别公司的坏账准备转回 <0，对当年利润进行了调减。

表 2 - 152   2007—2011 年浙江省上市公司坏账
准备转回数据统计   单位：家

		2007 年	2008 年	2009 年	2010 年	2011 年
坏账准备转回 >0 的上市公司数		16	26	14	27	36
占样本公司总数的百分比		16/121 = 13.22%	26/129 = 20.16%	13/143 = 9.09%	27/194 = 13.92%	36/208 = 17.31%
坏账准备转回 <0 的上市公司数		1	2	4	2	5
占样本公司总数的百分比		1/121 = 0.83%	2/129 = 1.55%	4/143 = 2.8%	2/194 = 1.03%	5/208 = 2.4%
其中：坏账准备转回值占调整后营业利润百分比（仅指坏账准备转回 >0 情况下）	>100%	0	0	1	0	0
	50%—100%	0	0	0	1	1
	10%—50%	3	1	1	1	5
	0—10%	13	25	12	25	29

注：调整后的营业利润 = │营业利润 – 坏账准备转回│。

第七，上海市。

对上海市上市公司5个年度内发生坏账准备转回的数据进行统计（见表2-153），可以发现5个年度发生坏账准备转回的上海市上市公司数占样本上市公司总数的比重在32%—53%，和其他东部省市相比较高，说明更多的上海市上市公司将坏账准备转回作为主要的利润调节的工具。虽然个别公司通过坏账准备转回实现了扭亏为盈，但大多数公司当年的坏账准备转回值占调整后营业利润比重均 <10%，此外，还有个别公司的坏账准备转回 <0，对当年利润进行了调减。

表 2 – 153　　　　　　　2007—2011 年上海市上市公司坏账
准备转回数据统计　　　　　　　　　单位：家

		2007 年	2008 年	2009 年	2010 年	2011 年
坏账准备转回 >0 的上市公司数		52	77	67	56	76
占样本公司总数的百分比		52/143 = 36.36%	77/148 = 52.03%	67/155 = 43.23%	56/174 = 32.18%	76/190 = 40%
坏账准备转回 <0 的上市公司数		0	0	3	3	0
占样本公司总数的百分比		0	0	3/155 = 1.94%	3/174 = 1.72%	0
其中：坏账准备转回值占调整后营业利润百分比（仅指坏账准备转回 >0 情况下）	>100%	2	2	1	0	1
	50%—100%	2	2	0	0	2
	10%—50%	3	10	6	4	3
	0—10%	45	63	60	52	70

注：调整后的营业利润 = │营业利润 – 坏账准备转回│。

第八，福建省。

对福建省上市公司 5 个年度内发生坏账准备转回的数据进行统计（见表 2 – 154），可以发现 5 个年度发生坏账准备转回的福建省上市公司数占样本上市公司总数的比重在 34%—50%，在东部省市中处于较高水平，说明福建更多的上市公司将坏账准备转回作为主要的利润调节手段。虽然个别公司通过坏账准备转回实现了扭亏为盈，但大多数公司当年的坏账准备转回值占调整后营业利润比重均 <10%，此外，2011 年还有 1 家公司的坏账准备转回 <0，对当年利润进行了调减。

第九，广东省。

对广东省上市公司 5 个年度内发生坏账准备转回的数据进行统计（见表 2 – 155），可以发现 5 个年度发生坏账准备转回的广东省上市公司数占样本上市公司总数的比重在 35%—48%，在东部各省市中处于较高水平，说明广东省更多的上市公司发生了坏账准备转回。虽然有一部分公司通过坏账准备转回实现了扭亏为盈，但大多数公司当年的坏账准备转回值占调整后营业利润比重均 <10%，此外，还有个别公司坏账准备转回 <0，对当年利润进行了调减。

表 2 – 154　　　　2007—2011 年福建省上市公司坏账
准备转回数据统计　　　　单位：家

		2007 年	2008 年	2009 年	2010 年	2011 年
坏账准备转回 >0 的上市公司数		22	27	22	28	27
占样本公司总数的百分比		22/49 = 44.9%	27/54 = 50%	22/56 = 39.29%	28/72 = 38.89%	27/78 = 34.62%
坏账准备转回 <0 的上市公司数		0	0	0	0	1
占样本公司总数的百分比		0	0	0	0	1/78 = 1.28%
其中：坏账准备转回值占调整后营业利润百分比（仅指坏账准备转回 >0 的情况下）	>100%	0	1	0	0	0
	50%—100%	2	3	1	0	1
	10%—50%	4	2	1	2	2
	0—10%	16	21	20	26	24

注：调整后的营业利润 = │营业利润 – 坏账准备转回│。

表 2 – 155　　　　2007—2011 年广东省上市公司坏账
准备转回数据统计　　　　单位：家

		2007 年	2008 年	2009 年	2010 年	2011 年
坏账准备转回 >0 的上市公司数		67	87	113	112	136
占样本公司总数的百分比		67/188 = 35.64%	87/191 = 45.55%	113/240 = 47.08%	112/295 = 37.97%	136/334 = 40.72%
坏账准备转回 <0 的上市公司数		1	2	3	3	0
占样本公司总数的百分比		1/188 = 0.53%	2/191 = 1.05%	3/240 = 1.25%	3/295 = 1.02%	0
其中：坏账准备转回值占调整后营业利润百分比（仅指坏账准备转回 >0 的情况下）	>100%	2	2	3	4	4
	50%—100%	4	1	1	1	2
	10%—50%	6	12	8	8	9
	0—10%	55	72	101	99	121

注：调整后的营业利润 = │营业利润 – 坏账准备转回│。

第十，海南省。

对海南省上市公司 5 个年度内发生坏账准备转回的数据进行统计（见表 2－156），可以发现 5 个年度发生坏账准备转回的海南省上市公司数占样本上市公司总数的比重在 24%—50%，在东部各省市中处于较高水平，说明海南省更多的上市公司发生了坏账准备转回。虽然个别公司通过坏账准备转回实现了扭亏为盈，但大多数公司当年的坏账准备转回值占调整后营业利润比重均＜10%，此外，2008 年还有 1 家公司的坏账准备转回＜0，对当年利润进行了调减。

表 2－156　　　　　　　2007—2011 年海南省上市公司坏账
准备转回数据统计　　　　　　　　单位：家

		2007 年	2008 年	2009 年	2010 年	2011 年
坏账准备转回＞0 的上市公司数		8	6	6	11	6
占样本公司总数的百分比		8/20 = 40%	6/20 = 30%	6/21 = 28.57%	11/22 = 50%	6/25 = 24%
坏账准备转回＜0 的上市公司数		0	1	0	0	0
占样本公司总数的百分比		0	1/20 = 5%	0	0	0
其中：坏账准备转回值占调整后营业利润百分比（仅指坏账准备转回＞0 的情况下）	＞100%	0	1	0	0	0
	50%—100%	1	0	0	0	0
	10%—50%	1	0	0	1	0
	0—10%	6	4	6	10	5

注：调整后的营业利润 = │营业利润 - 坏账准备转回│。

2. 中部地区各省市上市公司

第一，河南省。

对河南省上市公司 5 个年度内发生坏账准备转回的数据进行统计（见表 2－157），可以发现 5 个年度发生坏账准备转回的河南省上市公司数占样本上市公司总数的比重在 28%—40%，该比重在中

部各省中处于一般水平，说明河南省多数上市公司未将坏账准备转
回作为主要的利润调节手段。豫能控股（001896）2007 年坏账准备
转回值占调整后营业利润比重超过 500%，并且通过坏账准备、存
货跌价准备等资产减值准备的转回实现了当年的扭亏为盈；银鸽实
业（600069）2010 年坏账准备转回值占调整后营业利润比重超过
150%；除此之外，大多数公司当年的坏账准备转回值占调整后营
业利润比重均 < 10%；此外，还有个别公司的坏账准备转回 < 0，
对当年利润进行了调减。

表 2 - 157　　　　　　　2007—2011 年河南省上市公司坏账

准备转回数据统计　　　　　　　单位：家

		2007 年	2008 年	2009 年	2010 年	2011 年
坏账准备转回 >0 的上市公司数		11	16	13	19	18
占样本公司总数的百分比		11/38 = 28.95%	16/40 = 40%	13/43 = 30.23%	19/54 = 35.19%	18/62 = 29.03%
坏账准备转回 <0 的上市公司数		0	0	1	0	0
占样本公司总数的百分比		0	0	1/43 = 2.33%	0	0
其中：坏账准备转回值占调整后营业利润百分比（仅指坏账准备转回 >0 的情况下）	>100%	1	0	0	1	0
	50%—100%	0	0	0	0	0
	10%—50%	1	3	2	1	2
	0—10%	9	13	11	16	16

注：调整后的营业利润 = │营业利润 - 坏账准备转回│。

第二，湖北省。

对湖北省上市公司 5 个年度内发生坏账准备转回的数据进行统
计（见表 2 - 158），可以发现 5 个年度发生坏账准备转回的湖北省
上市公司数占样本上市公司总数的比重在 19%—32%，该比重和其
他中部省份相比较低，说明湖北省大多数上市公司并未将坏账准备
转回作为主要的利润调节的工具。虽然个别公司通过坏账准备转回

实现了扭亏为盈，但大多数公司当年的坏账准备转回值占调整后营业利润比重均＜10%。此外，每年还有个别公司的坏账准备转回＜0，对当年利润进行了调减。

表 2 –158　　　　　2007—2011 年湖北省上市公司坏账

准备转回数据统计　　　　　　　　　单位：家

		2007 年	2008 年	2009 年	2010 年	2011 年
坏账准备转回＞0 的上市公司数		12	16	20	22	21
占样本公司总数的百分比		12/61 = 19.67%	16/61 = 26.23%	20/63 = 31.75%	22/71 = 30.99%	21/78 = 26.92%
坏账准备转回＜0 的上市公司数		2	2	1	1	1
占样本公司总数的百分比		2/61 = 3.28%	2/61 = 3.28%	1/63 = 1.59%	1/63 = 1.59%	1/63 = 1.59%
其中：坏账准备转回值 占调整后营业利润百分 比（仅指坏账准备转 回＞0的情况下）	＞100%	0	1	1	0	1
	50%—100%	0	0	0	1	0
	10%—50%	0	1	0	1	2
	0—10%	12	14	19	20	18

注：调整后的营业利润 = │营业利润 – 坏账准备转回│。

　　第三，湖南省。

　　对湖南省上市公司 5 个年度内发生坏账准备转回的数据进行统计（见表 2 –159），可以发现 5 个年度发生坏账准备转回的湖南省上市公司数占样本上市公司总数的比重在 31%—46%，和其他中部省份相比较高，说明湖南省较多的上市公司将坏账准备转回作为主要的利润调节手段。虽然个别公司通过坏账准备转回实现了扭亏为盈，但大多数公司当年的坏账准备转回值占调整后营业利润比重均＜10%。此外，每年还有个别公司的坏账准备转回＜0，对当年利润进行了调减。

表 2－159　　　　　　　　2007—2011 年湖南省上市公司坏账

准备转回数据统计　　　　　　单位：家

		2007 年	2008 年	2009 年	2010 年	2011 年
坏账准备转回 >0 的上市公司数		14	21	22	21	22
占样本公司总数的百分比		14/44 = 31.82%	21/46 = 45.65%	22/50 = 44%	21/55 = 38.18%	22/68 = 32.35%
坏账准备转回 <0 的上市公司数		2	0	0	0	1
占样本公司总数的百分比		2/44 = 4.55%	0	0	0	1/68 = 4.7%
其中：坏账准备转回值占调整后营业利润百分比（仅指坏账准备转回 >0 的情况下）	>100%	1	1	2	1	0
	50%—100%	1	0	0	1	1
	10%—50%	2	4	2	3	1
	0—10%	10	16	18	16	21

注：调整后的营业利润 = │营业利润 - 坏账准备转回│。

第四，安徽省。

对安徽省上市公司 5 个年度内发生坏账准备转回的数据进行统计（见表 2－160），可以发现 5 个年度发生坏账准备转回的安徽省上市公司数占样本上市公司总数的比重在 23%—40%，在中部各省中处于一般水平，说明将坏账准备转回作为主要的利润调节工具的安徽省上市公司并不多。虽然个别公司通过坏账准备转回实现了扭亏为盈，但大多数公司当年的坏账准备转回值占调整后营业利润比重均 <10%。此外，2008 年还有 2 家公司的坏账准备转回 <0，对当年利润进行了调减。

第五，山西省。

对山西省上市公司 5 个年度内发生坏账准备转回的数据进行统计（见表 2－161），可以发现 5 个年度发生坏账准备转回的山西省上市公司数占样本上市公司总数的比重在 25%—45%，在中部各省中处于较高水平，说明山西省部分上市公司将坏账准备转回作为主要的利润调节的工具。虽然个别公司通过坏账准备转回实现了扭亏为盈，但大多数公司当年的坏账准备转回值占调整后营业利润比重均 <10%。

表 2 – 160　　　　2007—2011 年安徽省上市公司坏账
准备转回数据统计　　　　单位：家

		2007 年	2008 年	2009 年	2010 年	2011 年
坏账准备转回 >0 的上市公司数		14	22	18	15	16
占样本公司总数的百分比		14/53 = 26.42%	22/55 = 40%	18/57 = 31.58%	15/61 = 24.59%	16/68 = 23.53%
坏账准备转回 <0 的上市公司数		0	2	0	0	0
占样本公司总数的百分比		0	2/55 = 3.64%	0	0	0
其中：坏账准备转回值占调整后营业利润百分比（仅指坏账准备转回 >0 的情况下）	>100%	0	1	0	0	0
	50%—100%	0	3	0	0	0
	10%—50%	0	1	1	1	0
	0—10%	14	17	17	14	16

注：调整后的营业利润 = │营业利润 – 坏账准备转回│。

表 2 – 161　　　　2007—2011 年山西省上市公司坏账
准备转回数据统计　　　　单位：家

		2007 年	2008 年	2009 年	2010 年	2011 年
坏账准备转回 >0 的上市公司数		9	13	12	8	9
占样本公司总数的百分比		9/29 = 31.03%	13/29 = 44.83%	12/29 = 41.38%	8/31 = 25.81%	9/34 = 26.47%
坏账准备转回 <0 的上市公司数		0	0	0	0	0
占样本公司总数的百分比		0	0	0	0	0
其中：坏账准备转回值占调整后营业利润百分比（仅指坏账准备转回 >0 的情况下）	>100%	2	1	0	1	1
	50%—100%	0	1	1	0	0
	10%—50%	1	1	2	2	0
	0—10%	6	10	9	5	8

注：调整后的营业利润 = │营业利润 – 坏账准备转回│。

第六，江西省。

对江西省上市公司5个年度内发生坏账准备转回的数据进行统计（见表2 - 162），可以发现5个年度发生坏账准备转回的江西省上市公司数占样本上市公司总数的比重在15%—29%，和其他中部省份相比较低，说明江西省大多数上市公司并未将坏账准备转回作为主要的利润调节工具。虽然个别公司通过坏账准备转回实现了扭亏为盈，但大多数公司当年的坏账准备转回值占调整后营业利润的比重均<10%，此外，还有个别公司的坏账准备转回<0，对当年利润进行了调减。

表2 - 162　　　　　2007—2011年江西省上市公司坏账
准备转回数据统计　　　　　　　单位：家

		2007年	2008年	2009年	2010年	2011年
坏账准备转回>0的上市公司数		4	7	5	5	9
占样本公司总数的百分比		4/26 = 15.38%	7/26 = 26.92%	5/26 = 19.23%	5/31 = 16.13%	9/32 = 28.13%
坏账准备转回<0的上市公司数		0	0	1	2	0
占样本公司总数的百分比		0	0	1/26 = 3.85%	2/31 = 6.45%	0
其中：坏账准备转回值占调整后营业利润百分比（仅指坏账准备转回>0的情况下）	>100%	0	0	0	1	0
	50%—100%	1	0	0	0	1
	10%—50%	1	0	0	0	0
	0—10%	2	7	5	4	8

注：调整后的营业利润 = │营业利润 - 坏账准备转回│。

3. 西部地区各省市上市公司

第一，内蒙古自治区。

对内蒙古自治区上市公司5个年度内发生坏账准备转回的数据进行统计（见表2 - 163），可以发现5个年度发生坏账准备转回的内蒙古自治区上市公司数占样本上市公司总数的比重在22%—

39%，发生坏账准备转回的公司数各个年度变化不大，该比重和其他西部省市区相比，处于较低水平，说明内蒙古自治区大多数上市公司未将坏账准备转回作为主要的利润调节手段。大多数公司当年的坏账准备转回值占调整后营业利润比重均＜10%。

表 2 - 163　　　　2007—2011 年内蒙古自治区上市公司
坏账准备转回数据统计　　　　单位：家

		2007 年	2008 年	2009 年	2010 年	2011 年
坏账准备转回＞0 的上市公司数		7	6	4	7	5
占样本公司总数的百分比		7/18 = 38.89%	6/18 = 33.33%	4/18 = 22.22%	7/19 = 36.84%	5/20 = 25%
坏账准备转回＜0 的上市公司数		0	0	0	0	0
占样本公司总数的百分比		0	0	0	0	0
其中：坏账准备转回值占调整后营业利润百分比（仅指坏账准备转回＞0的情况下）	＞100%	0	0	0	0	0
	50%—100%	0	0	0	0	0
	10%—50%	1	1	0	0	0
	0—10%	6	5	4	7	5

注：调整后的营业利润 = │营业利润 – 坏账准备转回│。

第二，甘肃省。

对甘肃省上市公司 5 个年度内发生坏账准备转回的数据进行统计（见表 2 - 164），可以发现 5 个年度发生坏账准备转回的甘肃省上市公司数占样本上市公司总数的比重在12%—41%，该比重在西部各省市区中处于较低水平，表明甘肃省多数上市公司未将坏账准备作为主要的利润调节手段。虽然个别公司通过坏账准备转回实现了扭亏为盈，但大多数公司当年的坏账准备转回值占调整后营业利润比重均＜10%。

第三，宁夏回族自治区。

对宁夏回族自治区上市公司 5 个年度内发生坏账准备转回的数据进行统计（见表 2 - 165），可以发现 5 个年度发生坏账准备转回

表 2 – 164 　　　　　2007—2011 年甘肃省上市公司坏账

准备转回数据统计 　　　　　　单位：家

		2007 年	2008 年	2009 年	2010 年	2011 年
坏账准备转回 >0 的上市公司数		5	3	8	9	3
占样本公司总数的百分比		5/19 = 26.32%	3/20 = 15%	8/21 = 38.1%	9/22 = 40.91%	3/24 = 12.5%
坏账准备转回 <0 的上市公司数		0	0	0	0	0
占样本公司总数的百分比		0	0	0	0	0
其中：坏账准备转回值占调整后营业利润百分比（仅指坏账准备转回 >0 的情况下）	>100%	1	0	1	0	0
	50%—100%	1	0	0	0	0
	10%—50%	0	0	2	4	0
	0—10%	4	3	5	5	3

　　注：调整后的营业利润 = │营业利润 – 坏账准备转回│。

　　的宁夏回族自治区上市公司数占样本上市公司总数的比重在 16%—64%，较西部其他省市区高出很多，说明多数公司将坏账准备转回作为主要的利润调节手段。虽然个别公司通过坏账准备转回实现了扭亏为盈，如 2007 年中银绒业（000982）的坏账准备转回值占调整后营业利润的比重超过 207%，2008 年银星能源（000862）的坏账准备转回值占调整后营业利润的比重超过 2600%，2011 年新日恒力（600165）的坏账准备转回值占调整后营业利润的比重超过 66%，但大多数公司当年的坏账准备转回值占调整后营业利润的比重均 <10%，此外，还有个别公司的坏账准备转回 <0，对当年利润进行了调减。

　　第四，新疆维吾尔自治区。

　　对新疆维吾尔自治区上市公司 5 个年度内发生坏账准备转回的数据进行统计（见表 2 – 166），可以发现 5 个年度发生坏账准备转回的新疆维吾尔自治区上市公司数占样本上市公司总数的比重在 10%—36%，在西部各省市区中处于较低水平，说明新疆维吾尔自治区大多数上市公司并未将坏账准备转回作为主要的利润调节手段。虽然个别公司通过坏账准备转回实现了扭亏为盈，但大多数公司当年的坏账准备转回值占调整后营业利润比重均 < 10% ，此外，还有个别公司的坏账准备转回 <0，对当年利润进行了调减。

表 2 –165 　　　　　 2007—2011 年宁夏回族自治区上市

公司坏账准备转回数据统计 　　　　　 单位：家

		2007 年	2008 年	2009 年	2010 年	2011 年
坏账准备转回 >0 的上市公司数		7	5	4	2	4
占样本公司总数的百分比		7/11 = 63. 64%	5/11 = 45. 46%	4/11 = 36. 36%	2/12 = 16. 67%	4/12 = 33. 33%
坏账准备转回 <0 的上市公司数		0	0	0	1	0
占样本公司总数的百分比		0	0	0	1/12 = 8. 33%	0
其中：坏账准备转回值占调整后营业利润百分比（仅指坏账准备转回 >0的情况下）	>100%	1	1	0	0	0
	50%—100%	0	0	0	0	1
	10%—50%	2	2	0	0	1
	0—10%	4	2	4	2	2

注：调整后的营业利润 = │营业利润 – 坏账准备转回│。

表 2 –166 　　　　 2007—2011 年新疆维吾尔自治区上市公司

坏账准备转回数据统计 　　　　　 单位：家

		2007 年	2008 年	2009 年	2010 年	2011 年
坏账准备转回 >0 的上市公司数		3	6	11	9	13
占样本公司总数的百分比		3/30 = 10%	6/32 = 18. 75%	11/34 = 32. 35%	9/36 = 25%	13/37 = 35. 14%
坏账准备转回 <0 的上市公司数		0	1	2	0	1
占样本公司总数的百分比		0	1/32 = 3. 125%	2/34 = 5. 88%	0	1/37 = 2. 7%
其中：坏账准备转回值占调整后营业利润百分比（仅指坏账准备转回 >0的情况下）	>100%	0	0	1	0	0
	50%—100%	0	0	0	1	1
	10%—50%	1	1	0	1	2
	0—10%	2	5	10	7	10

注：调整后的营业利润 = │营业利润 – 坏账准备转回│。

第五，青海省。

对青海省上市公司 5 个年度内发生坏账准备转回的数据进行统计（见表 2－167），可以发现 5 个年度发生坏账准备转回的青海省上市公司数占样本上市公司总数的比重在 22%—56%，在西部各省市区中处于较高水平，说明青海省多数上市公司都将坏账准备转回作为主要的利润调节工具。但大多数公司当年的坏账准备转回值占调整后营业利润比重＜10%。

表 2－167　　　　2007—2011 年青海省上市公司坏账
准备转回数据统计　　　　单位：家

		2007 年	2008 年	2009 年	2010 年	2011 年
坏账准备转回＞0 的上市公司数		2	5	4	5	4
占样本公司总数的百分比		2/9 = 22.22%	5/9 = 55.56%	4/9 = 44.44%	5/9 = 55.56%	4/10 = 40%
坏账准备转回＜0 的上市公司数		0	0	0	0	0
占样本公司总数的百分比		0	0	0	0	0
其中：坏账准备转回值占调整后营业利润百分比（仅指坏账准备转回＞0 的情况下）	＞100%	0	0	0	0	0
	50%—100%	0	0	0	0	0
	10%—50%	1	0	0	0	0
	0—10%	1	5	4	5	10

注：调整后的营业利润 = │营业利润－坏账准备转回│。

第六，西藏自治区。

对西藏自治区上市公司 5 个年度内发生坏账准备转回的数据进行统计（见表 2－168），可以发现 5 个年度发生坏账准备转回的西藏自治区上市公司数占样本上市公司总数的比重在 14%—50%，在西部各省市区中处于较高水平，说明有较多上市公司进行坏账准备转回。虽然个别公司通过坏账准备转回实现了扭亏为盈，但多数公司当年的坏账准备转回值占调整后营业利润比重＜10%。

表 2 – 168 　　　　　 2007—2011 年西藏自治区上市公司

坏账准备转回数据统计 　　　　　 单位：家

		2007 年	2008 年	2009 年	2010 年	2011 年
坏账准备转回 >0 的上市公司数		1	3	4	2	3
占样本公司总数的百分比		1/7 = 14.29%	3/7 = 42.86%	4/8 = 50%	2/9 = 22.22%	3/9 = 33.33%
坏账准备转回 <0 的上市公司数		0	0	0	0	0
占样本公司总数的百分比		0	0	0	0	0
其中：坏账准备转回值	>100%	0	0	1	0	0
占调整后营业利润百分	50%—100%	0	1	1	0	0
比（仅指坏账准备转	10%—50%	0	1	1	1	1
回 >0的情况下）	0—10%	1	1	0	1	2

注：调整后的营业利润 = │营业利润 – 坏账准备转回│。

第七，贵州省。

对贵州省上市公司5个年度内发生坏账准备转回的数据进行统计（见表2 – 169），可以发现5个年度发生坏账准备转回的贵州省上市公司数占样本上市公司总数的比重在27%—50%，在西部各省市区中处于较高水平，说明贵州省较多上市公司进行了坏账准备转回。虽然个别公司通过坏账准备转回实现了扭亏为盈，但大多数公司当年的坏账准备转回值占调整后营业利润比重均 <10%。此外，2008 年还有1 家公司的坏账准备转回 <0，对当年利润进行了调减。

第八，陕西省。

对陕西省上市公司5个年度内发生坏账准备转回的数据进行统计（见表2 – 170），可以发现5个年度发生坏账准备转回的陕西省上市公司数占样本上市公司总数的比重在22%—47%，在西部各省市区中处于较高水平，表明部分上市公司将坏账准备转回作为主要的利润调节手段。大多数公司当年的坏账准备转回值占调整后营业利润比重均 <10%，此外，还有个别公司的坏账准备转回 <0，对当年利润进行了调减。

表 2 – 169 2007—2011 年贵州省上市公司坏账
准备转回数据统计 单位：家

		2007 年	2008 年	2009 年	2010 年	2011 年
坏账准备转回 >0 的上市公司数		9	5	8	6	7
占样本公司总数的百分比		9/18 = 50%	5/18 = 27.78%	8/18 = 44.44%	6/20 = 30%	7/20 = 35%
坏账准备转回 <0 的上市公司数		0	1	0	0	0
占样本公司总数的百分比		0	1/18 = 5.56%	0	0	0
其中：坏账准备转回值占调整后营业利润百分比（仅指坏账准备转回 >0 的情况下）	>100%	1	0	0	0	0
	50%—100%	0	0	0	1	0
	10%—50%	0	0	2	0	1
	0—10%	8	5	6	5	6

注：调整后的营业利润 = │营业利润 – 坏账准备转回│。

表 2 – 170 2007—2011 年陕西省上市公司坏账
准备转回数据统计 单位：家

		2007 年	2008 年	2009 年	2010 年	2011 年
坏账准备转回 >0 的上市公司数		11	13	9	12	8
占样本公司总数的百分比		11/24 = 45.83%	13/28 = 46.43%	9/29 = 31.03%	12/35 = 34.29%	8/36 = 22.22%
坏账准备转回 <0 的上市公司数		2	1	0	0	0
占样本公司总数的百分比		2/24 = 8.33%	1/28 = 3.57%	0	0	0
其中：坏账准备转回值占调整后营业利润百分比（仅指坏账准备转回 >0 的情况下）	>100%	0	0	0	0	0
	50%—100%	0	0	0	0	0
	10%—50%	1	3	1	2	0
	0—10%	10	10	8	10	8

注：调整后的营业利润 = │营业利润 – 坏账准备转回│。

第九，四川省。

对四川省上市公司5个年度内发生坏账准备转回的数据进行统计（见表2-171），可以发现5个年度发生坏账准备转回的四川省上市公司数占样本上市公司总数的比重在19%—32%，在西部各省市区中处于较低水平。说明四川省大多数上市公司并未将坏账准备转回作为主要的利润调节的工具。虽然一些公司通过坏账准备转回实现了扭亏为盈，但大多数公司当年的坏账准备转回值占调整后营业利润比重均<10%。

表2-171　　　　2007—2011年四川省上市公司坏账

准备转回数据统计　　　　　　单位：家

		2007年	2008年	2009年	2010年	2011年
坏账准备转回>0的上市公司数		16	21	20	18	17
占样本公司总数的百分比		16/59 = 27.12%	21/66 = 31.82%	20/70 = 28.57%	18/82 = 21.95%	17/87 = 19.54%
坏账准备转回<0的上市公司数		0	1	2	0	0
占样本公司总数的百分比		0	1/66 = 1.52%	2/70 = 2.86%	0	0
其中：坏账准备转回值占调整后营业利润百分比（仅指坏账准备转回>0的情况下）	>100%	2	2	2	0	0
	50%—100%	1	1	0	0	0
	10%—50%	2	1	2	3	1
	0—10%	11	17	16	15	16

注：调整后的营业利润 = |营业利润 - 坏账准备转回|。

第十，重庆市。

对重庆市上市公司5个年度内发生坏账准备转回的数据进行统计（见表2-172），可以发现5个年度发生坏账准备转回的重庆市上市公司数占样本上市公司总数的比重在29%—43%，和西部各省市区的一般水平持平。说明重庆市大多数上市公司并未将坏账准备转回作为主要的利润调节的工具。虽然个别公司通过坏账准备转回

实现了扭亏为盈，但大多数公司当年的坏账准备转回值占调整后营
业利润比重均＜10%。

表 2－172　　　　　2007—2011 年重庆市上市公司坏账
准备转回数据统计　　　　　单位：家

	2007 年	2008 年	2009 年	2010 年	2011 年
坏账准备转回＞0 的上市公司数	10	11	8	12	13
占样本公司总数的百分比	10/26 = 38.46%	11/26 = 42.31%	8/27 = 29.63%	12/31 = 38.71%	13/34 = 38.24%
坏账准备转回＜0 的上市公司数	1	0	0	0	0
占样本公司总数的百分比	1/26 = 3.85%	0	0	0	0
其中：坏账准备转回值占调整后营业利润百分比（仅指坏账准备转回＞0 的情况下）　＞100%	1	0	0	1	0
50%—100%	0	1	0	0	0
10%—50%	1	4	1	1	2
0—10%	8	6	7	10	11

注：调整后的营业利润 = │营业利润 – 坏账准备转回│。

第十一，云南省。

对云南省上市公司 5 个年度内发生坏账准备转回的数据进行统
计（见表 2－173），可以发现 5 个年度发生坏账准备转回的云南省
上市公司数占样本上市公司总数的比重在 38%—58%，在西部省市
中处于较高水平，说明云南省有较多上市公司进行了坏账准备转回。
说明云南省大多数上市公司并未将坏账准备转回作为主要的利润调节
的工具。虽然个别公司通过坏账准备转回实现了扭亏为盈，但大多数
公司当年的坏账准备转回值占调整后营业利润比重均＜10%。

第十二，广西壮族自治区。

对广西壮族自治区上市公司 5 个年度内发生坏账准备转回的数
据进行统计（见表 2－174），可以发现 5 个年度发生坏账准备转回
的广西壮族自治区上市公司数占样本上市公司总数的比重在 26%—

45%，和西部各省市区的一般水平持平，说明广西壮族自治区上市公司并未将坏账准备转回作为主要的利润调节的工具。虽然个别公司通过坏账准备转回实现了扭亏为盈，但大多数公司当年的坏账准备转回值占调整后营业利润比重均<10%。

表 2 - 173　　　　2007—2011 年云南省上市公司坏账准备

转回数据统计　　　　　　　　　　单位：家

		2007 年	2008 年	2009 年	2010 年	2011 年
坏账准备转回 >0 的上市公司数		10	10	13	16	15
占样本公司总数的百分比		10/25 = 40%	10/26 = 38.46%	13/26 = 50%	16/28 = 57.14%	15/28 = 53.57%
坏账准备转回 <0 的上市公司数		0	0	1	0	0
占样本公司总数的百分比		0	0	1/26 = 3.85%	0	0
其中：坏账准备转回值占调整后营业利润百分比（仅指坏账准备转回 >0 的情况下）	>100%	0	0	0	0	1
	50%—100%	0	2	0	0	0
	10%—50%	1	0	0	1	0
	0—10%	9	8	13	15	14

注：调整后的营业利润 = │营业利润 - 坏账准备转回│。

表 2 - 174　　　　2007—2011 年广西壮族自治区上市公司坏账

准备转回数据统计　　　　　　　　　　单位：家

		2007 年	2008 年	2009 年	2010 年	2011 年
坏账准备转回 >0 的上市公司数		10	9	7	12	8
占样本公司总数的百分比		10/25 = 40%	9/25 = 36%	7/26 = 26.92%	12/27 = 44.44%	8/29 = 27.59%
坏账准备转回 <0 的上市公司数		0	0	0	0	0
占样本公司总数的百分比		0	0	0	0	0
其中：坏账准备转回值占调整后营业利润百分比（仅指坏账准备转回 >0 的情况下）	>100%	1	0	1	0	0
	50%—100%	0	1	0	0	0
	10%—50%	3	1	1	1	1
	0—10%	6	7	5	11	7

注：调整后的营业利润 = │营业利润 - 坏账准备转回│。

4. 东北地区各省上市公司

第一，辽宁省。

对辽宁省上市公司 5 个年度内发生坏账准备转回的数据进行统计（见表 2-175），可以发现 5 个年度发生坏账准备转回的辽宁省上市公司数占样本上市公司总数的比重在 24%—43%，说明辽宁省大多数上市公司并未将坏账准备转回作为主要的利润调节的工具，发生转回的公司数最多出现在 2010 年和 2011 年。以 ST 金杯（600609）为例，2007 年和 2011 年两个年度发生的坏账准备转回值占调整后营业利润百分比均超过了 1000%，并且通过坏账准备、存货跌价准备等资产减值准备的转回实现了当年度的扭亏为盈，除此之外，大多数公司当年的坏账准备转回值占调整后的营业利润比重均 <10%，2010 年还有 1 家公司的坏账准备转回 <0，对当年利润进行了调减。

表 2-175 　　　　2007—2011 年辽宁省上市公司坏账

准备转回数据统计 　　　　　　　　　单位：家

		2007 年	2008 年	2009 年	2010 年	2011 年
坏账准备转回 >0 的上市公司数		18	19	12	21	21
占样本公司总数的百分比		18/43 = 41.86%	19/45 = 42.22%	12/50 = 24%	21/56 = 37.5%	21/60 = 35%
坏账准备转回 <0 的上市公司数		0	0	0	1	0
占样本公司总数的百分比		0	0	0	1/56 = 1.79%	0
其中：坏账准备转回值占调整后营业利润百分比（仅指坏账准备转回 >0 的情况下）	>100%	3	0	1	2	1
	50%—100%	0	1	0	0	1
	10%—50%	2	1	1	2	0
	0—10%	13	17	10	16	19

注：调整后的营业利润 = │营业利润 - 坏账准备转回│。

第二，吉林省。

对吉林省上市公司 5 个年度内发生坏账准备转回的数据进行统计（见表 2 – 176），可以发现 5 个年度发生坏账准备转回的吉林省上市公司数占样本上市公司总数的比重在 12%—34%，说明当地上市公司并未将坏账准备转回作为主要的利润调节的工具。虽然个别公司通过坏账准备转回实现了扭亏为盈，但大多数公司当年的坏账准备转回值占调整后营业利润比重均 < 10%。此外，还有个别公司的坏账准备转回 < 0，对当年利润进行了调减。

表 2 – 176　　　　　　　2007—2011 年吉林省上市公司
坏账准备转回数据统计　　　　　　　单位：家

		2007 年	2008 年	2009 年	2010 年	2011 年
坏账准备转回 >0 的上市公司数		4	7	8	9	12
占样本公司总数的百分比		4/32 = 12.5%	7/33 = 21.21%	8/33 = 24.24%	9/36 = 25%	12/36 = 33.33%
坏账准备转回 <0 的上市公司数		0	1	0	1	1
占样本公司总数的百分比		0	1/33 = 3.03%	0	1/36 = 2.78%	1/36 = 2.78%
其中：坏账准备转回值占调整后营业利润百分比（仅指坏账准备转回 >0 的情况下）	>100%	0	1	1	2	0
	50%—100%	0	0	1	0	1
	10%—50%	0	0	1	0	4
	0—10%	4	6	5	7	7

注：调整后的营业利润 = │营业利润 – 坏账准备转回│。

第三，黑龙江省。

对黑龙江省上市公司 5 个年度内发生坏账准备转回的数据进行统计（见表 2 – 177），可以发现 5 个年度发生坏账准备转回的黑龙江省上市公司数占样本上市公司总数的比重在 23%—39%，说明将坏账准备转回作为主要利润调节手段的上市公司并不多。虽然个别公司通过坏账准备转回实现了扭亏为盈，但大多数公司当年的坏账

准备转回值占调整后营业利润比重均<10%。此外，2007年还有1
家公司的坏账准备转回<0，对当年利润进行了调减。

表2-177　　　　2007—2011年黑龙江省上市公司坏账
准备转回数据统计　　　　　单位：家

		2007 年	2008 年	2009 年	2010 年	2011 年
坏账准备转回>0 的上市公司数		6	10	7	8	7
占样本公司总数的百分比		6/26 = 23.08%	10/26 = 38.46%	7/25 = 28%	8/30 = 26.67%	7/30 = 23.33%
坏账准备转回<0 的上市公司数		1	0	0	0	0
占样本公司总数的百分比		1/26 = 3.85%	0	0	0	0
其中：坏账准备转回值占调整后营业利润百分比（仅指坏账准备转回>0的情况下）	>100%	0	1	0	0	2
	50%—100%	0	0	0	0	0
	10%—50%	1	1	2	1	0
	0—10%	5	8	5	7	5

注：调整后的营业利润=│营业利润-坏账准备转回│。

5."坏账准备转回"会计政策相关数据的汇总分析

将以上各省市区有关坏账准备转回的数据进行汇总（见
表2-178），发现西部12省市自治区发生坏账准备转回的上市公司
占各省市区样本公司总数的比重明显高于中部和东部省市区，说明
西部省市自治区的上市公司更多利用了存货跌价准备转回会计政策
进行利润调节。再将坏账准备转回数据同上述存货跌价准备转回数
据进行比较可以发现，无论东部、中部、西部该比重都明显高于存
货跌价准备的数值，很显然，在两个资产减值准备转回政策之中，
上市公司更偏好使用坏账准备转回。

此外，通过对发生坏账准备转回公司比重最高年份的统计（见
表2-179）可以发现，各地区、各省市区上市公司进行坏账准备转
回较多发生在2008年，这应该和宏观经济走势有关。2008年发生

了国际金融危机，导致企业的利润减少，为了避免利润下降带来的不良影响，各上市公司有利用坏账准备转回来调增利润的倾向。但是不得不提的是，从各年度发生的坏账准备转回值占调整后营业利润百分比来看，绝大多数的东部、中部、西部上市公司均未超过10%，说明其对当年度利润的影响并不大，因此，坏账准备转回并不是上市公司进行利润调节的最主要会计政策。

表 2 - 178　　　　2007—2011 年 31 省市自治区进行坏账
准备转回公司数占样本公司总数百分比

年份	东部地区		中部地区		西部地区		东北地区	
2007—2011	北京	31%—43%	河南	28%—40%	内蒙古	22%—39%	辽宁	24%—43%
	天津	24%—56%	湖北	23%—32%	甘肃	12%—41%	吉林	12%—34%
	河北	27%—45%	湖南	32%—46%	宁夏	16%—64%	黑龙江	23%—39%
	山东	18%—37%	安徽	23%—40%	新疆	10%—36%		
	江苏	22%—35%	山西	25%—45%	青海	22%—56%		
	浙江	9%—21%			西藏	14%—50%		
	上海	32%—53%			贵州	27%—50%		
	福建	34%—50%			陕西	22%—47%		
	广东	35%—48%	江西	15%—29%	四川	19%—32%		
					重庆	29%—43%		
	海南	24%—50%			云南	38%—58%		
					广西	26%—45%		

资料来源：根据 5 个年度上市公司年报数据整理所得。

表 2 - 179　　　　2007—2011 年 31 省市自治区坏账准备转回
公司数占样本公司总数比重最高的年份

东部地区	年份	中部地区	年份	西部地区	年份	东北地区	年份
北京	2008	河南	2008	内蒙古	2007	辽宁	2008
天津	2008	湖北	2009	甘肃	2010	吉林	2011
河北	2007、2009	湖南	2008	宁夏	2007	黑龙江	2008
山东	2008	安徽	2008	新疆	2011		

续表

东部地区	年份	中部地区	年份	西部地区	年份	东北地区	年份
江苏	2008	山西	2008	青海	2008、2010		
浙江	2008			西藏	2009		
上海	2008			贵州	2007		
福建	2008			陕西	2008		
广东	2009	江西	2011	四川	2008		
				重庆	2008		
海南	2010			云南	2010		
				广西	2010		

资料来源：根据 5 个年度上市公司年报数据整理所得。

三　不同年度分地区上市公司代表性会计政策的基本特征分析

对采用代表性会计政策的上市公司，分东部、中部、西部、东北地区进行其会计政策选择的分析，进而比较东部、中部、西部、东北地区的代表性会计政策选择排名与其内外部影响因素的排名一致性及差异。

本书按照表 2-18 所示的区域划分法来分析各地区上市公司有关交易性金融资产确认、公允价值变动损益确认、坏账准备转回及研发支出费用化处理等代表性会计政策的基本特征。

（一）交易性金融资产确认

（1）通过将四个地区确认交易性金融资产的上市公司数同该地区样本公司总数进行比较（见表 2-180），发现比重最高的为东部地区，其次为中部地区及西部地区，东北地区在四个地区中比重最低，表明东部地区有更多的上市公司发生了交易性金融资产业务，而东北地区上市公司发生交易性金融资产业务最少。可以判断出，东部地区有更多的上市公司存在利用交易性金融资产确认会计政策进行利润平滑的动机。

表 2 – 180　　　　2007—2011 年四个地区确认交易性金融

资产的上市公司数据统计　　　　单位：家

年份	东部地区		中部地区		西部地区		东北地区	
	确认的公司数	占样本总数的百分比	确认的公司数	占样本总数的百分比	确认的公司数	占样本公司的百分比	确认的公司数	占样本公司的百分比
2007	209	209/878 = 23.8%	51	51/251 = 20.32%	46	46/271 = 16.97%	17	17/100 = 17%
2008	245	245/914 = 26.8%	66	66/257 = 25.68%	49	49/286 = 17.13%	14	14/104 = 13.46%
2009	282	282/1011 = 27.89%	66	66/268 = 24.63%	54	54/297 = 18.18%	18	18/108 = 16.67%
2010	283	283/1286 = 22%	56	56/303 = 18.48%	57	57/330 = 17.27%	14	14/122 = 11.48%
2011	335	335/1448 = 23.14%	53	53/342 = 15.5%	56	56/346 = 16.18%	18	18/126 = 14.29%

资料来源：沪深两市证券交易所网站。

但统计数据同时也显示，各地区确认交易性金融资产的公司比重都不算太高，最高比重也未超过28%，说明在众多可选择的会计政策中，大多数上市公司并未将交易性金融资产确认作为其平滑利润的主要手段。

（2）再对各地区上市公司确认的交易性金融资产占资产总额的百分比进行统计（见表2－181），同时通过曲线图加以区别（见图2－3）。四个地区中，东北地区上市公司各年度所确认的交易性金融资产占资产总额的百分比在0.04%—0.23%，各年之间变化幅度不大，表明东北地区对交易性金融资产业务的处理受经济、股市等外部环境的影响不明显。其他三个地区的折线变化趋势基本一致，都是在2008年和2009年达到最高点，随后呈下降趋势，而2010—2011年又有小幅上升。

表 2－181　2007—2011 年四个地区上市公司确认的交易性金融资产占资产总额的百分比

		2007 年	2008 年	2009 年	2010 年	2011 年
东部地区	确认的交易性金融资产（万元）	35913424	21168118.25	27091991.29	18200077.63	63148402.39
	资产总额（万元）	1093709 2438	2736547905.13	5577780262.03	6971101199	9581659060.63
	交易性金融资产占资产总额比重（%）	0.33	0.77	0.49	0.26	0.66
中部地区	确认的交易性金融资产（万元）	664474.3	626300.07	1025458.31	690531.06	723663.48
	资产总额（万元）	111169596	128551615.08	153423117.92	435358057.63	323988190.08
	交易性金融资产占资产总额比重（%）	0.6	0.49	0.67	0.16	0.22
西部地区	确认的交易性金融资产（万元）	112775.9	437731.69	821014.07	542368.92	1593179.19
	资产总额（万元）	89259285	103515173.58	155378722.33	172386369.69	226174221.06
	交易性金融资产占资产总额比重（%）	0.13	0.42	0.53	0.31	0.7
东北地区	确认的交易性金融资产（万元）	44165.56	22877.37	119936.2	189361.3	105635.31
	资产总额（万元）	28714279	52324461.08	63233154.38	81656850.73	94000169.23
	交易性金融资产占资产总额比重（%）	0.15	0.04	0.19	0.23	0.11

资料来源：沪深两市证券交易所网站。

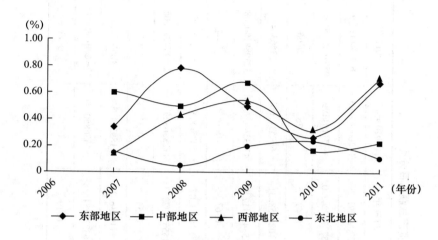

**图 2-3 四个地区上市公司各年度确认的交易性金融
资产占资产总额的百分比曲线图**

（3）下面将东部、中部、西部三个地区连续 5 年交易性金融资产占资产总额的比重同各年股指变化情况对照起来进行分析。沪深两市的股指（见表 2-182）从 2006 年到 2007 年呈上升趋势，到 2008 年底，由于金融危机及国内经济结构性调整的影响，股指跌入谷底，到了 2009 年底，股指出现反弹，2010 年及 2011 年又继续下跌。

表 2-182　　　　2007—2011 年深沪两市股指年末收盘价统计

	2006 年	2007 年	2008 年	2009 年	2010 年	2011 年
上证指数	2675.47	5261.56	1820.81	3277.14	2808.08	2199.42
深证成指	6647.14	17700.62	6485.51	13699.97	12458.55	8918.82

资料来源：沪深两市证券交易所网站。

通过比较图 2-3 和图 2-4，可以看出各年股指变化对各地区上市公司的交易性金融资产占资产总额比重的影响。2007 年末，随着股市持续上涨，风险加大，上市公司选择不断抛售交易性金融资产，该比重较低。到了 2008 年，股市持续下跌，逐渐到达最低点位，年末又反弹，基于逐利的动机，一些上市公司开始选择在低点位增加确认交易性金融资产，因此，2008 年底，上市公司的交易性金融资产占资产总额比重随之增加，这一点在东部地区和西部地区两个地区表现得比较明显，2007—2008 年在这两个地区该比重呈上升趋势，而中部地区对股指的变化反应有些滞后，其增加确认交易性金融资产发生在 2009 年。到了 2009 年，股指持续上涨，上市公司开始选择减持交易性金融资产，在东部、中部、西部三个地区该比重在 2009—2010 年都发生了下降。2010 年，股指持续下跌，上证指数和深证成指分别较 2009 年下降了 400 多点和 1200 多点，交易性金融资产持续减持，因此到 2010 年末在三个地区该比重都降到了 5 个年度中的较低点。到了 2011 年，上证指数持续下降 600 多点，最低至 2134 点，深证成指持续下降 3500 多点，最低跌至 8555 点，各地区上市公司开始选择增加确认交易性金融资产，因此在三个地区该比重出现上升趋势。

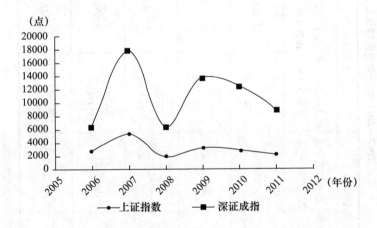

图 2 - 4　2007—2011 年深沪两市股指年末收盘价曲线图

（二）公允价值变动损益确认

通过对四个地区 2007—2011 年确认公允价值变动损益的上市公司数据进行统计（见表 2 - 183），发现各个年度四个地区在其年报中披露了公允价值变动损益确认情况的上市公司占本年样本公司总数

表2－183　　2007—2011年四个地区确认公允价值变动损益的上市公司数据统计

年份	东部地区		中部地区		西部地区		东北地区	
	确认公司占样本总数百分比	公允价值变动损益总额（万元）	确认公司占样本总数百分比	公允价值变动损益总额（万元）	确认公司占样本总数百分比	公允价值变动损益总额（万元）	确认公司占样本总数百分比	公允价值变动损益总额（万元）
2007	238/878 = 27.11%	427542.4	57/251 = 22.71%	212623.2	58/271 = 21.4%	50681.25	24/100 = 24%	19113.94
2008	262/914 = 28.67%	699244.43	61/257 = 23.74%	74843.62	48/286 = 16.78%	-114744.14	16/104 = 15.38%	-782.37
2009	275/1011 = 27.2%	-4041255.92	75/268 = 27.99%	54439.7	56/297 = 18.86%	36501.33	20/108 = 18.52%	19520.3
2010	339/1286 = 26.36%	10607133.7	65/303 = 21.45%	-45860.66	52/330 = 15.76%	-857430.35	17/122 = 13.93%	-6728.32
2011	306/1448 = 21.13%	1014841.58	69/342 = 20.18%	-52522.98	70/346 = 20.23%	-47495.53	20/126 = 15.87%	-9826.7

资料来源：沪深两市证券交易所网站。

的比重都在13%—29%，波动不大。

单从比重来看，东部地区明显要高于其他地区，中部地区和西部地区次之，最低的是东北地区，说明东部地区上市公司发生的公允价值业务要明显高于其他地区的上市公司。

从各年公允价值变动损益总额的变化情况来看（见图2-5），东部地区的图形最为陡峭，表明其各个年度的公允价值变动损益总额变化的幅度最大，2007—2008年走势较平稳，2008年开始大幅下跌并由正转负，并于2009年底到达最低点，2010年开始逐步回升，于2010年底达到5年中的最高点，随后又开始再一次下降。整个东部地区上市公司公允价值变动损益总额的变动与宏观经济的走向和市场环境的变化趋势基本一致。

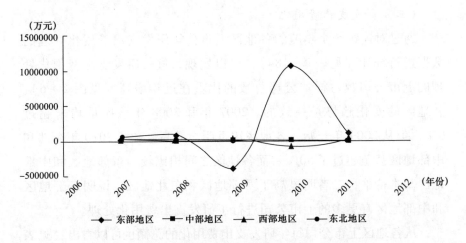

图2-5　2007—2011年四个地区上市公司确认的公允
价值变动损益总额曲线图

2007年之前的几个年度，我国GDP增长率均保持在10%以上。到了2008年，受全球金融危机以及国内宏观经济紧缩政策的影响，国内经济从前期的高速增长开始逐渐回落，2008年第三季度以来，我国经济明显下行。经过2008年和2009年两个年度的调整，2009年底经济完成触底以后，重新进入增长期。2010年，经济开始重新上行，当年就实现了 10.4% 的经济增长率。但到 2011 年，伴随着欧洲部分国家债务危机的蔓延以及美国经济的回调，世界经济呈现复苏乏力态势，中国经济增长速度也开始出现回落，全年的 GDP 增长率为 9.2%，与 2009 年的经济增长率持平。可见，宏观经济增长上升时期，上市公司公允价值变动损益也呈现上升趋势；宏观经济增长势头下跌，上市公司公允价值变动损益也开始下降。以上分析说明，今后上市公司的业绩不仅取决于企业自身的经营状况，在一定程度上也受到企业无法通过自身活动控制的市场环境的影响。

此外，各年中部、西部及东北地区的公允价值变动损益总额变化幅度不大，几乎重叠，表明其上市公司公允价值业务相对较少，并且受外部市场影响较小。

（三）研发支出费用化

通过对连续 5 个年度的各地区上市公司研发支出费用化处理的数据进行统计（见表 2 - 184），可以发现，进行研发支出费用化处理的上市公司数占样本公司总数的比重在逐年增高（见图 2 - 6），各地区的变化趋势是一致的。2007 年和 2008 年该比重均未超过 6%，但从 2009 年开始，各地区比重明显升高，到了 2010 年东部和中部地区甚至超过了 50%。而各地区之间相比较，东部地区和中部地区基本持平，二者明显高于西部地区和东北地区，说明东部地区和中部地区有更多的上市公司进行了研发支出费用化处理。

从各地区上市公司每年研发支出费用化的总额也可以看出（见表 2 - 184），其数值在逐年增加，特别是东部和中部地区增长较为明显。但将各地区之间进行比较可以发现（见图 2 - 7），2009 年之后中部地区持续增长，东部地区在 2011 年却有所下降，而西部和东北地区各年度的研发支出费用化金额虽然有所增长，但总体变化不大。

另外，将各地区每年研发支出费用化金额同调整后营业利润相比（见表 2 - 185）可以明显发现，研发支出费用化金额占调整后营业利润比重超过 50% 的公司数从 2009 年开始逐年增加。这和 2008 年开始实施的新《企业所得税法》中对研发费用加计扣除的优惠

表 2 – 184 　　　 2007—2011 年各地区进行研发支出费用
化处理的上市公司数据统计

年份	地区	发生研发支出费用化处理的公司数（家）	占样本总数的百分比	研发支出费用化总额（万元）
2007	东部	27	27/878 = 3.08%	358089.59
	中部	5	5/251 = 1.99%	47677.23
	西部	7	7/271 = 2.58%	3240.57
	东北	2	2/100 = 2%	1905.7
2008	东部	23	23/914 = 2.52%	461620.71
	中部	14	14/257 = 5.45%	65677.58
	西部	8	8/286 = 2.8%	39342.58
	东北	2	2/104 = 1.92%	17083.69
2009	东部	167	167/1011 = 16.52%	640015.83
	中部	36	36/268 = 13.43%	140651.69
	西部	37	37/297 = 12.46%	59992.9
	东北	8	8/108 = 7.41%	15704.73
2010	东部	701	701/1286 = 54.51%	22571149.18
	中部	166	166/303 = 54.79%	2512641.73
	西部	149	149/330 = 45.15%	1024476.49
	东北	46	46/122 = 37.7%	120793.19
2011	东部	807	807/1448 = 55.73%	7956512.05
	中部	184	184/342 = 53.8%	38619744.66
	西部	155	155/346 = 44.8%	736106.37
	东北	48	48/126 = 38.1%	244549.18

资料来源：沪深两市证券交易所网站。

规定不无关系。一方面，说明我国上市公司越来越注重对企业研发
活动的投入；另一方面，部分上市公司也存在利用研发支出费用化
的处理来调减当期利润，并享受税收优惠的动机。此外，从各地区
每年研发支出费用化金额占当年度调整后的营业利润的百分比来
看，绝大多数公司的比重都小于 10%，说明上市公司即便利用研发
支出费用化的手段来调节利润，其影响程度也不大。

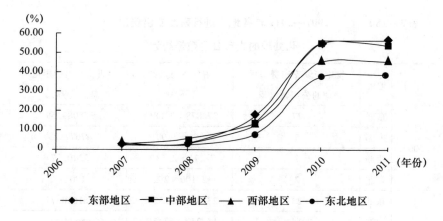

图 2 – 6　2007—2011 年各地区进行研发支出费用化处理的
上市公司占样本公司百分比曲线图

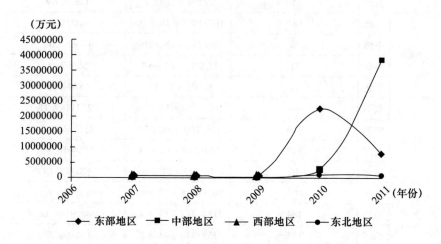

图 2 – 7　2007—2011 年各地区上市公司研发支出费用化的金额曲线图

（四）坏账准备转回

通过对连续 5 个年度各地区上市公司的坏账准备转回情况进行统计（见表 2 – 186）可以发现，各地区各年度坏账准备转回 > 0 的公司明显多于坏账准备转回 < 0 的公司（其公司数占样本公司总数的比重在 1% 左右）。坏账准备转回 > 0 会导致当年度利润的增加，坏账准备转回值 < 0 会导致当年度利润的减少，说明大多数上市公司利用坏账准备转回的目的在于调增当期利润。

表 2 - 185　　2007—2011 年样本公司研发支出费用化金额占
调整后营业利润比重分布　　　　单位：家

年份			2007	2008	2009	2010	2011
东部地区	进行研发支出费用化处理的上市公司数		27	23	167	701	807
	其中：研发支出费用化金额占调整后营业利润百分比的绝对值	100%以上	0	2	3	15	29
		50%—100%	2	2	11	80	61
		20%—50%	6	3	64	193	222
		10%—20%	3	4	41	165	209
		0—10%	16	12	48	248	286
中部地区	进行研发支出费用化处理的上市公司数		5	14	36	166	184
	其中：研发支出费用化金额占调整后营业利润百分比的绝对值	100%以上	0	1	0	3	4
		50%—100%	0	2	1	11	15
		20%—50%	2	3	13	38	46
		10%—20%	0	0	7	37	46
		0—10%	3	8	15	77	73
西部地区	进行研发支出费用化处理的上市公司数		7	8	37	149	155
	其中：研发支出费用化金额占调整后营业利润百分比的绝对值	100%以上	0	0	1	6	8
		50%—100%	0	1	2	14	6
		20%—50%	0	2	9	33	30
		10%—20%	0	2	6	21	33
		0—10%	7	3	19	75	78
东北地区	进行研发支出费用化处理的上市公司数		2	2	8	46	48
	其中：研发支出费用化金额占调整后营业利润百分比的绝对值	100%以上	0	0	0	0	0
		50%—100%	0	0	1	1	1
		20%—50%	1	0	2	5	19
		10%—20%	0	1	2	11	5
		0—10%	1	1	3	29	23

注：调整后营业利润 = │营业利润 + 研发支出费用化数额│。

　　此外，就发生坏账准备转回的上市公司（仅指坏账准备转回 >
0 的情形）占样本公司总数的比重来看，东部地区最高，在 29%—
40%；其余三地区的比重相差不大，西部地区比重在 28%—34%，

表2-186　2007—2011年发生坏账准备转回的各地区上市公司数据统计

单位：家

		2007年	2008年	2009年	2010年	2011年
东部地区	坏账准备转回>0	289	362	352	385	450
	占样本公司总数的百分比	289/878=32.92%	362/914=39.61%	352/1011=34.82%	385/1286=29.94%	450/1448=31.08%
	坏账准备转回<0	9	15	14	13	12
	占样本公司总数的百分比	9/878=1.03%	15/362=4.14%	14/1011=1.38%	13/1286=1.01%	12/1448=0.83%
中部地区	坏账准备转回>0	64	95	90	89	95
	占样本公司总数的百分比	64/251=25.5%	95/257=36.96%	90/268=33.58%	89/303=29.37%	95/342=27.78%
	坏账准备转回<0	4	4	3	3	2
	占样本公司总数的百分比	4/251=1.59%	4/257=1.56%	3/268=1.12%	3/303=0.99%	2/342=0.58%
西部地区	坏账准备转回>0	91	97	99	110	100
	占样本公司总数的百分比	91/271=33.58%	97/286=33.92%	99/297=33.33%	110/330=33.33%	100/346=28.9%
	坏账准备转回<0	3	4	5	1	1
	占样本公司总数的百分比	3/271=1.1%	4/286=1.4%	5/297=1.68%	1/330=0.3%	1/346=0.29%
东北地区	坏账准备转回>0	28	36	27	38	40
	占样本公司总数的百分比	28/100=28%	36/104=34.62%	27/108=25%	38/122=31.15%	40/126=31.75%
	坏账准备转回<0	1	1	0	2	1
	占样本公司总数的百分比	1/100=1%	1/104=0.96%	0	2/122=1.64%	1/126=0.79%

资料来源：沪深两市证券交易所网站。

中部地区比重在 25%—37%，东北地区比重在 25%—35%。比重较
为集中，说明各地区上市公司在进行坏账准备转回会计政策的选择
时没有很大的差异，特别是东部地区和中部地区各年的变化趋势基
本一致，西部地区各年度变化更为平稳（见图 2－8）。但从各地区
各年度的最高比重来看，明显高于同时期进行存货跌价准备转回的
公司占各地区样本公司的比重，说明就存货跌价准备转回和坏账准
备转回两项会计政策而言，各地区上市公司明显倾向于选择坏账准
备转回来调节利润。但与存货跌价准备转回会计政策不同的是，
2008 年发生坏账准备转回的公司最多，这与 2008 年国内经济下行
有关，上市公司存在利用坏账准备转回调增利润的动机。

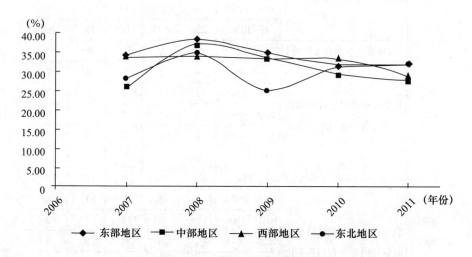

**图 2－8　2007—2011 年坏账准备转回 >0 的各地区
上市公司占样本公司百分比曲线图**

下面重点分析各地区坏账准备转回 >0 的上市公司。将各地区
各年度坏账准备转回值同调整后营业利润进行比较（见表 2－187），
发现绝大多数上市公司坏账准备转回值占当年利润总额的比重在
0—10%，但各年度的坏账准备转回值占调整后营业利润百分比超
过 10% 的上市公司数比发生存货跌价准备转回的公司数明显多出很

多。所以，无论是从坏账准备转回的公司占样本公司总数的比重来看，还是从发生坏账准备转回值对调整后营业利润的影响来看，更多的上市公司选择坏账准备转回作为调节利润的工具。

表2-187 2007—2011年各地区样本上市公司坏账准备转回
金额占调整后营业利润的比重分布 单位：家

			2007 年	2008 年	2009 年	2010 年	2011 年
东部地区	坏账准备转回 >0 的上市公司数		289	362	352	385	450
	其中：坏账准备转回值占调整后的营业利润百分比	>100%	8	5	10	9	10
		50%—100%	11	13	5	6	9
		20%—50%	20	16	10	7	8
		10%—20%	14	28	17	12	21
		0—10%	236	300	310	351	402
中部地区	坏账准备转回 >0 的上市公司数		64	95	90	89	95
	其中：坏账准备转回值占调整后的营业利润百分比	>100%	4	2	3	4	2
		50%—100%	2	3	1	2	2
		20%—50%	3	2	5	1	0
		10%—20%	2	6	2	7	4
		0—10%	53	82	79	75	87
西部地区	坏账准备转回 >0 的上市公司数		91	97	99	110	100
	其中：坏账准备转回值占调整后的营业利润百分比	>100%	7	3	6	1	1
		50%—100%	2	6	1	2	2
		20%—50%	7	6	6	9	3
		10%—20%	6	9	4	6	6
		0—10%	69	73	82	92	88
东北地区	坏账准备转回 >0 的上市公司数		28	36	27	38	40
	其中：坏账准备转回值占调整后的营业利润百分比	>100%	3	2	2	4	4
		50%—100%	0	1	1	1	3
		20%—50%	1	2	1	1	3
		10%—20%	2	0	3	3	3
		0—10%	22	31	20	29	27

注：调整后的营业利润 = |营业利润 - 坏账准备转回|。

第三章　基于数据挖掘的会计政策选择策略系数与内外部影响因素关系的实证检验

　　根据现有文献的研究结论，本书把影响上市公司会计政策选择策略的因素（解释变量）分为内部因素和外部因素。内部因素是反映企业自身特征的变量，包括公司规模等和受证券市场监管规定影响的公司特征度量变量（如扭亏和高盈利变量）；外部因素主要指地区市场化程度、世界银行（2007）对我国120个城市投资环境进行调查所得的地区产权保护指数等。之所以对内外部因素予以分类，其原因在于：本书假设外部因素的显著与否将决定有效契约观对于会计政策选择的影响力，内部因素的显著与否将决定机会主义行为观对于会计政策选择的影响力。将影响因素分为内部因素和外部因素，可以比较验证作为会计政策选择行为假设的有效契约观和机会主义行为观的差异。鉴于此，在本部分的实证检验中，以及后面一部分的理论总结中，综合考虑被解释变量的内部因素和外部因素。

　　实证检验包括两个方面：一是代表性会计政策的实证检验。在第二部分的分析中，研发支出费用化政策选择中，除市场化进程外，7个公司特征变量与预期符号一致，资产负债率、计划再融资和实际再融资3个变量都在1%水平上显著。这表明，研发支出费用化政策是非常能代表内外部重要影响因素对会计政策组合选择影响程度的会计政策。故以研发支出费用化为例，通过实证检验分析A股上市公司与动机。二是代表性会计政策选择影响因素的实证检验。分析产业政策对代表性会计政策的影响。

第一节　代表性会计政策选择的实证检验
——研发支出费用化动机研究

　　成功的研究开发活动将为企业带来持续稳定的收益，增强企业长远发展的竞争力。与其他活动取得的收益相比，研发活动带来的收益很少受到资本市场系统风险的影响（林钟高、刘捷先，2012）。一般而言，研发密集型企业更有可能在市场上保持领先地位，且会因此更有动机地去进行研发活动。世界各国对研发支出的会计处理方式主要有以下三种：以美国会计准则为代表的研发支出费用化处理，以荷兰会计准则为代表的研发支出在预期具有未来效益时即可给予的资本化处理，以国际会计准则为代表的、有条件的研发支出资本化处理（吴红根，2013）。在信息不对称情况下，研发支出费用化会对企业当期收益和股价产生负面影响，研发支出资本化则更容易作为一种"好消息"向外界展现企业拥有的创新技术、强劲的发展势头和可持续的长期效益等信息，从而增加利益相关者对企业的信心（Cheng，2004）。Oswald 和 Zarowin（2007）认为，研发支出资本化可以使管理层更好地将研发项目的成功情况以及未来的收益信息体现出来，而且比研发支出费用化产生更高的年收益和未来收益。

　　随着计算机软件业的兴起，为适应该行业的发展，美国于 20 世纪 80 年代补充制定了《美国财务会计准则第 86 号——对出售、租赁或以其他方式上市的计算机软件成本的会计处理》，要求采用部分资本化的方法，即确定产品技术可行性之前的计算机软件研发成本费用化处理，确定产品技术可行性之后且软件被广泛使用之前的成本资本化处理，改变了多年来一直采取的费用化处理方法。

　　我国 2007 年实施的无形资产会计准则也将企业研发支出费用化

改为有条件的资本化，将企业研发活动划分为研究阶段和开发阶段。研究阶段的支出于发生时计入当期损益，开发阶段的支出如果同时满足五项标准①就可以资本化为无形资产。但是，实务中，首先，研究和开发活动很可能是一个反复或交叉进行的过程，很难准确区分（石瑾、任维娜，2012）；其次，是否符合开发阶段允许资本化的五项标准是基于原则导向规定的，实际操作有赖于企业自身的判断（林钟高、刘捷先，2012）；最后，研发支出的会计核算范围缺乏具体的规定。因此，这一准则的执行不仅存在盈余管理的可能性，而且空间较大。

将 2007—2011 年深沪 A 股上市公司 9 项会计政策选择结果列示于表 3 - 1，可以看出，相比其他会计政策，研发支出费用化政策的选择在五年中变化巨大，特别是 2010 年、2011 年，各有 50% 左右的公司发生研发支出费用化，即使扣除 2009 年开始上市的创业板块，2010 年、2011 年也分别有 907 家和 898 家上市公司发生研发支出费用化②。2007—2011 年研发支出费用化数额占当年净利润的比例分别为 0.88%、1.60%、1.25%、6.60% 和 9.93%，呈逐年上升趋势。为什么 50% 左右的上市公司不惧怕研发支出费用化可能带给公司的影响呢？我国上市公司是基于研发的必要性而发生研发支出并进行合理的费用化，还是在利用研发支出费用化的可操纵空间进行盈余管理呢？虽然研发支出费用化这一处理方式被认为是无条件稳健性的典型案例，但其费用化的时间和数额会受管理者的影响，是一种酌量性费用，因此有进行盈余管理的空间（徐全华，2011）。目前，部分学者仅就研发支出资本化盈余管理动机和影响因素进行

---

① 准则规定，对开发阶段的支出，只有同时满足以下五项标准才能资本化：完成无形资产以使其能够使用或出售在技术上具有可行性；具有完成该无形资产并使用或出售的意图；无形资产产生经济利益的方式；有足够的技术、财务资源和其他资源支持，以完成该无形资产的开发，并有能力使用或出售该无形资产；归属于该无形资产开发阶段的支出能够可靠地计量。

② 2009 年开始上市的创业板块发生研发支出费用化的公司数量分别为 2009 年 35 家、2010 年 100 家、2011 年 125 家。

了检验（林忠高、刘捷先，2012；柯东昌，2013；王艳、冯延超、梁莱歆，2011；陈晓红、王艳、贺新闻，2011；许罡、朱卫东，2010；宗文龙、王睿、杨艳俊，2009；Cazavan - Jeny 等，2011；Ciftci，2010；Markarian 等，2008；Lev 等，2005；Aboody，David 和 Lev，1998），对研发支出费用化的动机鲜有研究，只有宗文龙（2009）曾基于税收管制附带检验了上市公司盈利水平与费用化研发支出倾向的关系。我们对 2007—2011 年上市公司研发支出费用化政策的实施动机进行考察后发现，我国上市公司研发支出费用化政策的选择动机既有行业发展需要，也有盈利不均衡的公司欲借机实施盈余管理行为，证明了曾被认为具有无条件稳健性的研发支出费用化政策已经被我国部分上市公司利用。因此，本书首先对具有两种动机的公司进行分类；其次建立行业集中度、高盈利性、盈利均衡性三个特征指标，对两类公司在三个指标上的差异显著性提出假设；再次通过对两类公司特征指标的统计分析检验假设；最后对具有盈余管理动机的第二类公司的盈余管理诱因进行了考察。

一　研究设计

（一）公司分类

1. 第一类公司——两年及两年以上年份均发生研发支出费用化的公司

研发支出费用化政策实施的必要性主要缘于行业发展的需要，一些高技术、高科技含量的研发密集型行业企业需要保持强劲的研发能力才能稳定发展。从现行会计准则要求来讲，研究支出是应计入当期损益的，因此，发生研发支出费用化数额至少意味着发生了较多的研究支出。这一类的公司实施研发支出费用化政策一般是连续的，至少时断时续，不可能只实施一年以后不再实施。所以，有必要对五年期间，曾两年、三年或四年（五年均发生者无）均发生研发支出费用化的公司行业特征、盈利水平、盈利均衡性进行考察，并将其与五年期间只有一年发生研发支出费用化的公司特征进行比较。这一类公司研发支出费用化的动机应主要归于行业发展的需要。

表3—1　2007—2011年选择各种会计政策的公司数量及占当年全部公司数量的比例

序号	会计政策	2007年		2008年		2009年		2010年		2011年		五年合计		五年变化趋势
		公司数量（家）	比例（%）	公司数量（家）	比例（%）	公司数量（家）	比例（%）	公司数量（家）	比例（%）	公司数量（家）	比例（%）	公司数量（家）	比例（%）	
1	研发支出费用化	46	3.15	46	2.87	273	16.45	1007	49.48	1023	50.44	2397	27.20	起伏巨大
2	研发支出资本化	81	5.55	160	10.01	141	8.34	110	5.41	117	5.77	609	6.91	基本持平
3	交易性金融资产确认	294	20.14	393	24.58	427	25.27	436	21.43	447	22.04	1997	22.66	持平
4	公允价值变动损益确认	372	25.48	402	25.14	471	27.87	502	24.67	524	25.84	2271	25.77	持平
5	坏账准备转回	483	33.08	639	39.96	610	36.75	655	32.19	665	32.79	3052	34.63	基本持平
6	存货跌价准备转回	252	17.26	234	14.63	366	21.66	329	16.17	259	12.77	1440	16.34	基本持平
7	加速折旧法	19	1.30	18	1.13	19	1.13	19	0.93	10	0.49	85	0.96	基本持平
8	先进先出法	82	5.62	133	8.32	405	23.96	139	6.83	117	5.77	876	9.94	2009年变化较大
9	投资性房地产后续计量模式采用公允值计量	64	4.38	71	4.44	29	1.72	102	5.01	96	4.73	362	4.11	2009年变化较大

2. 第二类公司——只有一年发生研发支出费用化的公司

五年期间只有一年发生了研发支出费用化，其他四年未发生，从公司经营发展来讲是不应该的。这种状况可能的解释就是公司进行了盈余管理，即这一类公司可能有利用研发支出费用化政策实现平滑盈余、大清洗等盈余管理的动机。下文首先进行两类公司的特征分析，其次进行比较研究。

（二）特征指标设计

两类公司比较的特征指标有三项：行业集中度、高盈利性、盈利均衡性。

1. 行业集中度

就像美国会计准则是因为计算机软件业的兴起，才改变了多年来一直采取的研发支出费用化处理方法一样，研发支出发生的主要原因是行业发展的需要。就我国上市公司而言，医药制造业、化学原料及化学品制造业、电子元器件制造业、计算机应用服务业、通信及相关设备制造业以及创业板块等都是研发密集型行业，需要有足够强的研发能力，企业才能在行业中生存并立于不败之地。因此，发生研发支出费用化的上市公司应主要集中于这些行业，而不是分散于所有行业。某个行业发生研发支出费用化的公司数量越多，表明集中度越高。本书以某一行业发生研发支出费用化的公司数量的多少来衡量行业集中度。假定：某一行业发生研发支出费用化的公司数量超过2家（含2家）为具有集中度，取值为1；超过10家（含10家）为集中度较高，取值为2；超过20家（含20家）为高集中度，取值为3。下文中将对两年及两年以上均发生研发支出费用化的上市公司的行业属性进行分析，并与只有一年发生研发支出费用化的上市公司行业属性进行比较，分析两类公司行业集中度的差异。就此提出：

假设1：第一类公司行业集中度高，两类公司行业特征差异显著。

2. 高盈利性

因为研发活动带来的强劲的发展能力和竞争优势，研发密集型行业企业的盈利水平应较其他行业高。本书选取总资产利润率作为衡量两类公司盈利水平高低的指标。就此提出：

假设2：第一类公司高盈利性居多，第二类公司可能会出现两个极端的现象——高盈利和大亏损均较多，两类公司盈利水平差异显著。

3. 盈利均衡性

五年期间，各年盈利水平有差异是正常的，但若起伏巨大则有盈余管理的可能。特别是五年期间若有一到两次净利润符号的改变，更是有违盈利的均衡性。本书以五年期间上市公司各年净利润的符号发生由正到负或由负到正改变的次数作为衡量企业盈利均衡性的标志。由正到负或由负到正一次则取值为1，由正到负再由负到正或由负到正再由正到负取值为2，以此类推。五年期间某公司各年净利润发生符号改变次数越少，盈利均衡性越高。就此提出：

假设3：第一类公司盈利均衡性较高，两类公司差异显著。

二　样本来源与选择

本书所用数据是通过查阅2007—2011年的上市公司年度报告获得的，来源于巨潮资讯网（http：//www. cninfo. com. cn）、上市公司资讯网（http：//www. cnlist. com）和新浪股票与财经网（http：//stock. finance. sina. com. cn）。研发支出费用化信息依据年报附注中管理费用的明细项目获得。根据上市公司的披露，五年共选取了1271家发生研发支出费用化的公司。

五年期间，2007年以后（不含2007年）上市的463家公司，因其不具备五年的会计政策选择资料，故将其从总样本1271家公司中剔除。例如，只在2011年发生研发支出费用化但却是当年上市的公司，并不知其以后的表现，故动机无法确定。基于此，本书以下分析仅考虑2007年及以前上市的公司，即具有2007—2011年五年会计政策选择资料的公司，共计808家。

2007 年以后（不含 2007 年）上市的 463 家公司中，有创业板 153 家。其中，有 125 家发生研发支出费用化，占比 81.70%。2009—2011 年三年中只有一年发生研发支出费用化的有 18 家公司（均为 2011 年发生），其余 107 家公司为两年或三年均发生研发支出费用化的公司，即第一类公司。创业板行业集中度较高的公司数量有 25 家，占创业板发生研发支出费用化公司总量的 20%，主要分布在电子元器件制造业和计算机应用服务业两个行业；有 24 家公司不具有行业集中度，占创业板发生研发支出费用化公司总量的 19.2%；其他为具有行业集中度的公司。这非常符合创业板块的特点，即创新创业能力强，而创新创业能力要靠研发能力来维持。由于创业板 2009 年开始上市，五年资料不全，且与一般公司特性不同，本书不将创业板块包括其中。

2007 年及以前上市的 808 家公司中，有 551 家为五年期间有两年或两年以上发生研发支出费用化的公司，其余 257 家为只有一年发生研发支出费用化的公司。因此下文分析中，第一类公司数量为 551 家，第二类公司数量为 257 家。

三　公司特征分析

（一）行业集中度

第一类公司——五年期间两年及两年以上均发生研发支出费用化的公司行业简况如表 3 - 2 所示。因篇幅限制，表 3 - 2 只列示前十大行业的基本情况。

表 3 - 2 显示，五年期间，两年及两年以上均发生研发支出费用化的公司前十大行业集中度均较高，占第一类公司总量的 56.62%。551 家第一类公司中，只有 14 家公司不具有行业集中度，占 2.54%。

再进一步具体分析，三年均发生研发支出费用化的公司共有 116 家，只有 1 家公司不具有行业集中度，占 0.86%。具有高集中度的公司有 69 家，占三年均发生研发支出费用化公司总量的 59.48%，主要分布在医药制造业、电气机械及器材制造业、计算

机应用服务业、交通运输设备制造业、电子元器件制造业、专用设
备制造业、化学原料及化学制品制造业和普通机械制造业七大
行业。

表3-2　　　　　　第一类公司行业简况（前十大行业）

序号	行业名称	公司数量（家）	占第一类公司总量比例（%）	相关行业	
				名称	公司数量（家）
1	医药制造业	46	8.35		
2	交通运输设备制造业	45	8.17	交通运输辅助业	3
3	化学原料及化学制品制造业	39	7.08	化学纤维制造业	8
4	电气机械及器材制造业	33	6.33		
5	专用设备制造业	33	6.33		
6	电子元器件制造业	30	5.44		
7	普通机械制造业	30	5.44		
8	通信及相关设备制造业	19	3.45	通信服务业	1
9	纺织业	19	3.45		
10	计算机应用服务业	18	3.27	计算机及相关设备制造业	6
11	合计	312	56.62		

注：第一类公司总量为551家。

四年均发生研发支出费用化的公司共18家，均具有行业集中
度。14家公司具有高集中度，占四年均发生研发支出费用化公司总
量的77.77%，主要分布在医药制造业、交通运输设备制造业、电
气机械及器材制造业、计算机应用服务业四个行业。

第二类公司——只有一年发生研发支出费用化的公司除2010年

的 33 家公司行业集中度较高以外，其他公司均为具有集中度或无集中度。其中，2008 年发生研发支出费用化的 4 个公司分居 4 种行业，均无集中度。两类公司行业集中度如表 3 - 3 所示。

表 3 - 3　　　　　两类公司行业集中度分布　　　　　单位：家

公司类别		各类行业特征公司数量				
		无集中度	具有集中度	集中度较高	高集中度	合计
第一类公司		14	126	157	255	551
第二类公司	2007 年	16	8	0	0	24
	2008 年	4	0	0	0	4
	2009 年	14	4	0	0	18
	2010 年	20	58	33	0	111
	2011 年	18	82	0	0	100
	小计	52	152	33	0	257

第一类公司行业特征主要表现为高集中度，为 255 家，占 46.27%；第二类公司行业特征主要表现为具有集中度，为 152 家，占 59.14%。对两类公司行业集中度进行描述性统计分析和差异检验，结果如表 3 - 4 所示。

表 3 - 4　　　　　两类公司行业集中度统计分析

公司类别		描述性统计分析						差异显著性检验	
		Mean	Std Dev	N	Minimum	Maximum	Median	Wilcoxon Two - Sample Test	Kruskal - Wallis Test
第一类公司		2.18	0.87	551	0	3.00	2.00	Z = - 17.3828 Two - Sided Pr > | Z | ≤0.0001	Chi - Square = 302.1605Pr > Chi - Square ≤ 0.0001
第二类公司	2007— 2011 年	0.85	0.62	257	0	2.00	1.00		
	2007 年	0.33	0.48	24	0	1.00	0		
	2008 年	0	0	4	0	0	0		
	2009 年	0.22	0.43	18	0	1.00	0		
	2010 年	1.13	0.68	111	0	2.00	1.00		
	2011 年	0.82	0.39	100	0	1.00	1.00		

因行业集中度为定序变量，故通过非参数检验（Wilcoxon 双尾检验和 Kruskal – Wallis 检验）分析两类公司行业集中度的差异显著性。表 3 – 4 显示，两类公司行业集中度差异十分显著，假设 1 得到验证，即第一类公司发生研发支出费用化的行业发展动机很强烈，第二类公司较弱。从描述性统计分析中可以看出，第二类公司中，2008 年发生研发支出费用化的公司行业集中度均值为 0，除 2010 年以外，其他四年行业集中度均值均小于 1。

（二）高盈利性

对两类公司盈利水平进行描述性统计分析和假设检验，结果如表 3 – 5 所示。本书以总资产利润率代表盈利水平进行分析。第一类公司五年期间均发生了两次或两次以上次研发支出费用化，因此，其盈利水平采用时期值——每个公司五年总资产利润率的算数平均数；第二类公司只在某一年发生研发支出费用化，因此，其盈利水平采用时点值——发生当年总资产利润率。但为更全面地进行比较，对第二类公司也采用五年的时期值进行分析。因为总资产利润率为连续的数值变量，采用 t 检验进行差异显著性检验。此外，为了解第二类公司不同年度发生研发支出费用化时盈利水平的差异，表 3 – 5 还分年度分别对第二类公司进行描述性统计分析。

表 3 – 5 显示，第一类公司总资产利润率五年均值为 4.39%，小于第二类公司[①]。第二类公司各年总资产利润率均值起伏较大，特别是 2007 年，发生研发支出费用化的公司总资产利润率均值达到 20.00%，而 2008 年骤降为 – 0.18%。从各年标准差来看，第二类公司标准差均超过第一类公司；从各年极大值、极小值来看，第二类公司 2007 年、2011 年极小值均小于第一类公司，2007 年、2010 年极大值均大于第一类公司。因此，第二类公司盈利水平没有统一的特征，呈现出高盈利和大亏损两个极端，有盈余管理的可能。通

---

① 2007—2011 年深沪 A 股全部上市公司总资产利润率均值分别为 17%、2%、3%、4%、4.05%，故第一类公司基本具有高盈利特征。

过假设检验发现，两类公司总资产利润率均值差异十分显著。

表 3 - 5　　　　两类公司总资产利润率（ROA）比较分析

公司类别		描述性统计分析						差异显著性检验	
		Mean（%）	Std Dev（%）	N	Minimum（%）	Maximum（%）	Median（%）	t statistic	Pr > t
第一类公司		4.39	5.65	551	- 27.16	54.10	3.78	- 2.854	0.0044
第二类公司	2007—2011 年	6.61	16.32	257	- 81.73	151.35	3.55	- 5.349	< 0.0001
	时期值	7.29	9.61	257	- 26.80	77.65	3.81		
	2007 年	20.00	41.17	24	- 81.73	151.35	5.07		
	2008 年	- 0.18	8.70	4	- 9.67	10.54	- 0.78		
	2009 年	6.83	6.26	18	- 5.79	22.35	6.24		
	2010 年	4.82	10.47	111	- 26.18	96.99	3.18		
	2011 年	4.35	8.51	100	- 28.60	37.83	3.43		

（三）盈利均衡性

对两类公司五年期间净利润符号发生变化的次数及分布进行统计，以判断盈利均衡性情况，如表 3 - 6 所示。

表 3 - 6　　　　两类公司净利润符号变化次数分布　　　　单位：家

公司类别		各年净利润符号变化次数公司数量分布					
		0	1	2	3	4	合计
第一类公司		390	42	88	28	3	551
第二类公司	2007 年	17	0	4	3	0	24
	2008 年	1	1	2	0	0	4
	2009 年	15	1	2	0	0	18
	2010 年	71	12	22	4	2	111
	2011 年	67	4	21	8	0	100
	小计	171	18	51	15	2	257

第一类公司五年期间各年净利润符号未发生改变的总计390家，占70.65%，发生变化的公司仅有161家，占29.22%，不到1/3，且变化1—2次居多；第二类公司有171家公司未发生符号变化，占66.53%，发生符号变化的公司有86家，占33.47%，相对第一类公司较多。因此，第一类公司总体显示出盈利较为均衡的特点。

对两类公司净利润变化次数进行描述性统计分析和差异检验，结果如表3-7所示。

表3-7　　　　　两类公司净利润符号变化次数统计分析

公司类别		描述性统计分析						差异显著性检验	
		Mean	Std Dev	N	Mini-mum	Maxi-mum	Median	Wilcoxon Two-Sample Test	Kruskal-Wallis Test
第一类公司		0.57	0.97	551	0	4.00	0	Z = 1.7290 Two-Sided Pr > |Z| = 0.0838	Chi-Square = 2.9895 Pr > Chi-Square = 0.0838
第二类公司	2007—2011年	0.70	1.04	257	0	4.00	0		
	2007年	0.75	1.15	24	0	3.00	0		
	2008年	1.25	0.96	4	0	2.00	1.50		
	2009年	0.28	0.67	18	0	2.00	0		
	2010年	0.73	1.04	111	0	4.00	0		
	2011年	0.70	1.06	100	0	3.00	0		

可以看出，除2009年以外，第二类公司净利润符号变化次数各年均值均高于第一类公司，其中，2008年最高。对两类公司净利润符号变化次数进行非参数检验（Wilcoxon双尾检验和Kruskal-Wallis检验）发现，差异较为显著。

通过上述公司特征分析发现，第二类公司发生研发支出费用化并不是基于行业发展的需要，盈利水平表现为高盈利和大亏损两个极端特征，并且五年期间净利润符号发生多次改变，不具有均衡性，因此，可以初步确定该类公司有盈余管理的动机。

以是否为第二类公司为被解释变量（是，取值为1；否，取值为 0），以行业集中度、净利润符号变化次数和总资产利润率为解释变量，进行逻辑回归分析，结果如表 3 - 8 所示。可以看出，第二类公司与行业集中度呈负相关，与净利润符号变化次数和总资产利润率呈正相关，进一步确定了第二类公司具有盈余管理的动机。

表 3 - 8　　　　两类公司 Logistic 回归分析结果（n = 808）

变量	预期符号	Estimate	Standard Error	Wald X^2	Pr > ChiSq
Intercept		1.5570	0.2453	40.2935	< 0.0001
行业集中度	−	− 1.9410	0.1481	171.7803	< 0.0001
净利润符号变化次数	+	0.3076	0.1070	8.2676	0.0040
总资产利润率	+	0.0566	0.0159	12.6907	0.0004
Likelihood Ratio X^2		378.0721			< 0.0001
− 2 Log L		626.467			

四　盈余管理的诱因——针对第二类公司

在证明第二类公司具有盈余管理动机之后，接下来本书将考察影响其进行研发支出费用化的因素。研发支出费用化的直接结果就是以研发支出费用化数额减少当期利润，因此，对于第二类公司来说，研发支出费用化数额的多少应是管理当局斟酌后的结果。故以研发支出费用率（研发支出费用化数额占资产总额的比例）为被解释变量，采用多元回归分析检验与盈余管理动机相关的重要因素，要引用的五个重要解释变量包括总资产利润率、行业集中度、企业规模、市场化指数和地区产权保护指数的离散值，建立回归模型（3 - 1）以解释研发支出费用率的变化。

$$EXP = \alpha_0 + \alpha_1 ROA + \alpha_2 IND + \alpha_3 SIZE + \alpha_4 Market + \alpha_5 ProtectLS + \xi$$

$$(3 - 1)$$

式中，*EXP* 表示研发支出费用率，为研发支出费用额占资产总额的比例。假设研发支出费用率的高低主要受企业自身的盈利水平、所在行业和资产规模的影响。*ROA* 为总资产利润率，发生研发支出费用化的直接结果就是减少当期利润，因此与 EXP 呈负相关①。
IND 是行业集中度，集中度高，表示发生研发支出费用化的公司处
于研发密集型行业，假设第二类公司发生研发支出费用化的目的不
是出于研发密集型行业发展的需要，而是非研发密集型行业企业欲
实施盈余管理，故与 *EXP* 呈负相关。*SIZE* 是资产总额的自然对数，
表示企业规模，对于我国上市公司来讲，越是大规模企业越愿意给
股民留有高盈利的印象，愿意进行研发支出费用化的数额越少，即
与 *EXP* 呈负相关。假设第二类公司所处的外部环境对研发支出费用
率的高低有影响。*Market* 为市场化指数，该变量取值范围为 0—12，
数值越大，表示公司所在地区市场化程度越高②。假设市场化程度
不同，对研发支出费用率的影响不同：市场化程度越高的地区，交
易成本越小，对利润影响越小，第二类公司发生研发支出费用化数
额的空间越大，所以假设市场化进程与 *EXP* 呈正相关③。

　　ProtectLS 为地区产权保护指数 *Protect* 按 3 分位数进行离散化④
以后的结果，*Protect* 取值范围为 0—1，数值越大，表示地方保护主
义或法律保护主义的行为特征越强烈⑤。因为地区产权保护指数
(*Protect*) 越高，就会产生越多的交易成本，对利润影响越大，第二
类公司发生研发支出费用化数额的空间越小。因此，预期研发支出
费用率会随公司所在地区产权保护指数的提高而降低，即地区产权
保护指数与 *EXP* 呈负相关。

---

① Cazavan - Jeny 等证明，法国公司研发支出费用化部分与公司未来经营业绩负
相关。
② 选自国民经济研究所：《中国市场化指数——各地区市场化相对进程 2011 年报
告》中报告的 2007—2009 年的分省市场化指数。
③ 唐颖等以 2005—2007 制造业上市公司为样本检验了市场化程度与研究开发投入
正相关。
④ 离散化是数据挖掘中极为有效的数据归约形式，它通过将连续取值的属性域值范
围泛化为若干离散的区间，并为一个区间内的实际数据值赋予一个标签，帮助削减这些
连续取值属性的取值个数。建造模型时，有时数据离散值比数据本身对模型的优化作用
更大，本书即是如此。
⑤ 该指标选自世界银行对我国 120 个城市投资环境进行调查所得的地区产权保护
指数。

多元线性回归分析结果如表 3 - 9 所示。

表 3 - 9　　　　　第二类公司盈余管理诱因多元线性回归分析

变量	预期符号	Parameter Estimate	Standardized Estimate	t Value	Pr > |t|	Variance Inflation
Intercept		10. 03781	5. 57822	1. 80	0. 0732	0
ROA	−	− 0. 13060	0. 03463	− 3. 77	0. 0002	1. 03488
IND	−	− 2. 66716	0. 90510	− 2. 95	0. 0035	1. 01684
SIZE	−	− 1. 66296	0. 92394	− 1. 80	0. 0731	1. 03908
Market	+	0. 78769	0. 28198	2. 79	0. 0056	1. 10234
ProtectLS	−	− 1. 25836	0. 69923	− 1. 80	0. 0731	1. 08614

$F = 6.29$，$Pr > F \leqslant 0.0001$，$Adj\ R^2 = 0.0944$，$Durbin - Watson\ D = 1.954$

回归结果表明，研发支出费用率在很大程度上取决于总资产利润率，且与总资产利润率呈负相关；研发支出费用率与行业集中度也呈负相关，这与预期一致，即第二类公司行业集中度越低，研发支出费用率却越高，也就是说，其目的并不是满足行业发展的需要；市场化程度与研发支出费用率呈显著的正相关，这与预期一致，即市场化程度越高，第二类公司越有可能增加研发支出费用化数额；企业规模与地区产权保护指数预期都与研发支出费用率呈负相关，结果也完全一致，即第二类公司发生研发支出费用化数额时，会考虑公司的规模，公司所在地区的地方产权保护指数也会影响研发支出费用额。

五　研究结论与局限性

通过将公司分为两年及以上均发生研发支出费用化和只有一年发生两类进行研究，发现两类公司在行业集中度、盈利水平和盈利均衡性方面均存在显著差异。第一类公司发生研发支出费用化的行业发展动机强烈，盈利水平高且较为均衡；第二类公司发生研发支出费用化并不是基于行业发展的需要，盈利水平表现为高盈利和大亏损两个极端特征，并且五年期间净利润符号发生多次改变，不具均衡性，因此，该类公司有盈余管理的动机。

　　进一步地，通过对第二类公司盈余管理诱因的多元回归分析发现，其研发支出费用率很大程度上取决于总资产利润率，且与总资产利润率呈显著负相关，与行业集中度呈显著负相关，与市场化程度呈显著正相关。这说明，研发支出费用率的高低既受企业自身的盈利水平、所在行业的影响，也受公司所在地区的市场化进程影响。企业规模和地区产权保护指数与研发支出费用率呈较为显著的负相关，说明第二类公司发生研发支出费用化时，会考虑公司的规模，公司所在地区的地方产权保护指数也会影响研发支出费用化金额。

　　本书没有将研发支出费用化公司与研发支出资本化公司进行比较，可能会遗漏一些特征或影响因素，且建立的模型修正的拟合优度也不太高，有待进一步优化。

第二节　代表性会计政策选择影响
因素的实证检验
——产业政策与会计政策选择分析

　　探求和说明事实真相是会计的一项重要品德特征（利特尔顿，1989），会计政策选择则是通过选择合适的确认和计量方法更好地反映企业的经济状况。企业所处的产业类型不同，主要经营活动亦不同，会计政策选择也应当具有差异性。例如，19世纪英国的工业革命不仅促进了第二产业的发展，也催生了折旧方法和成本计算方法：工厂制的建立和机器设备的采用，导致折旧概念及其方法形成①；重工业的发展，促成了成本会计的产生②。那么现实中，不同产业类型的企业，是否会有显著不同的会计政策选择呢？

以我国深沪 A 股上市公司 2007—2012 年研发支出费用化、交易性金融资产确认、公允价值变动损益确认和坏账准备转回四项政策的选择结果为例，笔者分产业类型进行了统计。结果发现，分处第一、第二和第三产业③的上市公司在四种会计政策的选择上呈现出了不同的变化趋势，如表 3 - 10 所示。

表 3 - 10 列示了分处不同产业的上市公司选择四种会计政策的公司数量及占当年各自所在产业上市公司总量的比例，据此作折线图，如图 3 - 1—图 3 -4 所示。图中横坐标 1、2、3、4、5、6 分别表示 2007 年、2008 年、2009 年、2010 年、2011 年、2012 年，纵坐标表示各年选择相应会计政策上市公司占所在产业公司总量百分比。系列 1、系列 2、系列 3 等三条折线分别表示第一、第二和第三产业选择四种会计政策公司数量占当年各产业公司数量百分比的变化趋势。

从图中可以看出，除了研发支出费用化政策表现出第二产业比例（系列 2）高于第三产业（系列 3），其他三种会计政策选择均呈现第三产业比例（系列 3）高于第二产业（系列 2）的态势，第一产业比例（系列 1）则呈现忽高忽低的突变状态。那么，不同的产

---

① 美国会计学家厄尔·塞利尔斯（Earl A. Saliers）1915 年出版的《折旧原理》（*Principles of Depreciation*），介绍了直线法、余额递减法、偿债基金法、年金法及单位成本法等多种折旧方法（亨德里克森，1988）。

② 美国著名会计学家约翰逊和卡普兰考证，美国钢铁公司、杜邦化学联合公司等一些大型制造企业于 1860—1880 年建立了区分不同制造工序及不同产品或半成品核算成本的会计程序（H. T. Johnson and R. S. Kaplan，1987）。

③ 本文的三大产业划分是按照国家统计局 2003 年发布的《三次产业划分规定》进行的。与经济合作与发展组织（OECD）大多数国家一致，我国《三次产业划分规定》是国家统计局 2003 年参照联合国标准产业分类，根据经济活动的性质和《国民经济行业分类》（GB/T4754 - 2002）发布的。按照规定，第一产业是农、林、牧、渔业；第二产业是采矿业，制造业，电力、燃气及水的生产和供应业，建筑业；第三产业是指除第一、第二产业以外的其他行业。为使不同国家的统计数据具有可比性，联合国曾发布多个版本的《全部经济活动的国际标准产业分类》（ISIC），现在通行的是 1988 年第三次修订本。

业类型呈现出完全不同的会计政策选择状态的原因何在？

表 3 - 10　　　　　　选择四种会计政策的公司数量及占当年
各自所在产业类型公司总数的比例

年份	产业类型	研发支出费用化		交易性金融资产确认		公允价值变动损益确认		坏账准备转回	
		数量（家）	比例（%）	数量（家）	比例（%）	数量（家）	比例（%）	数量（家）	比例（%）
2007	第一产业	1	3.7	4	14.8	7	25.9	7	25.9
	第二产业	23	2.4	192	19.8	233	24.0	315	32.5
	第三产业	23	5.0	98	21.1	132	28.4	161	34.7
2008	第一产业	0	0	11	37.9	8	27.6	12	41.4
	第二产业	43	4.0	231	21.6	225	21.0	423	39.5
	第三产业	4	0.8	151	30.2	169	33.8	204	40.8
2009	第一产业	1	3.1	10	31.3	11	34.4	10	31.3
	第二产业	228	20.2	252	22.3	291	25.7	400	35.4
	第三产业	44	8.3	165	31.3	169	32.1	200	38.0
2010	第一产业	14	35.9	9	23.1	8	20.5	18	46.2
	第二产业	868	61.6	283	20.1	324	23.0	434	30.8
	第三产业	125	21.3	144	24.6	170	29.0	204	34.8
2011	第一产业	15	37.5	7	17.5	8	20.0	7	17.5
	第二产业	880	62.7	276	19.7	338	24.1	451	32.1
	第三产业	127	21.7	164	28.1	178	30.5	206	35.3
2012	第一产业	20	50.0	4	10	6	15	9	22.5
	第二产业	1248	71.3	284	16.2	385	22.0	505	28.9
	第三产业	226	31.27	167	23.10	198	27.4	216	29.9

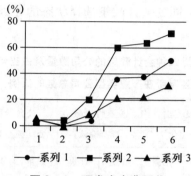

图 3 – 1 研发支出费用化

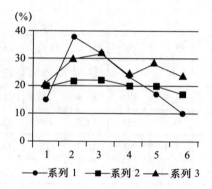

图 3 – 2 交易性金融资产确认

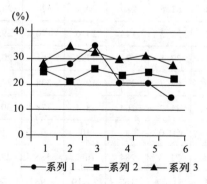

图 3 – 3 公允价值变动损益确认

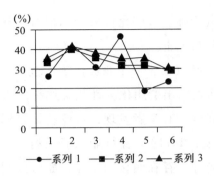

图 3 - 4　坏账准备转回

　　近期国内外会计政策选择影响因素的研究中，研究重心从内部影响因素即反映企业自身特征的管理层激励（Cormier 等，2009）、管理层动机（叶建芳等，2009）、股权集中度（Astami，2006）、公司治理（李姝，2003）等转移到了外部环境影响因素即政治成本（Cho 等，2012）、跟风效应（Kang 等，2008；Reppenhagen，2010）、信息使用者（Bujaki 等，2007；Clor - Proell，2009）、利益相关者（宋在科等，2008）、市场化进程（颜敏，2011）等上，但鲜有人从产业类型角度探究企业会计政策选择的表现和原因。对会计政策选择未明影响因素的深度探究，一直是认识会计政策选择、指引会计准则制定、完善会计准则执行机制的必然选择（闫明杰等，2013）。因此，本书拟分析产业类型对上市公司会计政策选择的影响。首先，提出假设，设定产业类型变量；其次，控制现有研究已有的影响因素如企业规模等，进行不同会计政策选择影响因素的差异检验（显著性分析），测定产业类型的影响程度；最后，通过逐步回归分析，建立年度会计政策选择模型，测量产业类型变量的加入对模型的改进程度。该研究可以为确定产业类型对会计政策选择的影响力提供依据。

一　研究设计

（一）假设的提出

总体假设：产业类型对会计政策选择有影响。以研发支出费用

化、交易性金融资产确认、公允价值变动损益确认和坏账准备转回
四项政策为例，分析如下。

1. 产业类型对研发支出费用化会计政策选择有影响

产业类型对研发支出费用化会计政策选择的影响缘于不同产业
研发活动的不同强度。有学者发现，行业特征是影响企业研发行为
的重要因素（胡凯，2011）。各行业的研发行为（包括研发强度、
频率、主体和投向等）存在明显的差异，如医药制造行业的研发强
度（科技经费支出额/销售收入）达到了10.15%；行业在技术特征
和市场特征上的差异也导致企业研发行为呈现出内生化的差异（安
同良等，2006）。总体上，制造产业技术能力在研发投入与产出绩
效之间有显著的中介效应（程华等，2003）。

产业类型对研发支出费用化会计政策选择的影响具体表现在：
第二产业选择研发支出费用化政策的公司数量显著多于第一产业和
第三产业。将第二产业和第一产业进行比较，依托配第—克拉克定
理主要形成机制可知：第二产业和第一产业之间技术进步（投资报
酬）有很大差异，工业投资多处于"报酬递增"的原因是工业的技
术进步要比农业迅速得多。所以，相对于第一产业，第二产业研发
支出费用化政策选择必定较多（西蒙·库兹涅茨，1989）。将第二
产业和第三产业进行比较，国家统计局（2002）根据《国民经济行
业分类》制定的《高技术产业统计分类目录》显示：74个高技术
产业行业中，有71个是第二产业制造业，只有3个是第三产业软件
服务业。所以，相对于第三产业，第二产业必定较多选择研发支出
费用化政策。

2. 产业类型对是否确认交易性金融资产和公允价值变动损益有
影响

产业类型对交易性金融资产确认和公允价值变动损益确认的影
响表现为：第三产业确认交易性金融资产和公允价值变动损益的公
司数量显著多于第一产业和第二产业。因为确认交易性金融资产和
公允价值变动损益的原因主要是短期投资业务的发生，第三产业中

大量从事证券期货业或资本市场服务业的公司主营业务即为证券投资，因而确认交易性金融资产和公允价值变动损益的公司数量会显著多于第一产业和第二产业。

3. 产业类型对坏账准备转回政策选择有影响

产业类型对坏账准备转回政策选择的影响表现为：第三产业进行坏账准备转回的公司显著多于第一产业和第三产业。因为坏账准备转回政策的选择客观上取决于企业的资金管理或财务管理水平和主营业务变更的频率。相对于第三产业，属性是取自自然界的第一产业和加工取自自然生产物的第二产业显然更不容易发生主营业务的变更，主营业务稳定，一般情况下客户也较为稳定，不容易产生坏账，因而也较少发生坏账准备转回。第三产业形成时间相对较短，主营业务较不稳定，加之行业内经营者的管理经验欠缺，管理水平相对较低，较容易发生坏账和坏账准备转回，因而发生坏账准备转回的公司数量显著多于第一产业和第二产业。

（二）变量的设置

1. 解释变量

设置产业类型、国内生产总值和行业集中度三个解释变量，逐级反映产业类型对会计政策选择的影响，本书的总体假设将转化为以下 3 个待验证的分项假设。

首先，根据上市公司所处的第一产业、第二产业或第三产业，分别将其产业类型变量表示为 1、2、3。

由于第二产业选择研发支出费用化政策多于第三产业，第三产业选择确认交易性金融资产和公允价值变动损益、坏账准备转回政策多于第一产业和第二产业，根据研发支出费用化会减少当期盈利、确认交易性金融资产和公允价值变动损益以及坏账准备转回会增加当期盈利的特点，提出：

分项假设 1：产业类型与增加盈利会计政策选择呈正相关。

其次，由于国内生产总值有分产业发布的惯例，不同产业的国内生产总值能够体现各年不同产业面临的生产经营形势，反映上市公司各年面临的产业环境，因此，本书选择不同产业的国内生产总值反映上市公司所处的产业类型和外界经济形势的双重影响。从2007—2012年国内生产总值来看，第二产业显著高于第三产业，鉴于第三产业更多地选择了增加盈利的会计政策，提出：

分项假设2：国内生产总值与增加盈利会计政策选择呈负相关。

最后，本书以某一行业选择同一种会计政策公司数量的多少来衡量行业集中度。假定某一行业选择某种会计政策的公司数量超过2家（含2家）为具有集中度，取值为1；超过10家（含10家）为集中度较高，取值为2；超过20家（含20家）为高集中度，取值为3。不同产业类型下，各行业的公司数量不同，选择某一会计政策的公司数量也会不同。假设某种行业选择某一会计政策的公司数量的多少，可以反映行业内上市公司选择该会计政策的动机是行业发展需要还是其他原因（如盈余管理等），即行业内较多公司都选择某一会计政策可能是因为行业发展的需要所致。从三大产业上市公司行业集中度分析，第二产业上市公司行业集中度较高，第一、第三产业行业集中度较低。第二产业相对于第三产业更多选择研发支出费用化等减少盈利的会计政策，第三产业更多选择确认公允价值变动损益等增加盈利的会计政策，提出：

分项假设3：行业集中度与增加盈利会计政策选择呈负相关。

2. 控制变量

根据上市公司年报中可能获得的信息，本书归集了反映公司规模、偿债能力、盈利能力、再融资状况、高管报酬契约和异动信息等内部特征的变量作为产业类型的控制变量，包括资产规模、资产负债率、总资产利润率、净资产收益率、实际再融资、计划再融资、高管报酬计划和高管变更；此外，根据我国学术界现有经济研究中已有的分省份反映对企业经营活动的影响的各类指数，选取市

场化指数①、地区产权保护指数②等反映公司外部环境的特征变量作
为控制变量。

　　控制变量中，资产规模、资产负债率、高管报酬计划、市场化
指数、计划再融资 5 个特征变量与增加盈利的会计政策选择呈正相
关，实际再融资、总资产利润率③、净资产收益率、高管变更④和地
区产权保护指数⑤ 5 个特征变量与增加盈利的会计政策选择呈负相
关。各变量的含义及与会计政策选择的预期关系见表 3 - 11。

　　表 3 - 11 中"预期符号"一栏表示各变量的大小与上市公司选
择增加盈利的会计政策可能性的关系。" + "表示可能选择增加盈
利的会计政策，即变量与增加盈利的会计政策选择呈正相关；" - "
表示可能选择减少盈利的会计政策，即变量与增加盈利的会计政策
选择呈负相关。

---

　　①　选自国民经济研究所《中国市场化指数——各地区市场化相对进程 2011 年报告》
（樊纲等，2011）中报告的 2007—2009 年的分省市场化指数。另外，目前我国学术界现
有的分省份反映对企业经营活动影响的经济指数还有国民经济研究所《中国分省企业经
营环境指数 2011 年报告》（王小鲁等，2012）的分省企业经营环境指数、中国科技大学
国家社科项目（09BJL009）研究成果《中国各省市技术创新指数研究》（李芹芹等，
2012）中的分省技术创新指数、西北大学《中国经济增长质量报告（2012）》（任保平
等，2012）中的各地区经济增长质量指数和天津财经大学《区域企业自生能力评价指数
与区域经济发展实证——基于中国各地区的研究》（高正平等，2012）中的区域企业自生
能力评价指数。但因为这四个指数均与市场化指数强相关，所以本书不再将其作为公司
外部环境特征变量使用。

　　②　选自世界银行（2007）对我国 120 个城市投资环境调查所得的地区产权保护指
数。

　　③　借鉴李增泉（2001）、Beatty 和 Weber（2003）的观点，当年发生高管变更的公
司愿意采用减少盈利的会计政策。

　　④　同上。

　　⑤　世界银行（2007）对中国 120 个城市投资环境的调查显示，各个城市之间的产权
保护存在着相当大的差异，这种地区间产权保护程度的差异会影响到不同地区上市公司
的市场化程度。但该指标显示的是"本地企业是否会在商业纠纷中比外地企业更占优
势"，有地方保护主义或"法律保护主义"的行为倾向，描述地方保护主义行为特征的产
权保护指数（Protect）越高，越会产生较高的交易成本，进而影响公允价值计量。因此，
预期公允价值计量政策的选择会随公司所在地区产权保护指数的提高而降低，即地区产
权保护指数与选择增加盈利会计政策呈负相关。

表 3 – 11   变量的定义及预期符号

序号	变量	定义	预期符号
解释变量	Type	产业类型。第一产业：1；第二产业：2；第三产业：3	+
	GDP	国内生产总值。国家统计局发布的各年产业数据①	–
	Industry	行业集中度。某行业选择某一会计政策的公司数量，取值 1、2、3，分别表示 [1，10)、[10，20)、≥20	–
控制变量	SIZE	资产规模以总资产的对数表示	+
	LEV	资产负债率 = 负债总额/资产总额	+
	ROA	总资产利润率 = 净利润/资产总额	–
	ROE	净资产收益率 = 净利润/净资产	–
	RBC	实际再融资等于1：当年实际进行了再融资的公司；否则等于0	–
	RAC	计划再融资等于1：当年有再融资计划的公司；否则等于0	+
	ΔCEO	高管变更等于1：当年高管（董事长或总经理）发生变更；否则等于0	–
	NX	高管报酬计划等于1：实施有高管报酬激励计划（年薪制或股权激励）；否则等于0	+
	Market	市场化指数取值范围为0—12，数值越大，表示市场化程度越高	+
	Protect	地区产权保护指数取值范围为0—1，数值越大，表示地方保护主义或"法律保护主义"的行为特征越强烈	–

3. 被解释变量

被解释变量反映四种会计政策的组合选择结果，以会计政策选择策略值表示。首先依照四种会计政策对盈利的影响方向对选择结果进行分类，并以0或1对不同的选择结果进行量化（即赋予策略值），如表 3 – 12 所示。

---

① 东方财富网，http：//data. eastmoney. com/cjsj/gdzctz. html。

表 3 – 12　　　　　　　　　会计政策选择分类及计量

序号	会计政策	对盈利影响的方向分类	
		增加（或不减少）盈利的政策	减少（或不增加）盈利的政策
1	交易性金融资产确认	确认	不确认
2	公允价值变动损益确认	确认	不确认
3	研发支出费用化	未发生	发生
4	坏账准备转回	转回	不转回
会计政策选择策略值（a）		1	0

　　表 3 – 12 中"对盈利影响的方向分类"是仅就会计政策分类的一般意义来说的。例如，发生研发支出费用化会减少当期报告盈利，未发生研发支出费用化则不减少当期报告盈利；坏账准备转回会增加当期报告盈利，坏账准备不转回则不增加当期报告盈利。确认交易性金融资产、确认公允价值变动损益等政策是与公允价值计量有关的政策，这些政策的选择是会降低利润还是提高利润？本书依据当年发生公允价值变动损益的数额来判断其增减。由于 2007—2012 年上市公司发生公允价值变动损益的数额累计为正数，且公允价值变动损益额为正数的公司多于为负数的公司，故本书将确认交易性金融资产和公允价值变动损益归为增加当期报告盈利的会计政策，不确认交易性金融资产和公允价值变动损益归为不增加当期报告盈利的会计政策。毋庸置疑，这种分类定义将会产生某些误差，但不会影响分析结果。

　　对不同选择结果的计量如下：设增加（或不减少）盈利的会计政策选择策略值 a 为 1，减少（或不增加）盈利的会计政策选择策略值 a 为 0。

以 Zmijiewski 和 Hagerman（1981）提出的"会计政策影响程度不同"赋值法，计算各年会计政策选择策略值，以反映年度会计政策选择的基本情况，即按照各项会计政策对盈利影响程度不同的假定对策略值进行加权。四项会计政策选择中，对盈利影响程度排第一位的，权重系数设为 1；排第二、第三位的，权重系数均设为 1/2；排第四位的，权重系数设为 1/4。四项会计政策都选择的组合，其策略值按照权重系数加权后计算如下：

a + a/2 + a/2 + a/4 = 2. 25a

以此类推，可以分别计算出其他 9 种组合的策略值，计算过程见表 1 - 1。

假定本项目四项会计政策对盈利的影响程度，依据差异检验分析中显著的解释变量和控制变量的个数排序。其中，差异显著变量最多的会计政策排第一位，以此类推。会计政策选择模型建立如下：

$$CLXS = \beta_0 + \beta_1 Type + \beta_2 GDP + \beta_3 Industry + \beta_4 SIZE + \beta_5 LEV +$$
$$\beta_6 ROA + \beta_7 ROE + \beta_8 RBC + \beta_9 RAC + \beta_{10} \Delta CEO +$$
$$\beta_{11} NX + \beta_{12} Market + \beta_{13} Protect + \xi \qquad (3-2)$$

其中，$CLXS$ 为被解释变量——会计政策选择策略系数；β_0 为常数项；β_i（$i = 1, 2, \cdots, 13$）为变量的系数估计值；ξ 为随机误差项。

二　样本选择与数据预处理

本书所用数据通过查阅 2007—2012 年的上市公司年度报告获得[①]，会计政策选择信息依据年报附注披露的明细项目获得。根据上市公司会计政策披露的详尽程度，2007—2012 年分别选取了 1460 家、1599 家、1690 家、2035 家、2027 家、2513 家公司为样本。产业类型、国内生产总值来源于东方财富网（http：//data. eastmoney.

---

① 来源于巨潮资讯网（http：//www. cninfo. com. cn）、上市公司资讯网（http：// www. cnlist. com）和新浪股票与财经网（http：//stock. finance. sina. com. cn）。

com/cjsj/gdzctz. html）。

采用离散化技术对连续取值的变量——资产规模、资产负债率
等进行预处理，以削减变量取值个数。根据资产规模等各个连续取
值变量的数值分布状况，采用方差或四分位数等进行离散化处理，
结果见表 3 - 13。连续取值变量离散值的运用有助于提高模型的拟
合优度。

表 3 - 13　　　　　　连续取值变量的离散化处理说明

连续取值的变量名称 （特征变量）	标签	离散化原则
资产对数	SIZELS	资产对数基本服从正态分布，故利用方差进行离散化，即在均值附近一个方差的范围内数据属于一类，$-\sigma$ 之外属于一类，$+\sigma$ 以外属于一类
资产负债率	LEVLS	按 4 分位数进行离散化
总资产利润率	ROALS	按 5 分位数进行离散化
净资产收益率	ROELS	按 4 分位数进行离散化
市场化指数	MarketLS	按 4 分位数进行离散化
地区产权保护指数	ProtectLS	按 3 分位数进行离散化

三　实证检验

（一）差异检验

因解释变量与控制变量中有部分定序变量，故通过非参数检验
（Wilcoxon 双尾检验和 Kruskal - Wallis 检验）分析不同的会计政策
选择下各变量的差异显著性。其中，2012 年差异显著的变量检验结
果如表 3 - 15 所示，2007—2012 年差异显著的变量资料集中列示于
表 3 - 16 中以便进行比较。

表 3 - 14   2012 年会计政策选择影响因素差异检验

会计政策	变量	Wilcoxon Two - Sample Test		Kruskal - Wallis Test	
		Z	Two - Sided Pr > $\mid$ Z $\mid$	Chi - Square	Pr > Chi - Square
研发支出费用化	*Type*	17. 4247	< 0. 0001	303. 6194	< 0. 0001
	Industry	- 8. 4079	< 0. 0001	70. 6924	< 0. 0001
	SIZE	4. 0716	< 0. 0001	16. 5778	< 0. 0001
	LEV	9. 9794	< 0. 0001	99. 5874	< 0. 0001
	ROA	- 4. 4152	< 0. 0001	19. 4937	< 0. 0001
	ROE	1. 7559	0. 0791	3. 0833	0. 0791
	RAC	4. 3774	< 0. 0001	19. 1613	< 0. 0001
	ΔCEO	6. 0861	< 0. 0001	37. 0401	< 0. 0001
	Market	- 4. 0218	< 0. 0001	16. 1747	< 0. 0001
	Protect	- 2. 4012	0. 0163	5. 7656	0. 0163
交易性金融资产确认	*Type*	4. 2472	< 0. 0001	18. 0387	< 0. 0001
	Industry	- 3. 1657	0. 0015	10. 0215	0. 0015
	SIZE	12. 3257	< 0. 0001	151. 9224	< 0. 0001
	LEV	7. 3628	< 0. 0001	54. 2110	< 0. 0001
	ROA	- 2. 8459	0. 0044	8. 0993	0. 0044
	ROE	2. 3649	0. 0180	5. 5929	0. 0180
	Market	2. 9094	0. 0036	8. 4646	0. 0036
公允价值变动损益确认	*Type*	3. 1119	0. 0019	9. 6840	0. 0019
	Industry	- 3. 6454	0. 0003	13. 2892	0. 0003
	SIZE	12. 5820	< 0. 0001	158. 3066	< 0. 0001
	LEV	9. 6979	< 0. 0001	94. 0490	< 0. 0001
	ROA	- 5. 0961	< 0. 0001	25. 9706	< 0. 0001
	Market	4. 8217	< 0. 0001	23. 2485	< 0. 0001
	Protect	3. 1433	0. 0017	9. 8804	0. 0017
坏账准备转回	*SIZE*	7. 3180	< 0. 0001	53. 5531	< 0. 0001
	LEV	6. 9539	< 0. 0001	48. 3562	< 0. 0001
	ROA	- 2. 8390	0. 0045	8. 0602	0. 0045
	RAC	3. 9492	< 0. 0001	15. 5959	< 0. 0001
	NX	- 1. 9892	0. 0468	3. 9568	0. 0468
	Protect	- 1. 6875	0. 0915	2. 8475	0. 0915

表 3 - 15　2007—2012 年差异显著的会计政策选择影响因素资料

年份		差异显著的变量名称和数量			
		研发支出费用化	交易性金融资产确认	公允价值变动损益确认	坏账准备转回
2007	名称	Type **,GDP **, Market *	LEV ***,Market **, Protect **,ROA ***, ΔCEO **,NX *	Type *,GDP *,LEV ***, Market ***,Protect ***, ROA ***,ΔCEO ***, NX ***	SIZE *,LEV ***, Protect **,ROA ***
	数量	3	6	8	4
2008	名称	Type ***,GDP ***, SIZE **,ROE **, ROA **,NX *	Type ***,GDP ***, Industry ***,SIZE ***, Market ***,ProtectLS *, ROELS *,ROA ***	Type ***,GDP ***, Industry ***,Market ***, Protect *,SIZE ***, LEV *,ROA **,RBC **, NX *	Market **, Protect **, SIZE ***
	数量	6	8	10	3
2009	名称	Type ***,GDP ***, Market ***,SIZE ***, Protect ***,LEV ***, ROE ***,ROA ***, RBC ***,ΔCEO **, NX ***	Type ***,GDP ***, Industry ***,Market ***, SIZE ***,ROE **, RBC *,NX ***	Type **,GDP ***, Industry **, Market ***, SIZE ***,LEV ***, ROE **,ΔCEO **	Protect ***, SIZE ***, NX *
	数量	11	8	8	3
2010	名称	Type ***,GDP ***, Industry ***,SIZE ***, LEV ***,Market ***, Protect ***,ROE ***, ROA ***,RBC ***, RAC ***,NX **	Type **,GDP **, Industry **,SIZE ***, LEV ***,Market ***, RBC ***,RAC ***, NX *	Type ***,GDP **, Industry ***,SIZE ***, LEV ***,Market ***, RBC *,RAC ***	GDP **,Market ***, Protect ***,SIZE ***, LEV ***,RBC **, RAC ***
	数量	12	9	8	7

续表

年份		差异显著的变量名称和数量			
		研发支出费用化	交易性金融资产确认	公允价值变动损益确认	坏账准备转回
2011	名称	Type***,GDP***,Industry***,SIZE***,LEV***,Market***,Protect***,ROA***,RBC***,RAC***,NX***,ΔCEO*	Type***,GDP***,Industry***,SIZE***,LEV***,Market***,RBC***,ROE***,NX***,Protect*	Type***,GDP**,Industry***,SIZE***,LEV***,Market***,Protect***,ROA*,ROE***,RBC***,NX***	Type*,Industry*,SIZE***,LEV***,RBC***,RAC***,NX***
	数量	12	10	11	7
2012	名称	Type***,Industry***,SIZE***,LEV***,Market***,Protect**,ROE*,ROA***,RAC***,ΔCEO***	Type***,Industry***,SIZE***,LEV***,ROA***,ROE**,Market***	Type***,Industry***,SIZE***,LEV***,Market***,Protect***,ROA***	SIZE***,LEV***,ROA***,RAC***,NX**,Protect*
	数量	10	7	7	6

注：***表示双尾显著性水平在1%以上，**表示双尾显著性水平在5%以上，*表示双尾显著性水平在10%以上。

从表3-14、表3-15可以看出，解释变量中，产业类型（Type）、国内生产总值（GDP）（2012年除外）、行业集中度（Industry）三个变量在研发支出费用化、交易性金融资产确认和公允价值变动损益确认三项政策中差异非常显著，特别是在研发支出费用化和公允价值变动损益确认的各年选择中均差异显著，其他变量的差异显著性没有任何一个能与其媲美。控制变量中，只有市场化指数变量在各年的公允价值变动损益确认政策中差异十分显著；资产规模变量只在2008—2012年的四项会计政策选择中差异显著。因此，产业类型、国内生产总值和行业集中度三个变量很好地反映了

2007—2012 年会计政策选择的影响因素。

（二）多元回归分析

首先确定被解释变量的数值。根据各年差异显著的变量数量，对每一年四种会计政策对盈利影响程度进行排序，并计算策略值，如表 3 – 16 所示。

表 3 – 16　2007—2012 年四种会计政策影响程度排序及策略值

年份	会计政策	研发支出费用化	交易性金融资产确认	公允价值变动损益确认	坏账准备转回
2007	排序	4	2	1	3
	策略值	1/4	1/2	1	1/2
2008	排序	3	2	1	4
	策略值	1/2	1/2	1	1/4
2009	排序	1	2	3	4
	策略值	1	1/2	1/2	1/4
2010	排序	1	2	3	4
	策略值	1	1/2	1/2	1/4
2011	排序	1	3	2	4
	策略值	1	1/2	1/2	1/4
2012	排序	1	2	3	4
	策略值	1	1/2	1/2	1/4

依据表 3 – 16 对各年四项会计政策选择的赋值，计算各上市公司会计政策选择策略值，作为模型（3 – 2）中被解释变量的数值。

采用逐步回归分析法，获得各年拟合优度最高的回归结果。其中，2012 年回归结果如表 3 – 17 所示，2007—2012 年的回归结果简要列示于表 3 – 18 中以进行比较。

表 3 – 18 中"对照回归结果"一栏是去掉产业类型、国内生产总值和行业集中度三个解释变量后的结果，与"回归结果"一栏的数据相对比，可以反映出加入产业类型等三个解释变量以后对模型

的改进。从 2008 年开始，加入产业类型等三个解释变量以后的模型拟合优度（Adj R^2）逐渐高于未考虑产业类型等变量的模型拟合优度，到 2011 年达到最高，表明近年来产业类型已成为对会计政策选择的影响越来越大的因素。

表 3 - 17 2012 年会计政策选择多元线性回归分析

变量	预期符号	Parameter Estimate	Standardized Estimate	t Value	Pr > |t|	Variance Inflation
Intercept		- 0. 27375	0. 23707	- 1. 15	0. 2483	0
Type	+	0. 41332	0. 02730	15. 14	< 0. 0001	1. 26962
GDP	-	- 0. 13634	0. 02894	- 4. 71	< 0. 0001	1. 23270
Industry	-	- 0. 02530	0. 00903	- 2. 80	0. 0051	1. 16573
SIZE	+	0. 21734	0. 01870	11. 62	< 0. 0001	1. 07448
LEV	+	0. 12533	0. 02415	5. 19	< 0. 0001	1. 09016
ROALS	-	- 0. 03034	0. 00876	- 3. 46	0. 0005	1. 14369
RBC	-	- 0. 09349	0. 03540	- 2. 64	0. 0083	1. 03820
RAC	+	0. 09708	0. 02898	3. 35	0. 0008	1. 03588
ΔCEO	-	0. 12731	0. 02508	5. 08	< 0. 0001	1. 06536
Market	+	- 0. 00915	0. 00615	- 1. 49	0. 1368	1. 15382
ProtectLS	+	0. 04472	0. 01494	2. 99	0. 0028	1. 12498

F = 52. 03，Pr > F ≤ 0. 0001，Adj R^2 = 0. 1962

四 研究结论与局限性

（1）以研发支出费用化、交易性金融资产确认、公允价值变动损益确认和坏账准备转回四种会计政策为例，本书分析了产业类型对会计政策选择的影响程度，发现在控制了公司规模、偿债能力、盈利能力、再融资状况、高管报酬和异动信息等内部特征和市场化指数、地区产权保护指数等外部环境特征变量之后，产业类型显著影响上市公司的会计政策选择，并且影响力逐年增强，说明我国上市公司会计政策选择越来越重视恰当、如实地反映不同产业的经营活动，选择行为趋于成熟。

表 3 – 18　　2007—2012 年会计政策选择多元线性回归结果

年份	样本量（家）	重要影响因素（按照 T 值排序）	回归结果	对照回归结果
2007	1460	地区产权保护指数、总资产利润率离散值、市场化指数离散值、高管变更、高管报酬、资产规模、净资产收益率离散值、实际再融资、资产负债率离散值和产业类型	F = 11.58，Adj R^2 = 0.0681	F = 12.87，Adj R^2 = 0.0687
2008	1599	资产规模、市场化指数、总资产利润率离散值、产业类型、地方产权保护指数离散值、净资产收益率、行业集中度、高管报酬	F = 22.48，Adj R^2 = 0.1152	F = 27.32，Adj R^2 = 0.1066
2009	1690	资产规模、产业类型、国内生产总值、实际再融资、高管报酬、资产负债率离散值、净资产收益率离散值、市场化指数离散值和地区产权保护指数离散值	F = 31.63，Adj R^2 = 0.1410	F = 33.66，Adj R^2 = 0.1199
2010	2035	产业类型、资产规模、国内生产总值、资产负债率离散值、计划再融资、地区产权保护指数、实际再融资、行业集中度和市场化进程指数离散值	F = 55.29，Adj R^2 = 0.1945	F = 45.74，Adj R^2 = 0.1171
2011	2027	产业类型、资产规模、高管报酬、国内生产总值、实际再融资、资产负债率离散值、行业集中度、总资产利润率离散值、高管变更、计划再融资、市场化指数离散值和地区产权保护指数	F = 44.24，Adj R^2 = 0.2048	F = 34.60，Adj R^2 = 0.1305
2012	2513	产业类型、资产规模、资产负债率、高管变更、国内生产总值、总资产利润率离散值、计划再融资、地区产权保护指数离散值、行业集中度、实际再融资和市场化指数	F = 52.03，Adj R^2 = 0.1962	F = 33.93，Adj R^2 = 0.1056

（2）不同产业类型的上市公司，选择四种会计政策的倾向性不同。由于不同产业类型的上市公司主营业务、经营管理水平不同，第二产业上市公司较多选择研发支出费用化政策，第三产业的上市公司较多选择交易性金融资产确认和公允价值变动损益确认政策，第一产业则呈现不断的突变状态。

（3）从发展趋势来看，三种产业类型的上市公司越来越多地选择研发支出费用化政策，选择交易性金融资产确认和公允价值变动损益确认、坏账准备转回政策的上市公司比例则逐年缓慢减少，说明上市公司越来越重视公司的长期发展和盈利能力的持续增长。

（4）本书仅以研发支出费用化、交易性金融资产确认、公允价值变动损益确认和坏账准备转回四种会计政策分析产业类型对会计政策选择的影响程度，研究结论难免有失偏颇，不够全面，有待进一步完善。

第四章　理论总结

根据第二章的理论分析以及第三章的实证分析，现分别从会计政策选择行为假设、会计政策选择行为主体理论、会计政策选择行为客体理论等方面进行理论总结。

第一节　会计政策选择行为假设研究

关于会计政策选择行为假设，现有研究从资源稀缺性、不确定性、信息不完备性、交易成本为正、有限理性、机会主义等方面提出多种观点。这些观点从不同视角对会计政策选择行为进行了解读，其中也蕴藏着一些共性，达成了思想共识。下文在认知这些思想共识的基础上，对会计政策选择行为的特征进行分析，并比较会计政策选择行为假设的有效契约观与机会主义观的影响力。

一　不同会计政策选择行为假设中的思想共识

（一）会计政策选择行为的实质——基于计划行为理论（TPB）视角的解读

计划行为理论（Theory of Planned Behavior, TPB）认为人的行为是经过深思熟虑的计划的结果，所有可能影响行为的因素都是由行为意向来间接影响行为的表现。会计政策选择作为一项会计信息的生产和分配活动，其实质是生成会计信息的会计行为。由于会计行为目标是会计目标和会计行为主体动机两者互动均衡的结果，所以，会计政策选择这一会计行为目标的实现受制于会计政策选择行为主体（以下简称行为主体）的动机，而行为主体的动机会影响会计信息质量，且在不同动机下会产生不同的经济后果，进而对信息使用者的利益产生影响。为了平衡不同信息使用者的利益，会计政策选择行为必然存在一些外在约束，比如会计法、会计准则、会计管制等，行为主体在确定行为意向和采取实际行为时，需考虑这些外在约束，即会计政策选择行为实质上是会计政策选择行为主体计划的结果，所有可能影响行为的因素都会影响到行为主体的行为意向，进而影响到行为主体的实际行为，即会计政策选择行为契合计划行为理论思想的内涵。

（二）会计政策选择行为假设的实质——基于计划行为理论（TPB）视角的解读

会计政策选择行为假设可谓是会计政策选择行为的理论解释，其是在经验总结或演绎推理的基础上对会计政策选择行为客观存在的一种理性阐释。综观现有的理论观点，按照计划行为理论对其进行共性的总结，可将这些理论观点归类为主观态度和周遭因素两类，即会计政策选择行为主体的主观态度或者其所面临的周遭因素。比如，有限理性、机会主义等可归类为主观态度；资源稀缺性、不确定性、信息不完备性等可归类为周遭因素。而且，主观态度和周遭因素之间是可以相互转化的。比如，机会主义在传布后，会积累成周遭因素，机会主义行为会成为一种普遍存在；信息不完备性经过积累会转化为主观态度，行为主体会认为会计政策选择行为是一种客观存在。鉴于此，会计政策选择行为假设实质上是行为主体的一种主观态度或者所面临的周遭因素，是会计政策选择行为的理性解释。

（三）会计政策选择行为的通识解读

根据会计政策选择行为的实质，其契合了计划行为理论的思想，是行为主体的主观态度和周遭因素综合作用的结果。由于不同的会计政策选择行为假设中具有思想共识，为对会计政策选择行为予以通识解读奠定了基础。

行为意向是行为动机的重要体现，它是行为主体的主观态度和周遭环境综合作用的结果。会计政策选择行为主体的主观态度及其所处的周遭环境综合作用，形成了该行为主体的行为意向。此外，由于主观态度和周遭因素的可转化性，周遭因素累积会转化为主观态度，而主观态度在传布后，也会积累成周遭因素。因此，某一特定会计政策选择行为假设可以在是归属于主观态度还是归属于周遭环境之间相互转化，这也意味着不同的会计政策选择行为假设可能是不相互排斥、可共存的。比如，机会主义假设和有效契约假设并非完全互斥，某一会计政策选择行为可以同时体现机会主义观和有效契约观。

综上分析，虽然关于会计政策选择行为假设存在多种观点，但由于其中存在着思想共识，对会计政策选择行为可以予以通识解读，其逻辑关系为：会计政策选择行为是生成会计信息的一个会计行为过程，这一会计行为目标的实现受制于会计行为主体的行为意向，而该行为意向是会计行为主体主观态度和周遭环境综合作用的结果，由于主观态度和周遭环境可以相互转化，在同一会计政策选择行为中，可以同时体现多种会计政策选择行为假设的思想。

二 会计政策选择行为特征分析

由于会计政策选择行为是行为主体主观态度和周遭因素共同作用的结果，主观态度是行为主体的行为是否具有主观能动性的原因，周遭因素是行为主体的行为是否具有依存性、受制性的依据，而主观态度和周遭因素则是行为主体的行为是否具有技术性的动力所在。鉴于此，主要围绕主观能动性、依存性和受制性、技术性等方面对会计政策选择行为的特征进行分析。

（一）主观能动性

行为主体对会计政策选择行为的态度是影响其行为意向和实际行为的关键因素之一，不同行为主体对会计政策选择行为的主观能动性是有所区别的。

在拟通过会计政策选择行为实现特定目的的情况下，比如，基于盈余管理、为了符合上市条件、实现经营的高外向度等原因，行为主体对会计政策选择行为具有较强的主观能动性。但即便是在均能通过会计政策选择达到特定目的的情形下，不同的行为主体对会计政策选择行为的态度也有所不同，这是因为行为主体对会计政策选择行为的偏好不同，对不同类型的会计准则偏好亦不同。比如，实证研究表明：有的行为主体倾向于选择规则导向型会计准则，认为在规则导向型会计准则下，更容易确定出满足管理层动机需要的、精确的临界会计数值（Kang 和 Lin，2011）；有的行为主体倾向于选择原则导向型会计准则，认为该导向型下的会计准则由于不能提供一个完善的体系以限制管理层在会计准则执行中的原则判断，更易于进行会计政策选择（Wstemann 和 Wstemann，2010）。

可以看出，行为主体的态度具有很大的不确定性，导致会计政策选择行为具有不同的主观能动性。行为主体对会计政策选择行为的认可程度以及由此而产生的针对该行为的主观能动性，是其利己动机（比如谋求自身利益最大化）和利他动机（比如满足信息使用者决策需要）博弈的结果，在这一博弈过程中，周遭因素会对博弈结果产生重要的影响，两者之间的平衡需要周遭因素的调节，周遭因素制约行为主体的主观态度。鉴于此，行为主体的主观能动性大小是其内在动力与所面临的外在约束共同作用的结果。

（二）依存性和受制性

人们的有限理性、信息的不完全性以及交易事项的不确定性，使得明晰所有特殊权力的成本过高，完全契约的拟定是不可能的，不完全契约则是必然和经常存在的，这意味着会计政策选择行为是一种客观存在。所有者与管理层之间存在委托代理关系，该关系的存续需要依靠交易成本来维持。董事会、监事会和管理层之间存在着相互制约性和委托代理关系，在缺乏有效制度安排的情况下，代理人行为可能最终损害委托人的利益，产生操纵会计政策选择行为的问题。鉴于此，会计政策选择行为虽是依存于周遭因素的客观存在，但亦受制于周遭因素。比如，会计政策选择行为虽依存于信息不完备性这一周遭因素，但亦受制于资源稀缺性这一周遭因素，即资源稀缺性的存在，使得会计政策选择行为所产生的结果必须符合能够获得稀缺资源的标准。企业若欲通过会计政策选择行为实现获得上市资格这一稀缺资源的目的，则会计政策选择行为所产生的结果必须符合企业的上市条件。

综上所述，会计政策选择行为虽是依存于周遭因素的一种客观存在，但亦受制于周遭因素。

（三）技术性

行为主体的主观态度和周遭因素均会影响到会计政策选择行为，而主观态度和周遭因素是可以改变的，这意味着通过对主观态度和周遭因素的改变，可以影响到会计政策选择行为的结果，表明会计政策选择行为是具有技术性的。现分别从主观态度和周遭因素两个方面分析会计政策选择行为技术性存在的原因。

在主观态度方面，关键要素是有限理性。无论是行为主体，还是对会计政策选择行为予以约束的监管方，均是有限理性的，不能够完全预测未来可能发生的情况，为会计政策选择行为的存在提供了空间。在此基础上，监管方和会计政策选择行为主体之间的关系会呈现出两种态势：合谋和监督。在合谋的情况下，监管方和行为主体之间可能会产生规则诱致性合谋，或者监管方和行为主体出于共同利益的考虑而产生违规性合谋。但无论是规则诱致性合谋还是违规性合谋，均存在着利益的考量，会计政策的技术型选择则是能够实现利益考量目的的首选。在被监督的情况下，行为主体可能会采取两种行动：一种是行为主体在面对外部压力时，被倒逼遵循会计准则，此时的会计政策选择行为以提供客观的会计信息为目的，会计政策选择是属于技术型还是交易型，并非关注的重点；另一种是行为主体即便面临着外部压力，但出于利益的考量，仍以符合利益考量条件为主要目的，会计政策选择以技术型为主导。

在周遭因素方面，关键要素是信息不完备性和正交易成本。①信息不完备性。在信息不完备的情况下，行为主体可能出现逆向选择和道德风险问题，这些问题的存在会使得行为主体面临一定的风险，导致行为主体需要进行成本收益的度量，若会计政策选择行为所能带来的收益大于行为主体面临风险所产生的成本，会计政策选择行为便可能发生。而要达到收益大于成本这一状态，行为主体选择会计政策的最终后果必须能够改变公司的内在价值，即进行会计政策的技术型选择。②正交易成本。周遭因素可以影响人们的经济行为，而不同的经济行为具有不同的经济后果，进而会影响到经济活动的收益。当行为主体为满足投资者的信息要求而进行会计政策选择时，提供给信息使用者的会计信息应是高质量的，而高质量会计政策选择行为信息的披露，可以缓解信息不对称、降低交易成本。但此时的会计政策选择是以信息的如实反映为目的，会计政策选择是技术性选择还是交易性选择处于次要地位，会计政策选择行为的技术性特征不显著。当行为主体是基于私利目的而进行会计政策选择时，所提供的会计政策选择行为信息可能质量不高，可能会导致投资者做出错误的决策，增加交易成本。但由于此时的会计政策选择行为具有私利方面的考虑，为了满足实现这些私利的条件要求，能够影响企业价值的技术型会计政策选择则成为首选。

综上所述，行为主体的主观态度和周遭因素是会计政策选择行为具有技术性的重要原因。但在不同的情况下，行为主体对技术型选择的偏好会有所不同。

三　有效契约观与机会主义观的影响力分析

有效契约观和机会主义观是解释会计政策选择行为产生的原因及动机的两种重要观点。在会计政策选择行为中，哪种观点占主导地位是人们关注的重点。若对两种观点在会计政策选择行为中的影响力进行分析，需先对有效契约缔结和机会主义行为发生之间的逻辑关系进行梳理，在此基础上分析两者影响力的发挥机理，进而明晰二者之间的影响力差异。

（一）有效契约与机会主义之间的逻辑关系

由于会计政策选择行为是一种依存于周遭因素的客观存在，契约缔结方能够预知到会计政策选择行为的存在，因此，契约缔结方会先于会计政策选择行为的发生而缔结契约，这意味着契约缔结是先于机会主义存在的。由于会计政策选择行为又受制于周遭因素，如果其他契约方预测或者发现行为主体可能存在机会主义行为，则可能通过改变周遭因素而限制机会主义行为的发生。比如，通过增加外在约束改变行为主体的主观态度，进而影响到该行为主体的内在动力，最终达到抑制机会主义行为发生的目的。综上所述，一般而言，契约是先于机会主义而存在的，且通过契约修订可以影响机会主义行为的发生。

（二）有效契约观与机会主义观的作用机理差异

在有效契约缔结收益考量为正的情况下，有效契约的缔结在一定程度上具有压制机会主义的作用，通过契约设计可以实现压缩机会主义行为空间的目的。不管是显性契约还是隐性契约，均是对契约方具有一定强制性约束的设计，是比自我约束更具强制性的一种主观规范。在通过契约设计尽可能压缩机会主义行为空间的情况下，行为主体的主观态度和内在动力会发生改变，而这些改变会使行为主体逐渐进入遵守契约这一路径，使这一既定路径逐步得到强化，形成正向的路径依赖，而长期积极的、正向的路径依赖，会形成良好的发展惯性，起到正反馈作用，通过惯性和冲力产生飞轮效应，即不需要花费太多的额外付出，使契约遵守形成良性循环。

在有效契约缔结收益考量为负的情况下，所缔结的契约会出现两种结果：一是行为主体违约；二是各契约缔结方合谋。在第一种情况下，行为主体的周遭因素为其提供了较大的机会主义行为空间，为行为主体的违约提供了前提条件，行为主体会出于私利动机而采取机会主义行为。在第二种情况下，行为主体和行为主体的监管方会产生规则诱制性合谋，或者各契约方出于共同利益的考虑而进行违规性合谋。

综合上述分析，在有效契约缔结收益考量为正的情况下，有效契约对机会主义行为具有压制作用，且可以形成路径依赖和飞轮效应。在有效契约缔结考量为负的情况下，契约的有效性不足以规避机会主义行为的发生，为行为主体的违约或者各契约方的合谋提供了空间。

（三）有效契约观与机会主义观的影响力差异分析

由于有效契约观与机会主义观作用机理存在差异，二者的效力亦存在一定的差异。

在有效契约缔结收益考量为正的情况下，有效契约的强制性和约束性较强，可以影响行为主体的心理和意识，调节行为主体的行为，并使得行为主体的行为导向有契约条款可依，能够对行为主体的行为进行标准检验，在存在机会主义的情况下，能够及时发现、纠正，使得行为主体记住其自身过去的状态并反馈相关的信息，达到抑制机会主义行为这一确定的目标和遵守契约的效果。鉴于此，在此情况下，有效契约观的影响力强于机会主义观，有效契约对机会主义行为具有约束作用。

在有效契约缔结收益考量为负的情况下，有效契约的强制性和约束性较弱，违背契约或者合谋的机会主义行为发生的可能性较大。行为主体为达到特定目的，其自身的需要、行为均会受到影响，机会主义行为发生的概率较大。在此情况下，有效契约观的影响力由于契约设计成本、契约方的有限理性等原因而被弱化，机会主义观的影响力则得以显现。

第二节　会计政策选择行为主体理论研究

会计政策选择是行为主体在经济环境、制度环境、行为认知等因素控制下的一种理性行为，行为主体的行为特征会随着其所面临的约束要素的变化而发生变化，适时把握会计政策选择行为的特征变化，方可客观认识该行为可能产生的经济后果，并对该行为进行科学的管制。

一 会计政策选择行为的特征变化——基于计划行为理论视角的分析

会计政策选择行为是其行为主体经过深思熟虑计划的结果，适用于计划行为理论（Theory of Planned Behavior，TPB），从 TPB 理论视角可对行为主体的一系列行动进行科学的解读。TPB 理论共包含态度（Attitude）、主观规范（Subjective Norm）、知觉行为控制（Perceived Behavioral Control）、行为意向（Behavior Intention）、行为（Behavior）五个要素，基于这五个要素可对行为主体对会计政策选择行为的偏好、选择时所受的规范制约和行为约束、最终的行为意向以及所选择的行为予以阐释。根据本书的研究结果，行为主体的行为特征已经呈现出新的变化，现基于 TPB 理论，分别从以下五个方面对这些行为特征的变化进行评价。

（一）态度：会计政策选择行为主体的偏好

按照 TPB 理论，态度是指个人对某一特定行为所持有的正面或负面的感觉，亦即个人对此特定行为的评价经过概念化之后所形成的态度。由于会计准则具有不完全性，会计准则与其所反映的经济事项之间存在着矛盾，使得会计政策选择机会成为一种客观存在（唐松华，2000；申香华，2005）。鉴于会计政策选择这一特定行为可能带来的受托责任履行、风险规避、薪酬、声誉等方面的收益（宋在科、王柱，2008），行为主体在经过对这些行为后果进行评价并予以概念化后，对会计政策选择行为会持有偏重的态度，即由于会计政策选择具有经济后果性，行为主体可能会基于自身利益的考虑，通过操控会计政策选择以达到其特殊目的，导致违背会计准则制定初衷的可能性出现。

随着行为主体外在约束的持续强化、会计准则执行机制的不断完善，以及会计伦理意识的不断深入，行为主体的偏好由最初的操纵会计政策选择行为（即采用机会主义行为观）逐步转变为寻求最优的会计政策选择策略（即如何通过策略组合达到管理层的预期目的）。但是会计政策选择策略的目的仍和机会主义观下的行为目的一致，即主要以实现特殊目的的消极动机为前提，基于积极动机（比如提高会计信息质量）的策略选择行为较少。

（二）主观规范：会计政策选择行为主体的外在约束

按照 TPB 理论，主观规范是指个人对于是否采取某项特定行为所感受到的社会压力，亦即在预测他人行为时，那些对个人行为决策具有影响力的个人或团体（Salient Individuals or Groups）对于个人是否采取某项特定行为所发挥的影响作用的大小。当将 TPB 理论应用于会计政策选择领域时，此处所言的主观规范指对会计政策选择行为具有管制作用的外在约束。由于经济后果、政治成本、市场有效性等因素的影响，政府对会计政策选择是予以管制的，行为主体面临着外在约束。与此同时，行为主体亦对会计政策管制对其自身的各种影响进行了研究，比如会计政策选择管制与管理层的反应等。

外在约束可以分为显性外在约束和隐性外在约束。显性外在约束是指明确要求行为主体遵循其管制的约束因素，比如会计法、会计准则等。隐性外在约束是指尚未明确要求行为主体遵循其管制，但却实质上对行为主体具有管制作用的约束因素，比如制度环境、会计伦理等。对于显性外在约束，行为主体具有比较清晰的认知，且可以比较有效地判断出其对行为主体的某项决策行为的影响。显性外在约束一直是行为主体进行行为决策时较注重的影响因素。

目前，行为主体在进行会计政策选择时，越发注重隐性外在约束。利益相关者的特征差异及其利益索求差异、会计准则执行环境的动态变化、企业跨国经营的特殊约束、宏观经济政策的波动等均可能对会计政策选择行为造成影响，而且其中可能蕴藏着全新的外在约束，即隐性外在约束。此外，由于会计伦理具有增强管理当局责任、调整相关者行为等功利价值（翟胜宝，2009），可对会计政策选择行为发挥影响作用，且对行为主体的约束程度呈上升趋势。

（三）知觉行为控制：会计政策选择主体的内在动力

按照 TPB 理论，知觉行为控制是指反映个人过去的经验和预期的阻碍，当个人认为自己所掌握的资源与机会越多、所预期的阻碍越少，则对行为的知觉行为控制就越强。而其产生影响的方式有两种：一是对行为意向具有动机上的含义；二是其亦能直接预测行为。

会计准则这一公共合约具有不完全性，会计准则与其所反映的经济事项之间存在着矛盾，使得会计政策选择机会成为一种客观存在（唐松华，2000；申香华，2005）。经济后果论的问世、三大假设的提出[①]，以及学术界所进行的大量研究等，均为会计政策选择行为的存在提供了实证。现有研究表明，我国会计政策选择行为主体的内在动力主要是符合证券市场的监管政策[②]（陈小悦、肖星、过晓艳，2000；王跃堂，2000）、取得预期审计意见（王跃堂，2000）等。

目前，行为主体进行会计政策选择的内在动力仍未发生显著的变化，符合证券市场监管政策要求、完成受托责任等仍是行为主体进行会计政策选择的主要内在动力。由于行为主体的信息优势以及会计政策选择机会的客观存在，行为主体所掌握的资源和机会仍然比较多，但由于会计政策选择监管力度的日益增大以及社会公众对会计政策选择行为识别能力的逐渐提升，行为主体所预期的阻碍也在不断增加。但总体而言，行为主体对进行会计政策选择知觉行为的控制仍然比较强，会计政策选择仍是一种具有普遍性的行为。

（四）行为意向：会计政策选择主体的行为意向

按照 TPB 理论，行为意向是指个人对于采取某项特定行为的主观概率的判定，反映了其对于该行为的采取意愿。

行为主体对会计政策选择这一项特定行为具有较高的采取意愿，即采取会计政策选择行为的主观概率较大。对于是否采取会计政策选择这一特定行为进行主观概率判定，所选取的理论依据，以往主

[①] 即关于会计政策选择动机的三大假设：分红计划假设、债务契约假设、政治成本假设。

[②] 比如配股政策、特别处理（简称 ST）政策、暂停交易政策等。

要是契约理论、利益相关者理论、经济后果理论等，且主要立足于单一理论。

随着行为主体对会计政策选择行为认识的逐渐加深，行为主体在对是否采取会计政策选择行为进行主观概率判定时，从依据单一理论逐步转变为依据组合理论，即运用两种或两种以上理论综合对会计政策选择的影响方面予以主观判定。理论依据可以明确会计政策选择的动因、可能产生的经济后果以及规避不利后果的策略，而组合理论视角可以从全局观把握其实质及可能产生的经济后果，因此，依据组合理论对是否采取会计政策选择行为进行主观概率判定更具科学性。

（五）行为：会计政策选择主体的实际行为

按照 TPB 理论，行为是指实际采取的行动。行为主体通过其主观偏好、外在约束与内在动力综合作用于其行为意向，而其行为意向则直接导致其实际行为的发生。

对行为主体的实际行为进行分析，其特征呈现出两大新的变化：第一，注重新生会计政策的选择。我国会计准则的实质趋同以及会计环境的动态变化，使得我国会计准则处于比较频繁的制定与修订之中，从而为行为主体提供新的选择空间。行为主体对新生会计政策的选择关注度比较高，这是一种合乎准则要求的理性选择。第二，注重会计政策选择策略。对会计政策选择实行策略化，注重多项会计政策的组合选择，且在选择的过程中，机会主义的倾向逐渐弱化。

综上所述，虽然行为主体在进行会计政策选择时，所面临的外在约束即预期阻碍较多，但由于其拥有的信息优势以及会计政策选择机会的客观存在，行为主体对会计政策选择的知觉行为仍然具有很强的控制力。行为主体进行会计政策选择的目的并未发生本质的变化，但其行为偏好更多地体现为寻求最优的会计政策选择策略，且注重新生会计政策的选择。这些偏好更多的是一种合乎准则要求的理性选择，而不是机会主义选择。在进行会计政策选择时，行为主体不仅更加注重隐性外在约束的影响，而且亦开始关注多个隐性外在约束的综合影响。此外，行为主体在对是否采取会计政策选择行为进行主观概率判定时，开始注重从组合理论的视角予以判定，判定依据更具科学性。

二　会计政策选择行为的优化

围绕着前文对会计政策选择行为特征变化的分析，可以从以下三个方面对会计政策选择行为进行优化：

（一）行为主体的外在约束

1. 会计准则执行机制的完善诉求

会计信息质量是会计准则质量与会计准则执行效率的函数（Kothari，2000），且由于会计准则并非一种真正的制度，无法自我执行，需要附加一种额外的执行机制（姜英兵、严婷，2012），即会计准则执行机制，因此，会计准则能否得以有效执行以及在此基础上所衍生的会计信息质量均与会计准则执行机制密切相关。会计政策选择是在会计准则执行机制约束下，会计主体根据自身目标在可供选择范围内进行选择并拟定会计政策的过程。然而，由于会计政策选择具有经济后果性，即通过会计政策选择可以影响公司价值，因此，管理层可能会基于自身利益的考虑，通过操控会计政策选择以达到其特殊目的，违背会计准则制定的初衷，达不到执行的预期效果，迫切需要会计准则执行机制的有效约束。此外，由于目前会计理论的逐渐发展、会计准则的不断完善以及会计改革的持续推进，会计准则执行的地位日益提升，不少学者提出会计准则的制定和执行机制的建设应当并举，甚至有一些学者提出会计准则的执行比会计准则本身更重要[①]。在当前趋于选择执行 IFRS 以及会计政策变化较为频繁的背景下，迫切需要会计政策选择行为的外在约束机制——会计准则执行机制的构建及完善。

---

① 姜英兵（2005）、陈继初（2009）提出了该观点。

2. 未明影响因素的深度探究

按照利益相关者管理理论，企业的经营管理者为综合平衡各个利益相关者的利益要求会进行一系列管理活动。会计政策选择实质上是平衡利益相关者利益要求的一项活动，会计政策选择的结果是各个利益相关者博弈的结果。利益相关者的特征差异及其利益索求差异、会计准则执行环境的动态变化、企业跨国经营的特殊约束、宏观经济政策的波动等均可能会对会计政策选择造成影响，而且其中可能蕴藏着全新的影响因素。对未明影响因素进行深度探究，是认知会计政策选择、指引会计准则制定、完善会计准则执行机制的必由之路。此外，以往行为主体的选择更多基于单一影响因素的分析，对于多个因素的综合影响考虑得相对较少。由于多因素综合影响更符合会计政策选择的实质，行为主体在以后的选择中需予以综合考量。

（二）行为意向的判定依据

以往，行为主体的行为意向判定依据主要是契约理论、利益相关者理论、经济后果理论等，而且主要依据某一特定单一理论。从组合理论视角，即以两种或两种以上理论综合对会计政策选择的影响作为行为意向的判定依据的则相对较少。理论依据作为会计政策选择的理论基础以及行为意向的判定依据，为会计政策选择实践提供了理论解释，可以从理论视角明确会计政策选择的动因、可能产生的经济后果以及规避不利后果的策略。而且，从组合理论视角进行行为意向的判定，可以从全局观把握其实质及可能产生的经济后果，以后需更多地以组合理论作为行为意向的判定依据。

（三）实际行为的选择

行为主体的实际行为选择主要集中在新生会计政策的选择、会计政策选择策略的寻求等方面，对行为主体的规范与优化也主要围绕这几方面进行。

1. 明晰新生会计政策选择的经济后果

国际政治经济金融格局的重构、会计环境的动态变化、利益相关者利益索求的变动以及会计准则导向的转移等均可能引起现行会计准则的修订或者新的会计准则的制定，准则的修订或者制定新准则均会导致会计政策的变化，出现一些新生的会计政策，使得会计政策可选择格局发生变化，催生了行为主体对新生会计政策选择的关注。由于会计政策变化的常态化，会计政策选择的实践视角将主要落在新生会计政策选择的经济后果方面。对新生会计政策选择的经济后果予以明晰，有助于行为主体对其行为意向和实际行为进行有效预测。

2. 会计政策选择策略路径探寻与测度量化

会计政策选择策略虽然引起了行为主体的注意，但关注度仍然较低，虽然对通过策略组合以达到行为主体的预期目的的方法进行了研究，但主要是出于消极动机的会计政策选择策略研究，对积极动机（比如提高会计信息质量）的策略选择研究则很少涉及。此外，关于会计政策选择总体状况（即会计政策选择策略）的测度研究尚处于起步阶段，其测度方法和程序尚缺乏科学性和条理性，对企业会计政策选择策略总体状况及原因的解释和评价鲜有涉及。行为主体应积极探寻会计政策选择策略，并对会计政策选择策略予以测度量化。

第三节　会计政策选择行为客体理论研究

会计政策选择行为客体，即会计政策选择行为的作用对象，由于其特点、性质等不同，可能被行为主体所偏好，也可能由于其对行为主体具有制约作用而被抑制。根据本书的研究，行为主体主要基于以下四个因素来确定行为客体：

1. 外部环境

外部环境主要体现为法律制度的健全程度、资本市场的成熟程度等。若法律制度不够健全、资本市场不够完善，行为主体在具有进行会计政策选择的动因下，会利用外部环境为行为主体提供有利空间，采取会计政策选择行为。

2. 内在动力

采取会计政策选择行为的内在动力主要有获取稀缺资源（比如上市资格）、担负企业应尽的职责、满足利益相关者的信息需求等。

3. 会计准则质量和性质

包括会计准则全面性（即会计准则是否涵盖企业日常会计工作中所遇到的全部会计事项）、会计准则认可度、会计准则类型等。会计准则全面，行为主体每一业务均有相应的准则予以规范，便可在一定程度上压缩行为主体的会计政策选择行为空间；会计准则的认可度高，则行为主体倾向于遵循会计准则；对于会计准则的类型，不同的行为主体有不同的偏好，有的行为主体偏好规则导向型会计准则，有的行为主体偏好原则导向型会计准则，行为主体会根据会计准则类型来确定是否采取会计政策选择行为。

4. 特殊因素

一些特殊因素亦会对行为主体的会计政策选择行为产生影响，比如企业生产经营的外向度、会计政策选择空间、行政因素等。若企业的生产经营外向度比较高，可在客观上促使行为主体遵守会计准则，对会计政策选择行为有所制约；若会计政策选择空间大，行为主体会基于各种特殊目的采取会计政策选择行为。此外，有些企业受到的行政干预比较多，行政干预程度越大，行为主体采取会计政策选择行为的可能性越大。

参考文献

［1］ 安同良、施浩、Ludovico Alcorta：《中国制造业企业 R&D 行为模式的观测与实证——基于江苏省制造业企业问卷调查的实证分析》，《经济研究》2006 年第 2 期。

［2］ 边泌、周晓苏：《如何看待"决策有用观"中会计信息的前瞻性——基于行为金融学和数据挖掘方法的实证研究》，《经济与管理研究》2007 年第 3 期。

［3］ 陈放：《公允价值计量模式选择动因与影响因素研究——基于金融资产分类的实证检验》，《财会月刊》2010 年第 6 期下。

［4］ 陈小悦、肖星、过晓艳：《配股权与上市公司利润操纵》，《经济研究》2000 年第 1 期。

［5］ 陈晓红、王艳、贺新闻：《企业研发支出资本化与盈余管理动机研究——基于上市公司的经验数据》，《北京理工大学学报》（社会科学版）2011 年第 6 期。

［6］ 陈鹰：《投资性房地产公允价值计量模式选择》，《财经问题研究》2010 年第 6 期。

［7］ 程华、李晓菲、李冬琴、居晟：《研发投入、技术能力与产出绩效关系的研究——基于帕维特产业分类的视角》，《中国科技论坛》2013 年第 1 期。

［8］ 樊纲、王小鲁、朱恒鹏：《中国市场化指数——各地区市场化相对进程 2009 年报告》，经济科学出版社 2010 年版。

［9］ 樊纲、王小鲁：《中国市场化指数——各地区市场化相对进程 2011 年报告》，经济科学出版社 2011 年版。

［10］高正平、张兴巍：《区域企业自生能力评价指数与区域经济发展实证——基于中国各地区的研究》，《财贸研究》2012 年第 4 期。

［11］葛家澍、杜兴强：《会计理论》，复旦大学出版社 2005 年版。

［12］国家统计局关于印发《三次产业划分规定》的通知（国统字［2003］14 号），2003 年 5 月 24 日。

［13］亨德里克森：《会计理论》，王瞻如、陈今池译，立信会计出版社 1988 年版。

［14］胡凯：《企业 R&D 行为影响因素研究：文献综述》，《江西农业大学学报》（社会科学版）2011 年第 4 期。

［15］黄辉：《数据挖掘技术在虚假财务报表识别中的应用研究》，《财会通讯》（综合）2008 年第 2 期。

［16］柯东昌：《研发投入资本化、净资本化与避免亏损、平滑利润动机——基于中国上市公司的经验证据》，《财会通讯》（综合）2013 年第 1 期。

［17］李芹芹、刘志迎：《中国各省市技术创新指数研究》，《科技进步与对策》2012 年第 10 期。

［18］李姝：《基于公司治理的会计政策选择》，《会计研究》2003 年第 7 期。

［19］李盈、邓尚民、庄新磊：《财务困境预测项目的 Clementine 数据流构建研究》，《财会月刊》2009 年第 2 期下。

［20］李增泉：《我国上市公司资产减值政策的实证研究》，《中国会计与财务研究》2001 年第 4 期。

［21］利特尔顿：《会计理论结构》，林志军等译，中国商业出版社 1989 年版。

［22］梁杰、吕唯：《基于模糊化遗传 BPN 财务报告舞弊甄别技术初探》，《财会通讯》（综合）2008 年第 11 期。

［23］梁杰、汪蚌午、刘英男：《上市公司会计政策选择的短期市场反应研究》，《沈阳工业大学学报》（社会科学版）2008 年第 1 期。

［24］ 梁杰、徐晋：《利用公允价值进行会计政策选择的经济动机分析——会计政策选择三大假设的检验》，《财会月刊》2010 年第 2 期。

［25］ 梁杰、于健：《公司治理对会计选择的影响——基于深沪 A 股东北上市公司的实证研究》，中国会计学会 2004 年学术年会论文集，2004 年。

［26］ 林钟高、刘捷先：《研发支出资本化与管理层薪酬契约——来自中国证券市场的经验证据》，《财经论丛》2012 年第 2 期。

［27］ 刘斌、胡媛：《组合会计政策选择的契约动因研究》，《财贸研究》2006 年第 2 期。

［28］ 刘斌、刘星、周轶强：《自愿性会计政策变更的市场反应研究》，《经济科学》2004 年第 4 期。

［29］ 刘斌、孙回回、李珍珍：《所得税会计政策选择的经济动因及实证研究》，《现代财经》2005 年第 5 期。

［30］ 马文超、吴君民：《企业存货政策选择的经济后果——会计准则变更的经验证据》，《经济科学》2010 年第 1 期。

［31］ 任保平、钞小静、魏婕：《中国经济增长质量报告（2012）——中国经济增长质量指数即省区排名》，中国经济出版社 2012 年版。

［32］ 邵翠丽：《管理者行为对会计政策选择的动因探讨》，《现代财经》2009 年第 8 期。

［33］ 申香华：《会计政策选择的经济学分析与治理创新》，《经济体制改革》2005 年第 3 期。

［34］ 施金龙、王盼盼：《新准则下企业存货计价会计政策选择税务筹划》，《财会通讯》2010 年第 2 期。

［35］ 石瑾、任维娜：《研发支出会计处理不足与改进》，《财会通讯》（综合）2012 年第 7 期上。

［36］ 世界银行：《政府治理、投资环境与和谐社会——中国 120 个城市竞争力的提升》，中国财政经济出版社 2007 年版。

［37］宋在科、王柱:《企业会计政策选择研究——基于利益相关者理论》,《会计研究》2008 年第 6 期。

［38］唐松华:《会计政策选择的经济学分析——必然性·影响因素·立场》,《会计研究》2000 年第 3 期。

［39］唐颖、戴书松:《市场化进程与研发支出关系的实证研究——基于中国制造业上市公司》,《会计之友》2012 年第 6 期下。

［40］田昆儒、姚会娟:《我国上市公司会计政策选择问题研究——基于上证 A 股上市公司年报数据的描述性统计分析》,《会计之友》2008 年第 8 期。

［41］瓦茨、齐默尔曼:《实证会计理论》,陈少华等译,东北财经大学出版社 1999 年版。

［42］汪士果、张俊民:《基于数据挖掘的会计舞弊识别问题研究综述》,《中南财经政法大学学报》2011 年第 1 期。

［43］王昌锐:《上市公司会计政策选择管制——研究现状与动态分析》,《中南财经政法大学学报》2008 年第 6 期。

［44］王小鲁、樊纲、李飞跃:《中国分省企业经营环境指数 2011 年报告》,中信出版社 2012 年版。

［45］王艳、冯延超、梁莱歆:《高科技企业 R&D 支出资本化的动机研究》,《财经研究》2011 年第 4 期。

［46］王玉涛、陈晓:《会计政策选择与市场反应——来源于新会计准则首次实施日的经验证据》,中国会计学会 2007 年学术年会论文,2007 年。

［47］王跃堂:《会计政策选择的经济动机——基于沪深股市的实证研究》,《会计研究》2010 年第 12 期。

［48］威廉·R. 斯科特:《财务会计理论》,陈汉文等译,中国人民大学出版社 2012 年版。

［49］吴东辉:《中国上市公司应计项目选择的实证研究》,《中国会计与财务研究》2001 年第 3 期。

［50］吴红根:《论企业研发支出制度》,《经济师》2013 年第 3 期。

[51] 吴静：《会计变更与股价的相关性研究》，天津财经大学硕士学位论文 2013 年版。

[52] 吴亮、符定红：《基于距离扩散的审计信息系统异常数据挖掘算法研究》，《长春理工大学学报》（社会科学版）2012 年第 2 期。

[53] 西蒙·库兹涅茨：《现代经济增长》，北京经济学院出版社 1989 年版。

[54] 徐全华：《上市公司 R&D 支出会计政策选择影响因素分析》，《财会通讯》（综合）2011 年第 5 期下。

[55] 许罡、朱卫东：《管理当局、研发支出资本化选择与盈余管理动机——基于新无形资产准则研发阶段划分的实证研究》，《科学学与科学技术管理》2010 年第 9 期。

[56] 闫明杰、郭宏：《国外会计政策选择研究述评及展望》，《财会月刊》2013 年第 8 期上。

[57] 闫明杰：《会计准则执行机制伦理思考》，《财会通讯》2014 年第 9 期上。

[58] 颜敏、李现宗、张永国：《产业类型与会计政策选择——对 2007—2012 年我国上市公司的实证分析》，《财会月刊》2015 年第 5 期中。

[59] 颜敏、潘广伟、董中超、谢庆：《基于新会计准则的上市公司会计政策组合选择分析》，《财会通讯》2010 年第 6 期。

[60] 颜敏、王平心、张永国：《我国上市公司会计政策组合选择现状研究——基于 2001 年沪深股市的经验检验》，中国会计学会 2004 年学术年会论文集，2004 年。

[61] 颜敏、王平心：《我国上市公司会计政策选择多样性研究》，《财会通讯》2006 年第 11 期。

[62] 颜敏、张永国、王艳、王翔：《基于数据挖掘的会计政策选择策略系数计量改进》，2014 年第 5 期下。

[63] 颜敏、张永国：《决定会计政策选择盈利策略的经济因素分

析——基于 2008 年深沪股市的经验检验》,《财会月刊》2010
年第 8 期下。

[64] 颜志元、鲁桂华:《会计估计变更市场反应的实证检验》,
《证券市场导报》2006 年第 8 期。

[65] 颜志元:《会计估计变更的动因分析》,《会计研究》2006 年
第 5 期。

[66] 叶建芳、周兰、李丹蒙、郭琳:《管理层动机、会计政策选择
与盈余管理——基于新会计准则下上市公司金融资产分类的
实证研究》,《会计研究》2009 年第 3 期。

[67] 翟胜宝:《上市公司会计政策选择的伦理思考》,《会计研究》
2009 年第 3 期。

[68] 张继东、廖青:《建立基于关联规则数据挖掘的会计研究分析
引擎》,《中国会计评论》2005 年第 2 期。

[69] 张永国、颜敏:《会计政策组合选择分析——基于 2007 年沪
深股市检验》,《会计之友》2010 年第 5 期。

[70] 周喜、曾丽:《孤立点数据挖掘技术在审计信息化中的应用研
究》,《南华大学学报》(社会科学版) 2011 年第 5 期。

[71] 宗文龙、王春、杨艳俊:《企业研发支出资本化的动因研
究——来自 A 股市场的经验证据》,《中国会计评论》2009 年
第 4 期。

[72] Aboody, D. , Lev, B. , "The Value Relevance of Intangibles: The Case of Software Capitalization", *Journal of Accouting Research*, 1998, 36 (Supplement): 161 – 191.

[73] Aharony, J. , Lee, C. W. J. and Wong, T. J. , "Financial Packaging of IPO Firms in China", *Journal of Accounting Research*, 2000 (38): 103 – 126.

[74] Astami, E. W. and Tower, G. , "Accounting – policy Choice and Firm Characteristics in the Asia Pacific Region: An International Empirical Test of Costly Contracting Theory", *The International*

Jouynal of Accounting, 2006, 41 (1): 1 - 21.

[75] Badertscher, B. A. , Collins, D. W. , Lys, T. Z. , "Discretion-
ary Accounting Choices and the Predictive Ability of Accruals with
Respect to Future Cash Flows", *Journal of Accounting & Econom-
ics*, 2012, 53 (1/2): 330 - 352.

[76] Ball, R. , "International Financial Reporting Standards (IFRS):
Pros and Cons for Investors", *Accounting and Business Research*,
2006 (36) (Special Issue): 5 - 27.

[77] Beatty, A. & Weber. , J. , "The Effects of Debt Contracting on
Voluntary Accounting Method Changes", *The Accounting Review*,
2003 (78): 119 - 142.

[78] Broberg, P. , Collin, S. - O. , Tagesson, T. , Axelsson, M. &
Schele, C. , "Why Reduce Profit? Accounting Choice of Impair-
ments in Swedish Listed Corporations?", Working Paper Series,
March 2007, ISSN: 1650 - 0636, Presented at the 30th Annual
Congress of the European Accounting ssociation, (EAA). Lis-
bon, Portugal.

[79] Bryant, L. , "Relative Value Relevance of the Successful Efforts
and Full Cost Accounting Methodsin the Oil and Gas Industry",
Review of Accounting Studies, 2003 (8): 5 - 28.

[80] Bujaki, Bruce. , "Income Tax Accounting Policy Choice: Expo-
sure Draft Responses and the Early Adoption Decision by Canadian
Companies", *Accounting Perspectives*, 2007, 6 (1): 21 - 53.

[81] Burgoon, J. K. , and M. Burgoon, "Expectancy Theories", in
The New Handbook of Language and Social Psychology, edited by
W. P. Robinson, and H. Giles, London, U. K. : John Wiley &
Sons, Ltd, 2001.

[82] Cazavan - Jeny, A. , Jeanjean, T. , Joos, P. , "Accounting
Choice and Future Performance: The Case of R&D Accounting in

France", *Journal Account Public Policy*, 2011（30）: 145 – 165.

[83] CFA Institute Centre, "Fair Value Reporting", http: //www. cfainstitute. org/centm/topics/reporting/oficial/fair value reporting: html, 2008.

[84] Chen, K. C. W. & Yuan, H. , "Earnings Management and Capital Resource Allocation: Evidence from Cnina's Accounting – Based Regulation of Rights Issues", *The Accounting Review*, 2004（3）: 645 – 665.

[85] Cheng, Shijun, "R&D Expenditures and CEO Compensation", *The Accounting Review*, 2004（79）: 305 – 328.

[86] Cho, Se. Y. , Sachs, K. D. , "Earnings Management and Deregulation: The Case of Motor Carriers", *Journal of Accounting & Public Policy*, 2012, 31（5）: 451 – 470.

[87] Christensen, Ha. B. , "Why do Firms Rarely Adopt IFRS Voluntarily? Academics Find Significant Benefits and the Costs Appear to Below", *Review of Accounting Studies*, 2012（9）: 518 – 525.

[88] Chugh, S. , Fargher, N. , "Does Accounting Choice Influence US Investment in Non – US Companies? Evidence from US Institutional Investment in Australian Companies", *Accounting & Finance*, 2008, 48（1）: 99 – 121.

[89] Ciftci, Mustafa, "Accounting Choice and Earnings Quality: The Case of Software Development", *European Accounting Review*, 2010（3）: 429 – 459.

[90] Clor – Proell, Shana M. , "The Effects of Expected and Actual Accounting Choices on Judgments and Decisions", *The Accounting Review*, 2009, 84（5）: 1465 – 1493.

[91] Colin, C. M. A. , "The Conditions of Economic Progress", London: Macm illan & Co. Ltd, 1940.

[92] Cormier, D. , Demaria, S. , Lapointe – Antunes, P. , Teller, R. , "First – Time Adoption of IFRS, Managerial Incentives, and Value – Relevance: Some French Evidence", *Journal of International Accounting Research*, 2009, 8 (2): 1 – 22.

[93] Dennis, R. O. , Zarowin, P. , "Capitalization of R&D and the Informativeness of Stock Prices", *European Accounting Review*, 2007 (4): 703 – 726.

[94] Fields, T. , Lys, T. and Vincent, L. , "Empirical Research on Accounting Choice", *Journal of Accounting and Economics*, 2001 (31): 255 – 307.

[95] Frederickson, J. R. , Hodge, F. , and Pratt, J. , "The Evolution of Stock Option Accounting: Disclosure, Voluntary Recognition, Mandated Recognition, and Management Disavowals", *The Accounting Review*, 2006, 81 (5): 1073 – 1093.

[96] Guthrie, K. , Irving, J. H. , Sokolowsky, J. , " Accounting Choice and the Fair Value Option", *Accounting Horizons*, 2011, 25 (3): 487 – 510.

[97] Hagerman, R. L. & Zmijewski, M. , "Some Economics Determinants of Accounting Policy Choice", *Journal of Accounting and Economics*, 1979 (1): 141 – 161.

[98] Hales, J. W. & Wilks, T. J. , "Accounting for Lease Renewal Options: The Informational Effects of Unit of Account Choices", *The Accounting Review*, 2012, 87 (1): 173 – 197.

[99] Healy, P. , "The Effect of Bonus Schemes on Accounting Procedure Decisions", *Journal of Accounting & Economics*, 1985 (7): 85 – 107.

[100] Hirst, D. E. , Koonce, L. , and Hopkins, P. , "Comprehensive Income Reporting and Analysts' Valuation Judgments", *Journal of Accounting Research*, 1998, 36 (Supplement): 47 –

75.

[101] Hjelström, A., Schuster, W., "Standards, Management Incentives and Accounting Practice – Lessons from the IFRS Transition in Sweden", *Accounting in Europe*, 2011, 8 (1): 69 – 88.

[102] Hodge, F., S. Kennedy, and L. Maines., "Does Search – facilitating Technology Improve the Transparency of Financial Reporting?", *The Accounting Review*, 2004, 79 (3): 687 – 703.

[103] Holthausen, R. W., "Evidence on the Effect of the Bond Covenants and Management Compensation Contracts on the Choice of Accounting Techniques: The Case of Depreciation Switch – Back", *Journal of Accounting and Economics*, 1981 (3).

[104] Hopkins, P. E., "The Effect of Financial Statement Classification of Hybrid Financial Instruments on Financial Analysts' Stock Price Judgments", *Journal of Accounting Research*, 1996, 34 (Supplement): 33 – 50.

[105] Hopkins, P. E., R. W. Houston, and M. F. Peters, "Purchase, Pooling, and Equity Analysts' Valuation Judgments", *The Accounting Review*, 2000, 75 (3): 257 – 281.

[106] Jaafar, A., Mcleay, S., "Country Effects and Sector Effects on the Harmonization of Accounting Policy Choice", *Abacus*, 2007, 43 (2): 156 – 189.

[107] Johnson, H. T., and Kaplan, R. S., "Relevance Lost: The Rise and Fall of Management Accounting", *Harvard Business School Press*, 1987 (Chapter 2).

[108] Jones, J., "Earnings Management During Import Relief Investigations", *Journal of Accounting Research*, 1991 (8): 193 – 228.

[109] Kalyta, Paul., "Accounting Discretion, Horizon Problem, and

CEO Retirement Benefits", *Accounting Review*, Sep. 2009, 84 (5): 1553 – 1573.

[110] Kang, E., Tan, B. R., "Accounting Choices and Director Interlocks: A Social Network Approach to the Voluntary Expensing of Stock Option Grants", *Journal of Business Finance & Accounting*, 2008 (2): 1079 – 1102.

[111] Kang, G. (Grace), Lin, J. W., "Effects of the Type of Accounting Standards and Motivation on Financial Reporting Decision", *Journal of Accounting*, Business & Management, 2011, 18 (2): 84 – 104.

[112] Kapian, R. S. & Roll, R., "Investor Evaluation of Accounting Information: Some Empirical Evidence", *Journal of Business*, 1972 (4).

[113] Karamanou, I., Nishiotis, G. P., "Disclosure and the Cost of Capital: Evidence from the Market's Reaction to Firm Voluntary Adoption of IAS", *Journal of Business Finance & Accounting*, Sep/Oct 2009, 36 (7/8): 793 – 821.

[114] Kothari, S. P., "The Role of Financial Reporting in Reducing Financial Risks in the Market", in *Building an Infrastructure for Financial Stability*, edited by E. S. Rosengren and J. S. Jordan. Federal Reserve Bank of Boston Conference Series No. 44, 2000: 89 – 102.

[115] Lev, B., Nissim, D., Jacob Thomas. On the Informational Usefulness of R&D Capitalization and Amortization [R]. Working Papers, School of Management, Yale University, 2005: 160 – 165.

[116] Lin, H. L., "Accounting Discretion and Managerial Conservatism: An Intertemporal Analysis", *Contemporary Accounting Research*, 2006, 23 (4): 1017 – 1041.

[117] Ljubicic, M., "Earnings Management and Accounting Choice:

Expected Return on Pension Plan Assets under IAS 19 – Empirical Evidence from Germany ", *Proceedings of the Northeast Business & Economics Association*, 2010: 67 –68.

[118] Lourenco, Isabel Costa, Curto, Jose Dias. , "Determinants of the Accounting Choice between Alternative Reporting Methods for Interests in Jointly Controlled Entities", *European Accounting Review*, 2010, 19 (4): 739 –773.

[119] Maines, L. A. , L. S. McDaniel, and M. S. Harris. , "Effects of Comprehensive Income Volatility on Non – professional Investors' Judgments: The Role of Presentation format", *The Accounting Review*, 2000, 75 (April): 179 –207.

[120] Maines, L. A. , L. S. McDaniel, and M. S. Harris, "Implications of Proposed Segment Reporting Standards for Financial Analysts' Investment Judgments", *Journal of Accounting Research*, 1997, 35 (Supplement): 1 –24.

[121] Mäki, Juha, Somoza – Lopez, Antonio, Sundgren, Stefan, "Ownership Structure and Accounting Method Choice: A Study of European Real Estate Companies", *Accounting in Europe*, 2016, 13 (1): 1 –19.

[122] Markarian, G. , Pozza, L. , Prencipe, A. , "Capitalization of R&D Costs and Earnings Management: Evidence from Italian Listed Companies", *International Journal of Accounting*, 2008 (43): 246 –267.

[123] Merridee, L. B. Mcconomy, Bruce J. , "Income Tax Accounting Policy Choice: Exposure Draft Responses and the Early Adoption Decision by Canadian Companies", *Accounting Perspectives*, 2007, 6 (1): 21 –53.

[124] Morais, Ana Isabel, "Actuarial Gains and Losses: The Choice of the Accounting Method", *Accounting in Europe*, 2008, 5

（2）：127 – 139.

［125］ Morais, Ana, "Actuarial Gains and Losses: The Determinants of the Accounting Method", *Pacific Accounting Review*, 2010, 22 (1): 42 – 56.

［126］ Oswald, D. R., Zarowin, P., "Capitalization of R&D and the Informativeness of Stock Prices", *European Accounting Review*, 2007, 16 (4): 703 – 726.

［127］ Oswald, D. R., "The Determinants and Value Relevance of the Choice of Accounting for Research and Development Expenditures in the United Kingdom", *Journal of Business Finance & Accounting*, 2008, 35 (1 – 2): 1 – 24.

［128］ Reppenhagen, D., "Contagion of Accounting Methods: Evidence from Stock Option Expensing", *Review of Accounting Studies*, 2010, 15 (3): 629 – 657.

［129］ Richardson, A. William, Roubi, Raafat R. Soonawalla, Kazbi, "Decline in Financial Reporting for Joint Ventures? Canadian Evidence on Removal of Financial Reporting Choice", *European Accounting Review*, 2012, 21 (2): 373 – 393.

［130］ Warfield, T. D., J. J. Wild & K. L. Wild, "Managerial Ownership, Accounting Choices, and Informativeness of Earnings", *Journal of Accounting and Economics*, 1995, 20 (1): 61 – 91.

［131］ Watts, R. L. & Zimmerman, J. L., "Towards a Positive Theory of the Determination of Accounting Standards", *Accounting Review*, 1978, 53 (1): 112 – 113.

［132］ Williamson, O. E., "The Economic Institutions of Capitalism", Free Press, Macmillan, New York, 1985.

［133］ Wöstemann, Jens, Wöstemann, Sonja., "Why Consistency of Accounting Standards Matters: A Contribution to the Rules – Versus – Principles Debate in Financial Reporting", *Abacus*, 2010, 46 (1).

[134] Zmijewski, M., Hagerman, R., "An Income Strategy Approach to the Positive Theory of Accounting Standard Setting/ Choice", *Journal of Accounting and Economics*, 1981 (3): 129 – 149.